Albert Klein · Jochen Vogt
Methoden der Literaturwissenschaft I:
Literaturgeschichte und Interpretation

Grundstudium Literaturwissenschaft
Hochschuldidaktische Arbeitsmaterialien

Herausgegeben von

*Heinz Geiger, Albert Klein und Jochen Vogt unter Mitarbeit von
Bernhard Asmuth, Horst Belke, Luise Berg-Ehlers und Florian Vaßen*

Band 3

Bertelsmann Universitätsverlag

Albert Klein · Jochen Vogt

Methoden der Literaturwissenschaft I:
Literaturgeschichte und Interpretation

Bertelsmann Universitätsverlag

© 1971 Verlagsgruppe Bertelsmann GmbH/Bertelsmann Universitätsverlag,
   Düsseldorf
Druck und Buchbinderei: Mohndruck Reinhard Mohn OHG, Gütersloh
Printed in Germany
ISBN 3-571-09273-2

Inhalt

Vorbemerkung.   7

1. Warum Literaturgeschichte?.   9
Literaturwissenschaft und Literaturdidaktik − Literaturgeschichte und ihre didaktische Dimension.

Arbeitsvorschläge. 17

2. Zur Geschichte der deutschen Literaturgeschichtsschreibung 27
Bürgerlich-liberale Literaturgeschichtsschreibung − Positivismus − Geistesgeschichtliche Schule − Nationalistische/natio-
nalsozialistische ,,Deutschkunde''.

Arbeitsvorschläge. 37

3. Die ahistorische Interpretationslehre. 43
Reaktion nach 1945 − Dichtungsbetrachtung ohne Geschich-
te: Wolfgang Kayser − Kunst der Interpretation: Emil Staiger − ''New Criticism''− Russischer Formalismus.

Arbeitsvorschläge. 53

4. Ansätze zur Neuorientierung 64
Literaturbegriff − Literaturexemplarik.

Dokumentation: Texte zur Geschichte der Literaturwissenschaft 71

Literaturhinweise. 133

Register 134

So kommt zum Beispiel ein bestimmter Kreis von Einfaltspinseln und Scharlatanen überein, die mexikanische Ursprache zu verstehen, und nötigt sich mit dieser Eigenschaft der Gesellschaft auf, die sie anerkennt, und den Regierungen, die sie bezahlt. Man überhäuft sie mit Auszeichnungen, just weil sie durchaus keinen Geist haben, so daß die Regierung keine Furcht zu haben braucht, sie könnten die Masse aufreizen und hochherzige Gefühle zum Auflodern bringen.

Stendhal

Ernst sehen die Literarhistoriker drein, launisch sind sie wie Modistinnen, putzen je nach der Saison ihre Modelle neu heraus, lassen Goethes Frauengestalten und Goethes Freundinnen − von Friederike bis Ulrike − bald als betont deutsche Mädchen mit Zöpfen auftreten, bald kleiden sie sie nach Freud, ziehen sie existentialistisch an oder aus, bis dann wieder Marx die Stunde regiert und alles aufs Gesellschaftliche bezogen wird, während ebenso beflissen auf der Gegenseite alleinseligmachend der Text an sich erscheint, die sakrosankte Struktur.

Der Spott gilt nur den Wichtigtuern, den Mitläufern, Mitmachern der Mode. Im Grunde ist es viel mehr als Mode: ein Akt der Bewußtseinswerdung, liebende Anverwandlung in veränderter Zeit.

Robert Minder

Literatur ist niemals nur Kunst, eine bei ihrem Entstehen schon überzeitliche Dichtung gibt es nicht. Sie kann so kindlich nicht geliebt werden wie die Musik. Denn sie ist Gewissen − das aus der Welt hervorgehobene und vor sich hingestellte Gewissen . . .

Heinrich Mann

Vorbemerkung

Die folgende Darstellung soll — in Verbindung mit ausgewählten Texten zur Methodengeschichte der Germanistik — den Studierenden an wissenschaftstheoretische Grundfragen der Literaturwissenschaft heranführen. Sie geht von der Überzeugung aus, daß der kritische und selbständige Gebrauch von Begriffen und Techniken der literaturwissenschaftlichen Praxis nicht möglich ist ohne Theorie, d. h. ohne Kenntnis und Reflexion der zugrundeliegenden Methoden und ihres historisch-ideologischen Wandels. Der Student soll bereits zu Anfang des Studiums in die Lage versetzt werden, seine Arbeitsweise und die zur Verfügung stehenden Arbeitsmittel (z. B. Sekundärliteratur) kritisch zu überprüfen und damit auch die Anwendbarkeit seines Wissens im Hochschulbetrieb wie in der Schulpraxis zu reflektieren. Denn gerade ein praxisbezogener Wissenschaftsbegriff fordert die permanente Selbstreflexion von Lehrenden und Lernenden, die abwägende Besinnung auf Ziele, Möglichkeiten und Methoden der fachspezifischen Arbeit. Eine theorielose Praxis der Literaturbetrachtung (insbesondere der „Interpretation") ist nicht geeignet, den Sinn und die Berechtigung wissenschaftlichen Umgangs mit Literatur transparent zu machen, sie muß letzten Endes auch die Frage, was Literatur überhaupt ist, unbeantwortet lassen.

Die vorliegende Arbeitshilfe darf nicht als umfassendes Methodenbuch verstanden werden; sie versucht vielmehr, durchaus exemplarisch, in der Darstellung *eines* wesentlichen Aspektes der fachlichen Methodendiskussion beim Studierenden *Methodenbewußtsein* zu wecken. Dieser leitende Aspekt ist die Gegenüberstellung von historischer und ahistorischer Literaturbetrachtung, wie sie sich in verschiedenen Entwicklungsphasen der bürgerlichen Germanistik ausgeprägt haben. Daher werden die verschiedenen methodischen Ansätze jeweils in ihren wissenschaftstheoretischen Grundlagen und ihrer praktischen Anwendbarkeit skizziert. Dies erschien jedoch nicht möglich, ohne — zumindest punktuell — die verschiedenen Entwicklungsphasen der Fachgeschichte zu umreißen; erst die Kenntnis der wissenschaftsgeschichtlichen Zusammenhänge und Abfolgen macht die Prämissen und Konsequenzen einer einzelnen Methode voll einsichtig.

1. Warum Literaturgeschichte?

Literaturwissenschaft und Literaturdidaktik

Die gegenwärtige Diskussion um Methoden der Literaturwissenschaft ist weit mehr als ein theoretisierender Streit von Gelehrten. Die vielerorts beklagte Krise der Germanistik ist aus dem wissenschaftsinternen Bereich in die öffentliche Diskussion gedrungen. Die Entfremdung zwischen Literatur und Gesellschaft wird von dieser vor allem einer gesellschaftsfernen Praxis des universitären Lehrbetriebs angelastet. Die Kluft zwischen einer ehedem bürgerlich sanktionierten literarischen Bildung und der erfahrbaren Literaturwirklichkeit von heute spürt der Literaturdidaktiker weitaus unmittelbarer als der Fachwissenschaftler im universitären Bereich. Noch kann man mit *Jost Hermand* die Frage stellen, ob die Literaturbeflissenen dort noch wirklich das Gefühl haben, daß ihr Studium darauf vorbereite, an der ideologischen Bewußtseinsbildung ihres gesellschaftlichen Gefüges mitzuwirken.[1]

Anders als die traditionelle germanistische Fachwissenschaft sieht die Literaturdidaktik Literatur vor allem in einem gesellschaftlichen Rezeptionszusammenhang und nicht als antiquarischen Wissensstoff. Es geht ihr vor allem darum, literarische Bildung gesellschaftsbezogen zu realisieren. Literarische Bildung aber ist — nach *Rolf Sanner*s These — gleichermaßen „Bildung *zur* Literatur" und „Bildung *durch* Literatur".[2] Der Literaturdidaktiker wird über seinen Gegenstand nicht reflektieren, ohne den Rezipienten bzw. die Möglichkeit einer Rezeption vor Augen zu ha-

---

1 Jost Hermand: Synthetisches Interpretieren. Zur Methodik der Literaturwissenschaft. München 1968. S. 11.
2 Nach Rolf Sanner: Literarische Bildung im Spannungsfeld von Fachwissenschaft und Fachdidaktik. In: Wilhelm Höffe (Hg.): Sprachpädagogik, Literaturpädagogik. Festschrift für Hans Schorer. Frankfurt am Main 1969. S. 133.

ben. Das „dialogische Verhältnis"[3] zwischen Literatur und Leser steht im Mittelpunkt seiner Aufmerksamkeit. Die lange von der Fachwissenschaft verfochtene „Reinheit" oder „Zweckfreiheit" ihrer Forschung ist zumindest eine einseitige, wenn nicht verfälschte Blickweise, da unter ihrem Banner die *Wirkungsweise* von Literatur in Vergangenheit und Gegenwart kaum erörtert wird, obwohl gerade diese durch den auf Kommunikation zielenden sprachlichen Charakter Bestandteil jedes Textes ist.

Umfassender ist der Ansatz der *Literaturdidaktik*, die ihrerseits erst in Kenntnis der Sache selbst Kommunikationsmodelle erstellen kann. Die didaktische Analyse eines Textes setzt eine literarische Betrachtung voraus, „die sichtbar machen soll, welche Eigentümlichkeiten der Text als Text (. . .) aufweist"[4]. Unter dem Aspekt der geplanten literarischen Begegnung ist somit „das Literaturwissenschaftliche implizit verarbeitet"[5], oder sollte es doch sein.

Die Literaturwissenschaft erkennt zunehmend die Gefahr einer gesellschaftlichen Isolierung; unter dem Druck der Öffentlichkeit analysiert sie nun auch selbstkritisch das divergierende Verhältnis von literaturwissenschaftlicher Beschäftigung und literarischer Wirklichkeit[6].

Literaturdidaktik und Literaturpädagogik stehen den von der Fachwissenschaft geübten Methoden bisher noch kritisch gegenüber. Gerade im Hinblick auf einen gesellschaftsbezogenen Deutschunterricht werden Stimmen laut, die eine Emanzipation von „einer germanistischen Wissenschaft" fordern, „die sich als Wissenschaft von der Dichtung, als reine Kunstwissenschaft versteht"[7].

3 Vgl. Hans Robert Jauß: Literaturgeschichte als Provokation der Literaturwissenschaft. In: H. R. J.: Literaturgeschichte als Provokation. Frankfurt am Main 1970. S. 172.
4 Alfred Clemens Baumgärtner: Literarische Erziehung mit dem Lesebuch „Auswahl". 2. Aufl. Bochum o. J. S. 23.
5 Sanner: Literarische Bildung . . . S. 142.
6 Vgl. zuletzt Jürgen Kolbe (Hg.): Ansichten einer künftigen Germanistik. 2. Aufl. München 1969.
7 Anton J. Gail: Der Deutschunterricht und die „pragmatische Konstruktion der sittlichen Lebensordnung" – ein kritischer Beitrag zur muttersprachlichen Erziehung der Gegenwart. In: Sprachpädagogik, Literaturpädagogik. S. 37.

Der Anspruch der Gesellschaft, die Germanistik habe primär für die Ausbildung von Deutschlehrern zu sorgen, unüberhörbar in den Forderungen der Studenten nach einem „praxisbezogenen" Studium artikuliert, wird von den Lehrenden nicht selten fälschlich als die bedingungslose Selbstaufgabe ihrer Wissenschaft verstanden.

In ihrer gesellschaftlichen Anwendung erweist sich die tradierte literaturwissenschaftliche Praxis als fragwürdig. Es mangelt ihr noch weiterhin an Methoden, ihr Fachwissen in ein kommunikatives Bezugssystem einzubeziehen. Angesichts der „Multität und Variabilität der Literatur heute"[8] fehlen bislang Kriterien, um Literatur als *gesellschaftlichen Bildungswert* konkretisieren und gegen verschwommene Bildungsvorstellungen und -ideologien durchsetzen zu können.

Die institutionell verankerte Deutung von Literatur an den Universitäten löst sich erst zögernd aus den „sorgsam geschützten Nischen einer technokratischen Welt"[9]. Die mehr oder minder planvoll hergestellten Produkte der Kulturindustrie, die die täglich erfahrbare Literaturwirklichkeit in allen Bereichen berühren und beeinflussen, stehen noch immer an der Peripherie des fachwissenschaftlichen Interesses. Der Konsum der Masse, den die Kulturindustrie in weitem Maße von sich aus bestimmt, ist in der Literaturwissenschaft noch immer eine unbekannte Größe.

Das didaktische Bemühen, literarische Erziehung und Bildung in einer auf Zwecken aufgebauten Welt zu verwirklichen, kann nur dann sinnvoll sein, wenn die wissenschaftliche Deutung von Literatur gewillt ist, den Bildungswert von Literatur in seinen verschiedensten Formen überzeugend darzulegen.

Literaturwirklichkeit — eine vorhandene oder mögliche Wechselbeziehung zwischen Literatur und Gesellschaft — sollte das entscheidende Kriterium jeder methodischen Diskussion sein. Dies aber erfordert ein doppelseitiges Erschließen, das Literatur wie Konsumenten gleichermaßen berücksichtigt. Methoden aber, die in unterschiedlichsten Spielarten inhaltsbezogene Wahrheiten oder innerästhetische Formenlehre als zeitlose Bildungsideale postulieren, sind nicht geeignet, die der Literatur immanenten Bildungsintentionen und -möglichkeiten offenzu-

8   Nach Walter Israel: Literaturpädagogik heute. In: Sprachpädagogik, Literaturpädagogik. S. 102.
9   Nach Jost Hermand: Synthetisches Interpretieren. S. 11.

legen. Sie bergen vielmehr die Gefahr in sich, der „Entdemokratisierung" literarischer Bildung weiterhin Vorschub zu leisten.

Die Literaturwissenschaft fühlt sich nicht zuletzt durch die Frage nach ihrer gesellschaftlichen Rechtfertigung verunsichert[10]. Die vorgebliche Divergenz zwischen Fachwissenschaft und Fachdidaktik beginnt sich in der Suche nach einem neuen, gemeinsamen Standort aufzuheben, der mit dem Terminus *„angewandte Literaturwissenschaft"* höchst vorläufig angedeutet werden kann. Bezeichnend für einen derart gemeinsamen Neuansatz erscheint das Bemühen, Literatur sowohl in ihren Produktions- als auch in ihren Rezeptionsbedingungen wieder *historisch,* d. h. gesellschaftlich zu verstehen – ein Prinzip, das die Germanistik zu ihrem eigenen Schaden allzu lange vernachlässigt hat. Denn mit der Krise dieser Disziplin steht ja, wie *Walter Benjamin* schon 1931 formulierte, in ursächlichem Zusammenhang, „daß die Literaturgeschichte die wichtigste Aufgabe – mit der sie als ,schöne Wissenschaft' ins Leben getreten ist –, die *didaktische* nämlich, ganz aus den Augen verloren hat"[11].

Literaturgeschichte und ihre didaktische Dimension

Ein Plädoyer für die Literaturgeschichte mag zunächst befremden. Angesichts der gängigen Interpretationspraxis wird man mit Recht literarhistorische Pflichtübungen als lästiges Beiwerk betrachten; man begnügt sich weitgehend auf reduzierte, leicht überschaubare Schemata literaturgeschichtlichen Grundwissens: Autoren, Lebensdaten, Hauptwerke, Zuordnung in entsprechende Epochen. Galt ehedem die historische Erforschung und Darstellung von Literatur als eine der vornehmsten Aufgaben des Literaturwissenschaftlers, für die er „die besten Jahre seines Lebens setzte"[12], so ist Literaturgeschichte als umfassende

---

10 Vgl. Die Situationsberichte: Jochen Vogt: Germanistik und Germanisten. In: liberal 12 (1969) S. 922–932. – Jürgen Kolbe: Ist die Germanistik noch zu retten? In: Frankfurter Allgemeine Zeitung 8. 2. 1969.
11 Walter Benjamin: Literaturgeschichte und Literaturwissenschaft. In: W. B.: Angelus Novus. Frankfurt am Main 1966. S. 455. – Hervorhebung nicht original.
12 Vgl. Hermann Hettners Vorwort zum letzten Band seiner Literaturgeschichte des 18. Jahrhunderts (Tl. III, 3². 2. Aufl. Braunschweig 1872. S. V).

Darstellung heute gegenüber anderen Problemstellungen in den Hintergrund getreten. An Stelle der „klassischen", teilweise ideologisch fragwürdigen Literaturgeschichten sind Nachschlagwerke, Handbücher, Annalen, Kollektivunternehmen, Aufsatzsammlungen oder Einzeldarstellungen getreten[13]. Entsprechend dem Lehrangebot beschränkt sich der Studierende fast ausschließlich auf geraffte Darstellungen, die dem genügen, was von ihm letztlich gefordert wird.

Hans Robert Jauß konstatiert:

„Die überkommene Form der Literaturgeschichte fristet im geistigen Leben unserer Gegenwart nur mehr ein kümmerliches Dasein. Sie hat sich in einer abbaureifen Examensforderung der staatlichen Prüfungsordnung erhalten. Als Pflichtpensum des Gymnasialunterrichts ist sie in Deutschland schon fast aufgegeben. Sonst sind Literaturgeschichten allenfalls noch in Bücherschränken des Bildungsbürgertums zu finden, das sie in Ermangelung eines besser geeigneten Wörterbuchs der Literatur vornehmlich aufschlägt, um literarische Quizfragen zu lösen."[14]

Was aber — um diese grundsätzliche Frage dem wissenschaftshistorischen Abriß voranzuschicken — was ist eigentlich Literaturgeschichte? Insofern sie „das Vergangene mit dem Gegenwärtigen verknüpft"[15], ist sie jedenfalls weit mehr als eine chronologische Abfolge von Textbeschreibungen, Daten, Inhaltsangaben, Biographien, Entstehungsgeschichten, Einflüssen und Bezügen. Letzteres ist, wie *Georg Gottfried Gervinus,* einer der ersten deutschen Literarhistoriker, schon 1833 in einer Rezension „über jüngst erschienene Literaturgeschichten" räsoniert, „keine Geschichte: es ist kaum das Gerippe zu einer Geschichte"[16] Versteht man zunächst Geschichte umfassend als „die geistige Form, in der sich eine Kultur von ihrer Vergangenheit Rechenschaft gibt" (nach *Huizinga*), so begreift man eine Dimension der Literaturgeschichte, die mehr bedeutet als eine Chronologie literarischer Erscheinungen, die einem irgendwann erstellten Kanon von Werken folgt.

13 Über die Eigenart und praktische Brauchbarkeit der heute gängigen Literaturgeschichten, Handbücher usw. informiert: Heinz Geiger, Albert Klein, Jochen Vogt: Hilfsmittel und Arbeitstechniken der Literaturwissenschaft. Düsseldorf 1971 (= *Grundstudium Literaturwissenschaft 2).*
14 Jauß: Literaturgeschichte als Provokation . . . . S. 144.
15 Friedrich Schiller: Was heißt und zu welchem Ende studiert man Universalgeschichte? In: Schillers Sämtliche Werke (Säkularausgabe). Bd. XIII. S. 528.
16 Georg Gottfried Gervinus: Schriften zur Literatur. Berlin 1962. S. 4.

Der Literarhistoriker betrachtet literarische Werke aus der Sicht von Vergangenheit und unmittelbarer Gegenwart, als geschichtliche Erscheinung, die nach ihrer spezifischen Leistung im geschichtlichen Entwicklungsprozeß, im Vorgang von Rezeption und Wirkung befragt wird. Sowohl ihr besonderer künstlerischer Wert als auch ihr Einfluß auf den sozialen Wandel, ihre Abhängigkeit und Spiegelung von sozialen Prozessen sind zu berücksichtigen. Indes muß der Literarhistoriker, um das Wesen der Literatur als Kunstprodukt, das der reinen Geschichtlichkeit offensichtlich entgegensteht, nicht zu verfehlen, das in der Geschichte selbst gebildete Absolute des Kunstwerks darstellen. Denn die Geschichte der Dichtung, die jedoch nur ein Teil der Literaturgeschichte ist, „schließt die historische Erscheinung der Werke und das Unvergängliche als ihr Resultat ein"[17]. Anders als das geschichtliche Ereignis der Historie ist das Kunstwerk nicht nur durch seine Qualität, sondern auch durch den permanenten Rezeptionsvorgang, in dem diese Qualität sich in immer neuen Dimensionen in der Geschichte offenbart, ausgezeichnet. Einer reinen Widerspiegelungstheorie, die die Wirkung der Kunst auf die Reproduktion von schon Erkanntem beschränkt, nicht aber die nicht geschichtsgebundenen, im Kunstwerk verkörperten Erfahrungen und Möglichkeiten des Menschen wahrnimmt und zum Ausdruck bringt, steht die Einsicht entgegen, daß jedes Kunstwerk unteilbar einen doppelten Charakter hat. „Es ist Ausdruck von Wirklichkeit, aber es bildet auch die Wirklichkeit, die nicht neben dem Werk und vor dem Werk, sondern gerade nur im Werk existiert."[18]

Dies aber bedeutet in keiner Weise, der Geschichtlichkeit von Literatur den *Schein* eines einmal als zeitlos fixierten Gehaltes entgegenzustellen. Es geht vielmehr darum, das in der Vergangenheit geschaffene Kunstwerk im Umdeuten und Neuverstehen unserer Gegenwart zu erschließen. Indem es aus dem imaginären Kanon heraustritt, wird der Rezipierende in die Lage versetzt, über seinen historischen Standort hinaus zu einer neuen, veränderten Wahrnehmung seiner Welt zu gelangen.

17 Jauß: Geschichte der Kunst und Historie. In: H. R. J.: Literaturgeschichte als Provokation. S. 250.
18 Karel Kosík: Die Dialektik des Konkreten. Frankfurt a. M. 1967. S. 123.

„Wozu Geschichte der Literatur? Um ihre Landschaften stets neu zu durchstreifen, in ihre abgelegensten Winkel zu dringen, Schluchten besser auszuloten, Korn für den Speicher zu holen. Die großen Gebirgszüge liegen fest, um sie kommen wir nicht herum: Geschichte hat schon ihre Gesetze. Die *Wege* wandeln sich; andere menschliche Bezüge schaffen andere ästhetische Gruppierungen, setzen andere Wertakzente; Verborgenes tritt ans Licht und reißt uns mit."[19]

Die Parallaxe, die zwischen einem Werk der Vergangenheit und der Gegenwart besteht, wird durch die Mitteilung der für die richtige Rezeption dieses Werkes notwendigen Informationen und mit der Analyse durch den Literarhistoriker aufgehoben.[20] Die vielfältigen Strukturen eines Werkes können dann in der Kommunikation zwischen diesem und der rezipierenden Öffentlichkeit wirksam werden. Das literarische Werk bedarf einer stets neuen Betrachtung, da es sich im geschichtlichen Wandel der literarischen Öffentlichkeit in immer neue Zusammenhänge eingliedert, wodurch Eigenschaften relevant werden können, die bisher nicht bedeutsam waren. Literaturgeschichtsschreibung muß somit selbst als ein historischer Prozeß verstanden werden, nachfolgende Generationen werden zu einer veränderten Sicht gelangen. Der Betrachter ist an seinen zeitlichen und geistigen Standort gebunden, von dem aus er — für seine Zeit wertend — Geschichte beschreibt. Seine Kriterien erwachsen sowohl aus dem zu erkennenden Gegenstand wie aus den Wertungen seiner Zeit, d. h. aus der spezifischen Kulturbedeutung, die den Erscheinungen in den jeweiligen historischen Situationen zugemessen wird. Die gesellschaftliche und ästhetische Funktion eines Werkes ist nicht als gleichbleibender Faktor fixierbar, wie es die Literaturwissenschaft weitgehend versucht hat. Der Stellenwert eines Werkes ist immer nur aus dem jeweiligen Rezeptionszusammenhang bestimmbar. Der Literarhistoriker urteilt gleichsam als Leser aus dem Bewußtsein der vorgegebenen gesellschaftlichen Lage.

Somit wird Literaturgeschichtsschreibung, die das Vergangene mit dem Gegenwärtigen verknüpft, keinen historischen Objektivismus an-

---

19 Robert Minder: Wie wird man Literaturhistoriker und wozu? In: R. M.: Wozu Literatur? Frankfurt am Main 1971. S. 53.
20 Nach Dmitrij Lichatschow: Das Prinzip des Historismus bei der Erforschung der Einheit von Form und Inhalt eines Literaturwerks. In: D. L.: Nach dem Formalismus. Aufsätze zur russischen Literatur. München 1968. S. 39.

streben können; sie wird in ihren Ergebnissen zwangsläufig zeitgebundene Züge aufweisen. Ein ewig gültiger, angeblich objektiver Kanon von literarischen Bildungswerten ist nicht möglich; die im Urteil der Vergangenheit ausgewiesenen Gehalte müssen sowohl vom historisch vorgeformten Werk als auch aus der Sicht unserer Gegenwart in der produktiven Arbeit des Neuverstehens erschlossen werden, sofern man literarische Bildung nicht einer bürgerlich-konservativen Ideologie anheimgeben will. Somit wird Literaturgeschichtsschreibung wieder zu einer didaktischen Aufgabe, indem sie einerseits die aufklärerische und emanzipatorische Funktion der Literatur darstellt, andererseits die in der Kunst der Vergangenheit dargestellten und bewahrten menschlichen Erfahrungen „zugleich verjüngt und der Erkenntnis dieser Gegenwart verfügbar macht"[21].

Das Verfügbarmachen aber bedeutet nicht, Vergangenes in die Gegenwart zu transponieren; vielmehr wird anhand des Tradierten ein offener Dialog zwischen Epochen ermöglicht, ein Dialog, der von den unmittelbaren Bedürfnissen der Gegenwart geprägt ist. „Denn es handelt sich ja nicht darum, die Werke des Schrifttums im Zusammenhang ihrer Zeit darzustellen, sondern in der Zeit, da sie entstanden, die Zeit, die sie erkennt — das ist die unsre — zur Darstellung zu bringen."[22]

Im Prozeß der dialektischen Literaturbetrachtung wird die gesellschaftsprägende und gesellschaftsverändernde Funktion der Literatur transparent und didaktisch umsetzbar. Die literaturwissenschaftliche Arbeit impliziert die didaktische Dimension. Die in der Begegnung mit Literatur gewonnenen Erfahrungen sind nicht mehr gesellschaftlich steril; sie berühren unmittelbar die Lebenspraxis und das Weltverständnis des Lesers und wirken somit direkt auf sein gesellschaftliches Verhalten zurück.

21 Jauß: Geschichte der Kunst und Historie. S. 251.
22 Walter Benjamin: Literaturgeschichte und Literaturwissenschaft (1931). S. 456.

Arbeitsvorschläge

Auf den nächsten Seiten sind die Urteile von sechs älteren Literaturgeschichten über Goethes Roman „Die Wahlverwandtschaften" (Erst-
ausgabe 1809) aufgeführt. Es wird zitiert aus:

I. Georg Gottfried Gervinus: Geschichte der poetischen National-Literatur
    der Deutschen (EA 1835 – 42). Tl. V. 2. Aufl. Leipzig 1844. S. 710 ff.
II. Heinrich Kurz: Geschichte der deutschen Literatur mit ausgewählten
    Stücken aus den Werken der vorzüglichsten Schriftsteller (EA 1851 ff.).
    Bd. 3. 4. Aufl. Leipzig 1865. S. 535.
III. Hermann Hettner: Literaturgeschichte des achtzehnten Jahrhunderts
    (EA 1856 – 70). Tl. III, 3^2. Braunschweig 1872. S. 537 ff.
IV. Wilhelm Scherer: Geschichte der Deutschen Litteratur. Berlin 1883 (EA).
    S. 681 ff.
V. Samuel Lublinski: Litteratur und Gesellschaft im neunzehnten Jahrhun-
    dert. Bd. 1. Berlin 1899 (EA). S. 19.
VI. Oskar Walzel: Deutsche Dichtung von Gottsched bis zur Gegenwart.
    Bd. 1. Wildpark-Potsdam 1927 (EA). (Handbuch der Literaturwissen-
    schaft). S. 347 f.

Vergleichen Sie die unterschiedlichen Darstellungen und Bewertungen
von Goethes „Wahlverwandtschaften" etwa unter folgenden Fragestellungen:

1. Wodurch unterscheiden sich die Blickweisen der einzelnen Literarhistoriker?

2. Welche Darstellungen sind mehr beschreibend, welche mehr wertend
   angelegt?

3. Wie wird die Behandlung des Problems Ehe/Ehebruch jeweils beurteilt?

4. Welche Autoren versuchen, das Werk Goethes aus der Sicht ihrer
   eigenen Gesellschaftsepoche zu deuten?

5 Welche Texte würden sie nach der oben versuchten Definition von
   Literaturgeschichte als literarhistorisch oder historisierend bezeichnen und warum?

6. Könnten einzelne Aspekte der Darstellungen für die gegenwärtige
   gesellschaftliche Lage relevant sein?

I.

„Die Wahlverwandtschaften waren anfangs auch nur auf eine kleine Erzählung berechnet, wie die übrigen, in denen das formale Princip der Romantiker vorwaltet, und die wenig anderes Verdienst, — als das der Erzählung haben; allein noch drängte sich hier ein Herzensantheil hinzu,
der diesen Stoff ausdehnte, und dieses Werk zu dem Meisterstück der
neuen Novellistik machte. Die Wahlverwandtschaften sind übrigens darum nicht mehr mit jenem frischen pathologischen Antheil geschrieben,
wie einst Werther; sie vergleichen sich vielmehr mit den Novellen des
Cervantes gerade dadurch, daß sie jene durchsichtige Helle, jene Plan-
und Regelmäßigkeit im Entwurf und Ausführung, jene Quadratur der
Anlage, jene geradlinige Richtung der Empfindungen und Leidenschaf-
ten, und die letzte Vollendung einer berechneten und mit künstlerischem
Bewußtsein durchgeführten Darstellung an sich tragen. Die Entfaltung
des Satzes: wie die Menschen nicht wissen, dem Dämon in sich selbst,
der ursprünglichen Stimme der Natur zu folgen, und ihr mit Warnungen
und Hemmungen sich offenbarendes Schicksal zu verstehen, wie sie ihm
vielmehr oft entgegentreten und mit freier menschlicher Willkühr, wohl
auch aus Pflichtgefühl zuwiderarbeiten, und wie sie dies ins Verderben
zieht, die Verkörperung dieses Gedankens, sagen wir, ist so leicht durchgeführt und in so trefflichen Gegensätzen gehalten (wie z. B. Charlotte
erst der Pflicht folgt, dann, durch ein *erlittenes* Unglück gemahnt, dem
ersten und natürlichen Gefühle; Ottilie dagegen erst dem Gefühle, und
dann, durch das *verursachte* Unglück geschreckt, der Pflicht), daß wir
auch im Cervantes nur Einzelnes entfernter zu vergleichen wüßten; und
dies um so mehr, als ein Vorzug hinzukommt, den der ältere Meister
nicht wohl haben konnte. Goethe schlingt wohlthuend durch die span-
nenden inneren Verhältnisse der Menschen die Geschichte des Parkes
hindurch und läßt angenehm in der Natur ausruhen, besänftigt hier für
die Unruhe, die das leidenschaftliche Getriebe der Menschen aufregt,
und hält den Leser mehr in einer harmonischen Stimmung, als es in den
alten Novellen durch die Isolirung der moralischen Welt der Fall ist. In
der ganzen legendarischen Wendung am Ende dagegen und manchen
Einzelheiten verfällt Goethe auch hier den romantischen Wunderlich-
keiten des Tages. Bei der Aufnahme dieses Werkes hatte Goethe von
dem Materialismus der modernen Welt von neuem zu leiden. Was jene

physikalischen Beziehungen angeht, die dem naturforschenden Dichter ein willkommenes Bild boten, so kritisirte man die Statthaftigkeit eines wissenschaftlichen Satzes, wo nur der Phantasie ein Symbol gegeben war, vor welcher Alles statthaft ist, was sich als möglich fesseln läßt. Und was den moralischen Klagepunkt angeht, so hat sich Goethe mit Recht beschwert, daß das Publikum trotz der geübten poetischen Gerechtigkeit sich nicht zufrieden gab, das sich sonst immer über deren Vernachlässigung beschwert."

II.

„Durch die ‚Wahlverwandtschaften' wurde jene Reihe von Romanen hervorgerufen, die man als Ehe- oder sogar als Ehebruchsromane bezeichnet. Zwar kommt es darin nicht zum wirklichen Ehebruch, aber wir müssen mit Jean Paul sagen: ‚Das ideelle Ehebrechen darin gefällt mir nicht, *reelles wäre viel sittlicher*' (Brief an Knebel v. 24. März 1810). Schon in den ‚Lehrjahren' sind die Geschlechtsverhältnisse in einer Weise dargestellt, die sich poetisch nicht immer rechtfertigen läßt und daher auch unsittlich erscheint. In den ‚Wahlverwandtschaften' ist dies noch in höherem Maße der Fall. Wir wollen nicht einmal erwähnen, daß Eduard den Grafen in tiefer Nacht in das Schlafgemach der Baronesse führt, also den gemeinen Kuppler macht; selbst die Hauptbegebenheit ist widerlich, da es sich nicht um die naturgemäße Leidenschaft junger Leute handelt, da vielmehr die Hauptpersonen gereifte Männer und, mit Ausnahme Ottiliens, ältere Frauen sind, deren Empfindungen nicht in das Gebiet der reinen Liebe gehören, sondern sich als unedle Triebe nach sinnlicher Wollust darstellen. Das Verhältnis Eduards zu seiner Gattin ist nicht nur widerlich, es ist auch unwahr. (. . .) Es ist offenbar, daß hier nicht das Herz, nicht die Leidenschaft, sondern eine gemeine sinnliche Aufregung vorherrscht. Wie sehr dies der Fall ist, geht aus vielen Einzelheiten klar hervor; wir erwähnen nur die nächtliche Zusammenkunft Eduards mit seiner Gattin, welcher ein Kind entsproßte, das Ottiliens Augen und des Hauptmanns Gesichtszüge hatte. Auch die Entwicklung der Begebenheit ist widerlich, weil der Knoten nicht sowohl eine Lösung findet, als vielmehr durch den ganz unnatürlichen Selbstmord Ottiliens zerhauen wird, der einzigen unschuldigen Gestalt im ganzen Roman. Es war die Wahl des Stoffs somit ein vollkommener Mißgriff des Dichters, den er auch durch die glücklichste Ausführung nicht wieder gut machen konnte."

III.

„Kein anderes dramatisches Werk Goethe's hat eine so scharfe Zuspitzung des dramatischen Gegensatzes. Kein anderes Werk Goethe's hat eine so bis in das Einzelnste gefeilte und berechnete Durchführung.

Woher kommt es also, daß trotzalledem die Wahlverwandtschaften einen so unbefriedigenden und peinigenden Eindruck zurücklassen? Woher kommt es, daß, um mit Goethe selbst zu sprechen, der frommen und reinen Herzen, die zu den Wahlverwandtschaften ein unbefangenes Verhalten haben, nur wenige sind?

Und woher kommt es, daß grade die allerentgegengesetztesten Vorwürfe erhoben werden? Als der Roman erschien, entsetzte man sich, daß er eine Rechtfertigung und Beschönigung des Ehebruchs sei; die neuste Kritik dagegen rügt, daß er die Satzung von der unbedingten Unauflöslichkeit der Ehe zu grausamem Molochsdienst steigere. Jene schelten, daß der Dichter Eduard und Ottilie als Märtyrer schildert und sie zuletzt mit einem verklärenden Glorienschein schmückt. Diese fragen, warum sie der Dichter überhaupt zu Märtyrern macht, da doch die sittliche Vernunft fordere, die längst gelöste Ehe Eduard's und Charlotten's wirklich zu lösen.

Der Grundmangel ist das Dunkle und Peinigende des Grundmotivs.

Wir glauben weder an die Satzung von der unbedingten Unauflöslichkeit der Ehe, wie sie hier mit dem Anspruch unbezweifelbarer Geltung als Schicksalsmacht auftritt, noch glauben wir an jene prädestinirte fatalistische Naturverzauberung, wie sie hier als andere Schicksalsmacht jener ersten Schicksalsmacht entgegengestellt wird, wenigstens nicht in dieser phantastischen Weise. Die Tragik der Wahlverwandtschaften erscheint uns nicht als eine unentrinnbar naturnothwendige, unentrinnbar zwingende, wie sie der Dichter beabsichtigte, sondern nur als eine willkürlich erkünstelte, spitzfindig erklügelte.

Goethe selbst aber hielt diese Motivirung für keine erkünstelte, sondern für eine aus den tiefsten Lebensräthseln heraufgeholte.

Meist bemüht sich die Kritik, und zwar die wohlmeinende ganz vornehmlich, den fatalistischen Zug der Wahlverwandtschaften zu etwas blos Nebensächlichem, zu einer oberflächlichen Arabeske herabzudrükken. Es war aber dem Dichter voller und aufrichtiger Ernst mit der scharfen Hervorkehrung der heimlich wirkenden Naturgewalt, die Ottilien's Verhängniß war.

Vergessen wir nicht, daß die Zeit der Abfassung der Wahlverwandtschaften die Blüthezeit der deutschen Naturphilosophie ist. Der Erforschung der Analogien zwischen Geist und Natur, insbesondere der Erforschung der dunklen Zustände, in denen sich das Bewußte und Unbewußte wunderhaft berühren, sorgsam nachzugehen, war eine wissenschaftliche Aufgabe, von welcher die gesammte Zeitstimmung aufs lebhafteste erregt und durchzittert wurde. (. . .)

Mögen wir die Überschwenglichkeiten der Naturphilosophie belächeln; aber die Frage selbst ist eine noch ungelöste und hat grade durch die neuere materialistische Anschauungsweise wieder verstärkte Geltung gewonnen. Es handelt sich um die Grundfrage alles Daseins, um das Verhältniß von Vernunftfreiheit und unüberwindlicher Naturabhängigkeit, um die Einwirkung der Imponerabilien des Naturlebens auf die Gestaltung und Ausbildung des Allerpersönlichsten."

IV.

„Aus der Zahl der Novellen, die für die Wanderjahre und für das Thema
der Entsagung bestimmt waren, haben sich die ‚Wahlverwandtschaften'
abgesondert und weniger dem inneren Wesen, als dem äußeren Umfange
nach zum Roman erweitert. Sie sind das epische Hauptwerk der ganzen
Zeit von Schillers Tod bis zu Goethes Tod, 1809 erschienen und mit
Goethes voller Dichterkraft ausgeführt: das prosaische Meisterstück seines stilvollen Realismus, wie ‚Hermann und Dorothea' das poetische ist.

Der Roman zerfällt in zwei Theile, jeder von achtzehn Kapiteln:
Symmetrie und Parallelismus gehen auch sonst durch. Lose Composi-
tionsformen, eine eingeschaltete Erzählung, Mittheilungen aus einem
Tagebuche, finden sich angewendet, und der zweite Theil ist vielleicht
zu absichtlich aufgeschwellt, die Retardation vor dem Schlusse zu weit
getrieben. Aber sonst haben gerade die Feinheiten der Composition,
die ähnlichen und vorbereitenden Motive, die verwandten Melodien-
klänge, die strenge innere Begründung der Handlungsweise aus den Charakteren und der Charaktere aus den bildenden Umständen kaum irgend-
wo ihres gleichen. Dem widerspricht es keineswegs, daß die ‚dritte Welt',
daß Ahnungen, Vorbedeutungen, Aberglaube, böse Zufälle sich an der
Entwicklung betheiligen. (. . .)

Ein ‚bleibendes Verhältnis', eine typische Einrichtung der menschlichen Gesellschaft, wie sie Goethe seit der italienischen Reise aufsuchte,
die Ehe, bildet hier das Problem. Hatte er sie im ‚Wilhelm Meister' nach
den leichtsinnigen Anschauungen des achtzehnten Jahrhunderts behandelt, so erscheint sie jetzt unter den strengen Gesichtspuncten einer ern-
steren Zeit, wie denn auch Goethes ‚Stella' jetzt ihren tragischen Schluß
erhielt. Die Ehe wird von allen Seiten ins Licht gesetzt; Fälle verschiedener Art sind theils erzählt theils direct vorgeführt, und ein solcher
Fall aus der Gegenwart in den Mittelpunct gerückt. Eduard und Charlotte haben sich früh geliebt, aber spät geheiratet, nachdem beide ander-
weitig vermählt gewesen und verwittwet waren. Der Hauptmann, ein
Freund Eduards, und Ottilie, eine Nichte Charlottens, treten in ihr Haus:
Eduard fühlt sich zu Ottilie, Charlotte zu dem Hauptmann hingezogen,
und deren Neigung kommt ihnen entgegen. Charlotte und der Hauptmann sind willensstark und entsagen. Eduard und Ottilie überlassen
sich ihrer Leidenschaft; aber auch Ottilie lernt entsagen und weiß zu

sterben: Eduard stirbt ihr nach. Der typische Gegensatz der Begehrenden und Entsagenden wird nun im einzelnen durchgeführt. (. . .)

Der Architekt vertritt die Ansicht des Dichters. Willenlos hat sich Ottilie der Leidenschaft überlassen; aber sie kommt zu der Einsicht, daß sie ganz uneigennützig werden müsse. (. . .) Das Irdische fällt mehr und mehr von ihr ab. Das Volk traut ihrem Leichnam wunderbare Heilkraft zu, und die Gläubigen, Beladenen wallfahrten zu der gothischen Kapelle, in der sie beigesetzt wurde. Auch wir sollen ihr rührendes Bild nach dem Willen des Dichters wie das einer verklärten Heiligen festhalten und uns ihrer stillen Tugenden erinnern, ,deren friedliche Einwirkung die bedürftige Welt zu jeder Zeit mit wonnevollem Genügen umfängt und mit sehnsüchtiger Trauer vermißt'.

Als der junge Goethe in Straßburg studirte, da nahm er an einer Wallfahrt nach dem Kloster Hohenburg auf dem Ottilienberge theil, und die Legende von der blindgeborenen heiligen Ottilie, der angeblichen Stifterin dieses Klosters, die ohne Wissen und Schuld, nur weil sie mit den Ihrigen leben möchte, schweres Unglück über die liebsten Menschen bringt, schlug in seiner Phantasie Wurzel und blühte nach beinahe vierzig Jahren in den ,Wahlverwandtschaften' auf. Den mittelalterlichen und katholisirenden Neigungen der Romantik ist er damit ästhetisch so weit entgegengekommen wie nirgends sonst, es sei denn in einem unausgeführten dramatischen Plane derselben Zeit und in einigen Partien des ,Faust'."

V.

„Aber Goethe wagte noch nicht den allerletzten Schritt, um diese naturgeschichtliche Auffassung des Menschen auf *jedem* Gebiet zur Geltung zu bringen. Er hielt sich, wie einmal schon betont, hauptsächlich an das ruhige Gleichmaß. Kampf und Verzerrung waren ihm widerwärtig und unheimlich im Privat- und Völkerleben, und er bemühte sich gar nicht, diese Vulkanausbrüche auf die strenge Gesetzlichkeit der Natur zurückzuführen. Nur zweimal, kurz vor Ausgang seiner eigentlichen Schöpferzeit, pflückte er Früchte von diesem Baum: die ‚Wahlverwandtschaften' und die ‚Natürliche Tochter'. Der berühmte Roman wird mehr und mehr von den heutigen Deutschen als ein psychologisches Meisterwerk ersten Ranges anerkannt, und der Eindruck eines organisch herausgewachsenen Fatum, gegen welches der Mensch ankämpft mit Heldenkraft, bevor er ihm erliegt, wäre vollkommen ohne die Heiligkeitserklärung am Schluß, die uns in unangenehmer Weise daran erinnert, daß die ‚Wahlverwandtschaften' nicht in unseren Tagen gedichtet wurden, sondern im Zeitalter der Romantik."

VI.

„Die ‚Wahlverwandtschaften' richten sich gegen die Lockerung der Ehe, die zu ihrer Zeit in Deutschland Platz gegriffen hatte. (. . .) Ein Zeitbild ist der Roman auch sonst. Die Anfänge romantisch-nazarenischer Vorliebe für religiöse bildende Kunst der Vorzeit, die Zeitmode der lebenden Bilder und anderes spielen herein. Daß Goethe auch gegen diese Erscheinungen Einspruch erhebt, läßt sich spüren, wenn auch nicht so deutlich wie die Wendungen gegen die Entheiligung der Ehe.

Gerade der Roman der Romantik, dann das Leben der Romantiker bezeugten ihm, wie leicht es die Zeit mit der Ehe nahm. Die ‚Wahlverwandtschaften' bekämpfen Neigungen, die in der romantischen Nachfolge der ‚Lehrjahre' sich breitmachten, die sich auf die ‚Lehrjahre' selbst berufen konnten. Ebenso stellen sie der lockeren Fassung romantischer Erzählungen etwas Festgeordnetes, künstlerisch sorgfältig Gearbeitetes entgegen. (. . .)

Die Romantiker bewunderten den Roman. Sie tadelten ihn auch. (. . .) In der Schlußwendung des Romans wies Goethe freilich ganz romantisch auf ein Jenseits hin, in dem die zwei, die schon auf Erden wie etwas untrennbar Zusammenhängendes geweilt hatten, sich zusammenfinden würden: ‚Welch ein freundlicher Augenblick wird es sein, wenn sie dereinst wieder zusammen erwachen.' Ist dies anders gefühlt als die ‚Hymnen an die Nacht' von Novalis?"

2. Zur Geschichte der deutschen Literaturgeschichtsschreibung

Der Versuch, Literatur wieder *historisch* zu begreifen, aber doch in anderem Sinne als der Positivismus oder die geistesgeschichtliche Richtung dies getan haben, bedeutet einen Neubeginn. Die Vorurteile eines angeblich historischen Objektivismus und literaturgeschichtliche Konstruktionen auf der Basis einer Produktions- und Darstellungsästhetik müssen in einem historisch-dialogischen Verhältnis zur Literatur abgebaut werden. Daneben resultiert aus der langen Vernachlässigung literarhistorischer Forschung in den vergangenen Jahrzehnten ein dringender Nachholbedarf gerade auch in der Erarbeitung historischer Fakten.

Es wäre ebenso unbillig wie ungerecht, den Vorwurf an die Hochschule zu richten, sie vernachlässige aus pragmatischen, dem Ausbildungsgang und -ziel zweckdienlichen Motiven eine intensive historische Beschäftigung mit Literatur. Vielmehr gilt angesichts der noch immer vorherrschenden Praktiken zu fragen, welche wissenschaftstheoretischen Prämissen und welche daraus resultierenden „Methoden zu einer Wissenschaftsphase führten, die den geschichtlichen Charakter eines jeden Literaturwerks nur sekundär wertet und rigoros zwischen einer interpretierenden „Dichtungswissenschaft" und den „besonderen literarhistorischen Fragestellungen" unterscheidet *(W. Kayser).*

Das wechselnde Verhältnis der Literaturwissenschaft zur Geschichte, genauer: zur Geschichtlichkeit ihres Gegenstandes „Literatur" soll im folgenden in aller Kürze skizziert und durch Textproben dokumentiert werden.

Sieht man von den teils philosophisch und literaturkritisch *(Johann Gottfried Herder, Friedrich* und *August Wilhelm Schlegel),* teils philologisch und altertumskundlich *(Wilhelm* und *Jacob Grimm)* orientierten Anfängen ab, so läßt sich die bisherige Geschichte der Disziplin „Neuere deutsche Literaturwissenschaft" in fünf Phasen gliedern:

1. *die bürgerlich-liberale Literaturgeschichtsschreibung,*
2. *der Positivismus,*
3. *die geistesgeschichtliche Schule,*
4. *die nationalistisch/nationalsozialistische ,,Deutschkunde",*
5. *die ahistorische Interpretationslehre.*

Bürgerlich-liberale Literaturgeschichtsschreibung

Zwischen den in den Wintern von 1801 bis 1804 in Berlin veranstalteten Privatvorlesungen von *August Wilhelm Schlegel* (1767 – 1845) ,,Über schöne Literatur und Kunst" und der ersten im eigentlichen Sinne literaturwissenschaftlichen Literaturgeschichte von *Wilhelm Scherer* (1883) erscheinen etwa fünfzig Gesamtdarstellungen der deutschen Literatur. Ihre Verfasser waren Außenseiter, meist Historiker, Journalisten oder Literaten. Mit *Georg Gottfried Gervinus* (1805 –71), Historiker und Politiker, beginnt die Literaturgeschichtsschreibung in Deutschland sich zur Fachwissenschaft zu entwickeln. In seiner fünfbändigen, 1835 – 42 erschienenen ,,Geschichte der poetischen Nationalliteratur der Deutschen" unternimmt er als erster den Versuch, Literatur und Dichtung im Zusammenhang mit der allgemeinen geschichtlichen Entwicklung darzustellen. Ausgangsposition von Gervinus ist die These, mit Hegels und Goethes Tod und mit den politisch-revolutionären Vorgängen von 1830 sei das Ende der eigentlichen poetischen Nationalliteratur eingetreten, ein ,,jäher Verfall fast vor ihrer Blüte"[1]. Gervinus sucht im geistigen Bereich einen Neubeginn, den er nur noch in der Wissenschaft möglich sieht, die als ,,politische Wissenschaft für den Tag und für gesellschaftliche Veränderungen im Sinne des bürgerlichen Liberalismus, der nationalen Einigungsbewegung" zu wirken habe[2].

,,Dem, wie er richtig fühlte, von der Poesie als höchste Daseinsmacht innerlich schon abgewandten Volke machte er seinen poetischen Besitz

1 G. G. Gervinus: Geschichte der poetischen National-Literatur der Deutschen. Tl. 5. 2. Aufl. Leipzig 1844. S. 361.
2 Hans Mayer: Literaturwissenschaft in Deutschland. In: Wolf-Hartmut Friedrich und Walther Killy (Hg.): Das Fischer Lexikon Literatur 2/1 Frankfurt am Main 1965. S. 324.

als einen realpolitischen, die noch ungeeinigte Nation zusammenfassenden fühlbar. In dieser Erfassung der poetischen Gesamtleistung des Volkes, sowie in der Hinstellung dessen, was wir die klassische Periode unserer neueren Literatur nennen, war er der erste und schuf große Begriffe, mit denen wir noch leben."[3]

Ähnlich wie *Gervinus* sieht auch *Hermann Hettner* (1821–82) Literatur in einem gesellschaftlich-politischen Bezugssystem. Indes arbeitet er in seiner „Literaturgeschichte des 18. Jahrhunderts" (1856–70) wissenschaftlich exakter als *Gervinus.* Er ist nicht der Meinung, mit Goethes Tod sei ein Ende eingetreten; kritisch beurteilt er Klassik und Romantik im Hinblick auf die gesellschaftlichen Verhältnisse der Deutschen. Hettner sieht die Literatur des 18. Jahrhunderts (bis Goethes Tod) im Zusammenwirken der europäischen Literatur als wesentlichen Teil der großen Aufklärungskämpfe. Entsprechend dem geistigen Zusammenhang beschreibt er die Geschichte der englischen (Tl. 1), der französischen (Tl. 2) und deutschen Literatur (Tl. 3, 3 Bücher).

Positivismus

Nach *G. G. Gervinus, K. A. Koberstein* (1797–1870), *A. F. C. Vilmar* (1800–68), *Th. W. Danzel,* (1818–1850), *R. Haym* (1821–1901), *H. Hettner* u. a. ist *Wilhelm Scherer* (1841–86) der erste Fachwissenschaftler, der Literaturgeschichte schrieb.

Durch *Scherer* und seine Schule wurde die Literaturwissenschaft endgültig eine selbständige Disziplin; die Loslösung von der germanischen Philologie und Volkskunde war vollzogen. *Scherer*s 1883 erschienene „Geschichte der deutschen Literatur" (bis *Goethe*s Tod) stellt den entscheidenden Wendepunkt dar. Sie hat die deutsche Literaturwissenschaft bis weit in das 20. Jahrhundert beeinflußt. „Besonders seine Literaturgeschichte blieb jahrzehntelang ein Gattungsmuster, und wenn sie unterdessen auch in zahlreichen Einzelheiten überholt ist, so doch gewiß nicht als schriftstellerische Leistung. Sie ist übersichtlich disponiert und präzis geschrieben, ohne ins Dürre zu verfallen, ausführlich, doch ohne Ansatz von Fett; sie ist in ihren Proportionen richtig. Auch

---

3 Hugo von Hofmannsthal (Hg.): Deutsches Lesebuch. Tl. 2. 2. Aufl. München 1926. S. 324.

hat sie klare Gesichtspunkte, welche sie nun freilich als Kind ihrer Zeit ausweisen."[4]

Scherer ist der bedeutendste Vertreter der positivistischen Literaturwissenschaft; sein Schüler und Nachfolger in Berlin war *Erich Schmidt* (1853–1913). Die positivistische Literaturwissenschaft glaubt, von dem Triumph der Naturwissenschaften, von den technischen und politischen Entwicklungen der Gründerzeit fasziniert, an eine empirisch exakte Forschungsmethode. Sie sieht somit ihre Hauptaufgabe in der Erforschung von Biographien, Entstehungsgeschichten von Werken, im Vergleich von Fassungen und dem Nachspüren von Einflüssen und Bezügen. Man glaubt Geschichte „objektiv" als eine Folge von Ereignissen in der Vergangenheit beschreiben zu können, wodurch sowohl der eigentliche Kunstcharakter von Literatur als auch deren besondere Geschichtlichkeit verkannt wird.

Zeigt sich bei *Scherer* noch eine größere Blickweite in der Beschreibung historisch-kausaler Zusammenhänge und in der Darstellung von Dichterporträts, so findet sich bei seinen Schülern meist nur noch ein leerer Biographismus, der dem minuziösen Nachweis biographischer Details und historischen Belegen weit mehr Platz einräumt als dem Versuch, (wie etwa vorbildlich *Hettner*) das Literarische politisch-gesellschaftlich und gleichzeitig kulturgeschichtlich verankert darzustellen. Die ursprünglich historischen Ansätze versickern in einer aufgebauschten Pseudohistorie; es bleibt endlich nur noch *Scherer*s berühmte Formel vom „Ererbten, Erlebten und Erschauten" übrig. Indes ist eine der großartigen Leistungen dieser „mechanistischen" Forschungsmethode das vorzügliche Erarbeiten des Materials in Edition, Textkritik und Bibliographien.

Geistesgeschichtliche Schule

Eine „Überwindung des Positivismus" wird von der „geistesgeschichtlichen" Forschungsrichtung versucht, der das philologisch-historische

---

4 Horst Rüdiger: Zwischen Interpretation und Geistesgeschichte. In: Karl Otto Conrady: Einführung in die neuere deutsche Literaturwissenschaft. Reinbek 1966. S. 137.

Kausaldenken für das Verständnis von Kunst unzureichend erschien. Unter dem Einfluß der „Lebens-Philosophie" von *Wilhelm Dilthey* (1833–1911) sucht man Dichtermonographie, Interpretation und Epochendarstellung zu verbinden. Denn einzelne Bereiche und Phänomene des geistigen Lebens sind für *Dilthey*, für *Rudolf Unger, Paul Kluckhohn, Hermann August Korff* u. a. stets „Auswirkungen des Gesamtgeistes" (*Unger*) einer Epoche.

Die Dichtung als Ganzes, aber auch das einzelne Werk soll als geschichtliches Dokument eines einheitlichen Geistes verstanden werden, man versucht sie in geistige Entwicklungszusammenhänge einzuordnen. Der Gehalt eines Kunstwerks tritt in den Vordergrund, die Erscheinungsformen des Kunstwerks werden immer weniger berücksichtigt. Leben und Dichtung sind weitgehend der begrifflichen Erfassung entzogen, man sucht nunmehr Literatur intuitiv zu erschauen, sie zu erfühlen oder „kongenial" nachzuempfinden. Das Gleichsetzen von Dichtung und Erlebnis: Dichtung wird als ein Ausdruck von Erleben verstanden (*Dilthey*: Die Einbildungskraft des Dichters, 1887), bedeutet eine Didaktisierung der Literaturwissenschaft. (Die Literaturpädagogik folgert: literarhistorisches Wissen kann vereinzelt zu Bildungserlebnissen führen, die das „Urerlebnis" befreien[5], der Historismus jedoch ist nicht geeignet, zu einem Verständnis des Kunstwerkes zu führen.) Interpretieren wird als etwas höchst „Persönliches" verstanden, es bleibt zwangsläufig nur einer intellektuellen Elite vorbehalten. *Dilthey*s Nachfolger, – u. a. *Unger, Strich, Korff* – versuchen in ihren Epochendarstellungen Ideen, geistige Haltungen und Stiltendenzen nachzuspüren, ihr Denken ist indes nicht mehr von dem Begriffspaar „Erlebnis und Dichtung" (*W. Dilthey*: Das Erlebnis und die Dichtung, 1906) bestimmt.

Trotz großartiger Einzelleistungen, die jedoch nie über die Darstellung einzelner Epochen hinausdrangen, ist letzten Endes der spekulative Charakter dieser Richtung, der die „alte" Forschung überlagerte, unübersehbar. Die philologische Kunstfertigkeit der Positivisten, die exakte Erarbeitung des Materials in Textkritik, Editionen, Bibliographien, verfällt. „Dies alles war längst nicht mehr geschichtliche Wissenschaft von

---

5 Vgl. Susanne Engelmann: Die Literaturgeschichte im deutschen Unterricht. Leipzig 1926. – Eine kritische Analyse von Diltheys Einfluß speziell auf die Literaturdidaktik und ihre Theorien gibt jetzt: Rolf Geißler: Prolegomena zu einer Theorie der Literaturdidaktik. Hannover 1970 – besonders Kap. II.

der Literatur: es war, je nachdem, ästhetisches Spiel mit Formeln (das gilt für Gundolf wie für Korff) oder Reduktion der wissenschaftlichen Betrachtung auf ein kaum mehr nachprüfbares ‚Erlebnis' oder ‚Schauen'[6] "

Nationalistische/Nationalsozialistische „Deutschkunde"

1827 prägte *Goethe* den Begriff der „Weltliteratur". In einem Gespräch mit *Eckermann* trat er für die „Epoche der Weltliteratur" ein: „Ich sehe immer mehr, daß die Poesie ein Gemeingut der Menschheit ist (. . .) Nationalliteratur will jetzt nicht viel besagen, die Epoche der Weltliteratur ist an der Zeit, und jeder muß jetzt dazu wirken, diese Epoche zu beschleunigen."[7] Kunstkritiker, vor allem *Friedrich Schlegel*, mühten sich, Maßstäbe ihres Urteils aus der Weltliteraturgeschichte zu gewinnen.

Bis in die Mitte des 19. Jahrhunderts sind Literaturgeschichten noch von einem weltbürgerlichen Liberalismus geprägt (*Gervinus, Hettner, Haym*). Nachdrücklich beruft sich etwa *Hermann Hettner* auf *Goethe*s Forderung und erstellt entsprechend den Plan seines Werkes. In der zweiten Hälfte des 19. Jahrhunderts, vor allem nach der Reichsgründung, wandten sich Literarhistoriker zunehmend einer reduzierten Beschreibung der „deutschen Nationalliteratur" zu. Unter dem Einfluß *H. v. Treitschkes* und *W. Scherer*s verstand sich die Germanistik in unterschiedlichsten Ausprägungen als ein „System nationaler Ethik" (*Scherer* – vgl. Textanhang). 1908 findet sich in einer ebenso populären wie chauvinistischen „Geschichte der deutschen Literatur" der Leitsatz ihres Verfassers, der nunmehr im schroffen Gegensatz zu *Goethe*s Forderung verkündet: „Der Dichter gehört seinem Volke, und wehe ihm, wenn er das je vergißt!"[8]

Ursprünge einer nationalistischen Ideologisierung der Germanistik sind seit den Brüdern *Grimm* in vielfältiger Weise belegbar. Nationales Selbstverständnis und „vaterländische" Zielsetzung führen aus den verschiedensten Richtungen zunächst zu einer deutschkundlichen und nationalistischen Akzentuierung, die später unter dem Druck des NS-

6 Mayer: Literaturwissenschaft in Deutschland. S. 331.
7 Gespräch vom 31. Januar 1827.
8 Adolf Bartels: Geschichte der Deutschen Literatur. Bd. 1. 5.–6.Aufl. Leipzig 1909. (Vorwort) S. XIII.

Regimes teilweise in Germanenkult, Rassismus und Biologismus endete. Die ideologische Ausrichtung der NS-Germanistik ist nicht auf bestimmte Wissenschaftsrichtungen festzulegen, wenn auch bestimmte Tendenzen nachweisbar sind. Einseitige Aspekte völkischer, nationaler und nationalistischer Art werden akkumuliert. Von der Volkstümelei des 19. Jahrhunderts, von einer Literaturgeschichtsschreibung, die als „Mahner" der Deutschen „zur einheitlichen Zusammenfassung ihrer Volkskraft und zum nationalen Ehrgefühl"[9] antrat, war der Weg zur vorgeschriebenen Mythenbildung des NS-Staats vorbereitet. „Die Geschichte der deutschen Literaturgeschichte trug jetzt ihre Früchte. Von der Hohenzollernlegende zur Führerlegende. Die verhaßte Aufklärung war nun als ‚jüdischer Geist' verfemt. Den Sturm und Drang verstand man als völkische Bewegung, ganz wie die Romantik. Goethes Klassik blieb einigermaßen suspekt. Gefordert in der Literaturgeschichte wurden Hymnik und nachgelieferte Prophetie. Alle deutsche Literatur hatte den Führer und das Reich vorzuahnen."[10]

Typisch für den Prozeß national-ideologischer Umwertung ist die „Geschichte der deutschen Literatur" von *Adolf Bartels* (1862–1945), die diese Entwicklung Jahrzehnte vor dem dritten Reich bestürzend dokumentiert. Die oft verlegte und weitverbreitete Literaturgeschichte des Verfassers historischer Romane, die 1901–02 erstmals erschien (3 Bde. 1923–28) und im dritten Reich maßgebende Bedeutung erlangte, führt zielsicher und kämpferisch in den Mythos von Blut und Boden. Trotz der „reichlich schulmeisterlichen, oft täppischen" Art des Verfassers[11] sehen wir hier schon wenige Jahre nach der Jahrhundertwende die Linie genau vorgezeichnet. Bereits in den ersten Auflagen hetzt *Bartels* gegen „Judentum", „fremde Rasse" und „moderne Dekadence" in einer Weise, die mit Wissenschaft nichts mehr gemein

---

9 Friedrich Vogt u. Max Koch: Geschichte der Deutschen Literatur von den ältesten Zeiten bis zur Gegenwart. Bd. 1. 4. Aufl. Leipzig 1926 (Neudruck der Ausg. v. 1918–20). S. VI.

10 Hans Mayer: Literaturwissenschaft in Deutschland. S. 331. Zur Geschichte (und Vorgeschichte) der nationalsozialistisch ausgerichteten, „völkischen" Germanistik vgl. vor allem die Beiträge von E. Lämmert, W. Killy, K. O. Conrady und P. v. Polenz in dem Band „Germanistik – eine deutsche Wissenschaft." (Frankfurt am Main 1967).

11 Nach Ernst Alker: Die deutsche Literatur im 19. Jahrhundert. 2. Aufl. Stuttgart 1962. S. 505.

hat. Entschieden ist seine scharfe Polemik gegen den „Ästhetiker"
Scherer, ihn will er „ein für allemal zu den Toten werfen".[12] *Wilhelm
Scherer*s „System der nationalen Ethik" ist mit *Bartels* rassistischer
Ideologie nicht vergleichbar. Das Vokabular, mit dem *Bartels*, zum Professor ernannt durch den Großherzog von Sachsen-Weimar, ein maß-
loses deutsches Kulturideal postuliert, dekuvriert die Ideologie; von
Stammestum, Nationalstolz, germanischem Rassenbewußtsein, germanischem Blut, Blutzumischung, keltischen Blutstropfen, Volkstum und
Rasse ist die Rede. „Luther, Kant, Goethe, Bismarck, das sind die vier
größten Deutschen (. . .), Kämpfer alle. Es fragt sich doch, ob irgend
eine andere Nation diesen Vieren gleichbedeutende Männer gegenüberstellen kann."[13] Die Scheidung und Wertung nach Blut und Rasse hält
ihren Einzug in die Literaturgeschichte. Sein Urteil etwa über *Heinrich
Heine* ist ebenso unsachlich wie unverschämt:

„Riesig sind an Heine nur die Eitelkeit und Unverfrorenheit, und riesig ist die
Dummheit des deutschen Volkes gewesen, das sich ihn so lange als einen seiner
Großen hat aufschwatzen lassen.
    Heinrich Heine ist in der Tat der unheilvollste Geselle, der im neunzehnten
Jahrhundert nicht bloß durch die deutsche Literatur, sondern auch durch das
deutsche Leben hindurchgegangen ist, er erscheint, wenn man seine Tätigkeit
als Ganzes ins Auge faßt, durchaus als Seelenverwüster und -vergifter, als der
Vater der Dekadence, und zwar auf fast allen Gebieten, literarisch, politisch, so-
zial. (. . .) Überhaupt ist Heine, der Jude – und damit kommen wir zum Haupt-
punkt – der schlimmste Feind des Deutschtums gewesen, um so gefährlicher,
weil er dessen Stärken und Schwächen so genau kannte, jene, sie instinktiv fürch-
tend, durch geschicktes Komödienspiel für sich unschädlich zu machen suchte,
mit diesen schamlos paktierte. (. . .) Es gehört der ganz unglaubliche Mangel an
nationalen Instinkten dazu, um Heine dessen Halunkentum zuletzt doch ganz
augenscheinlich ist, wirklich zu einem deutschen Lieblingsautor werden zu lassen."[14]

Juden schienen Bartels auch „die Gebrüder Mann aus Lübeck zu sein",
„doch haben sie selber nur eine kreolische Blutmischung zugegeben."[15]
    Naivität, Unverfrorenheit und wissenschaftlicher Dilettantismus sind
die Basis dieser nationalistischen Literaturideologie. *Goethe*s Forderung

12 Adolf Bartels: Geschichte der deutschen Literatur. Bd. 1. 5-6. Aufl. Leipzig
    1909. S. X. (Vorwort zur 3. u. 4. Aufl. v. 1904.)
13 Ebd. S. 5.
14 Ebd. Bd. 2. S. 152 ff.
15 Ebd. Bd. 2. S. 542.

nach der Epoche der Weltliteratur fälscht *Bartels* spekulativ in seinem Sinne um:

„Aber Goethe würde sich schön gehütet haben, den Begriff zu schaffen, wenn er gewußt hätte, was man einst mit dieser Flagge decken würde, er würde betont haben, daß man nur die fremden Größen dem eigenen Volke zuzuführen braucht, durch die man selber wirklich etwas werden kann. (. . .) In diesem Sinne wollen wir auch die Vermittler der Literaturen der verschiedenen Völker bleiben, aber hinfort nicht mehr vergessen, den Fremden zuerst zu zeigen, was wir selber sind."[16]

Es verwundert wenig, daß *Hitler* gerade diesen Pseudohistoriker 1925 besuchte. Bartels hatte auf seinem Sektor vortrefflich Vorarbeit geleistet zum kulturpolitischen Programm des NS-Staates.

Weitaus problematischer, wenn auch im Urteil eindeutig, ist die Wertung von *Josef Nadlers* (1884–1963) Literaturgeschichte. Sie ist die letzte Darstellung der *gesamten* deutschen Literatur aus der Feder eines einzelnen Gelehrten. Der wissenschaftliche Ansatz seiner „Literaturgeschichte der deutschen Stämme und Landschaften" (3 Bde. Regensburg 1912–18), beeinflußt von seinem akademischen Lehrer *August Sauer,* ist „eine Geschichte der deutschen Stämme und Landschaften im Spiegel oder durch das Mittel der Literatur"[17]. *Nadler* versucht, eine Unmenge von stofflichem Material mit unendlicher Akribie den deutschen Stämmen und Landschaften zuzuordnen, um von dort Besonderheiten der Literatur herzuleiten. Nach *Nadlers* These darf eine wissenschaftliche Geschichte der Literatur nicht beim Individuum stehen bleiben, sie muß zu umfassenderen Einheiten vordringen. Diese übergreifende Einheit ist für *Nadler* der Stamm; er ist bestimmend für literaturgeschichtliche Entwicklungen. An Stelle des Individuums tritt der Stamm, in ihm ruhen alle schöpferischen Energien. *Nadlers* wissenschaftstheoretischer Ansatz war prädestiniert, seine Literaturgeschichte zum „wissenschaftlichen" Standardwerk der NS-Germanisten zu machen. Die vierte, völlig neubearbeitete Auflage erschien 1938–41, in einer reich bebilderten vierbändigen Prachtausgabe des Propyläen-Verlags, „als ragendes Monument einer dem chauvinistischen Rassenwahn verfallenen Literaturwissenschaft"[18]. Die Fülle von Namen und Angaben kann über

16 A. Bartels: Bd. 2. S. 785 f.
17 Nach Walter Muschg: Josef Nadlers Literaturgeschichte. In: W. M.: Die Zerstörung der deutschen Literatur. 3. Aufl. Bern 1958. S. 288.
18 Muschg. S. 300.

die Konzeption nicht hinwegtäuschen. „Das angeblich geopolitische Kräftespiel der deutschen Geistesgeschichte gibt sich in ihr mit Fanfarenmusik als heimliche Vorgeschichte des Dritten Reiches zu erkennen, und im neuen Schlußband ordnen sich die Scharen der Autoren seit 1900 zum Huldigungsmarsch vor seinem Führer."[19]

Sicher beweist *Nadler* in vielen Passagen ein treffsicheres Urteil, wichtig bleibt das Werk vor allem wegen der Nennung vieler sonst nicht erwähnter Autoren.

1951 versuchte *Nadler* in einer nunmehr einbändigen, von Antisemitismus, Rassentheorie und großdeutscher Ideologie gereinigten Ausgabe, sich zu rehabilitieren. „Nadler glaubt diese Rehabilitierung damit zu leisten, daß er einige Juden positiv würdigt, einige andere wenigstens erwähnt und im übrigen manchen braunen Wicht weiterhin glänzen läßt."[20]

19 Ebd. S. 300.
20 Ebd. S. 301.

Arbeitsvorschläge

Die nachstehend zitierten vier programmatischen Äußerungen von Literaturhistorikern zeigen verschiedene Perspektiven geschichtlicher Literaturbetrachtung auf. (Der Kontext jedes Zitats und seine bibliographischen Daten finden sich im Textanhang.)

Vergleichen Sie die Texte unter folgenden Aspekten:

1. Bestimmen Sie die Epochen der Literaturgeschichtsschreibung, in denen die verschiedenen Texte entstanden sind.
2. Ermitteln Sie Autor und Titel der jeweiligen Veröffentlichung.
3. In welchen geschichtlichen Zusammenhang sind die Texte von 1835, 1856, 1868 und 1923 einzuordnen?
4. Worin sehen die jeweiligen Autoren die Grundidee von Literaturgeschichtsschreibung?
5. Wie unterscheiden sich die einzelnen Grundkonzeptionen?
6. Welche Darstellung oder Darstellungen unternehmen den Versuch, in der Beschreibung von Literatur diese zu aktualisieren?
7. Welche Äußerungen beruhen auf politischen oder pädagogischen Prämissen?
8. Wie beurteilen Sie diese Prämissen?
9. Welche Äußerungen nähern sich einem modernen Verständnis von Literaturgeschichtsschreibung und warum?

I.

„Goethe vergleicht die Geschichte der Wissenschaft mit einer großen Fuge; die Stimmen der Völker kommen erst nach und nach zum Vorschein.

Namentlich für die Literatur der letzten Jahrhunderte ist dies Gleichniß äußerst bezeichnend. Die drei großen Kulturvölker, die Engländer, Franzosen und Deutschen, setzen der Reihe nach ihre Stimmen ein (. . .)

Die Höhe der deutschen Bildung und die große französische Revolution sind gleichzeitig. Die französische Republik sendet an Schiller und Klopstock den Bürgerbrief, und unsere besten Geister jauchzten der Revolution fast einstimmig zu; wenigstens so lange diese von den Gräueln der Schreckensherrschaft noch frei war. (. . .) Merkwürdig ist die Stellung, die England in diesen Revolutionskämpfen einnimmt. (. . .) Es rühmt die Vortheile der ”happy constitution“ und ringt nach der Zucht äußerer Frömmigkeit; es späteren Reformen überlassend, das Veraltete langsam, aber, wie es meint, sicher umzugestalten.

So weit gehen die Kämpfe des achtzehnten Jahrhunderts. Noch heut stehen wir mitten in ihnen. Die Einen suchen die leitenden Gedanken dieser Kämpfe selbständig fortzubilden, die erkannten Schwächen und Einseitigkeiten aufzuheben und das Zeitalter der Aufklärung zu einem Zeitalter der allgemeinen, alle Schichten durchdringenden, vollen und ganzen Bildung zu machen; die Anderen hegen lebhafter als jemals die Lust, die Berechtigung dieser Kämpfe von Grund aus in Frage zu stellen und die strömende Geschichte um Jahrhunderte zurückzutreiben.

Wie auch der Würfel falle; diese folgereichen Kämpfe sind und bleiben eine der merkwürdigsten Epochen des menschlichen Geistes. Und immer wird es für die geschichtliche Betrachtung eine ebenso wichtige als anziehende Aufgabe sein, sich vom Wesen und Verlauf derselben ein möglichst anschauliches Bild zu gewinnen.

Der Weg, den eine solche geschichtliche Beschreibung einschlagen muß, ist sehr bestimmt vorgezeichnet. Weil die Literatur der Aufklärung nicht ausschließlich diesem oder jenem Volk zufällt, sondern nach einer bekannten Bezeichnung Goethe's durchaus Weltliteratur ist, so kann eine Geschichte der Aufklärung nur eine allgemeine, d. h. eine die Wirkung und Gegenwirkung aller abendländischen Völker in gleicher Weise umfassenden Literaturgeschichte des achtzehnten Jahrhunderts sein. Und umgekehrt ist eine solche allgemeine Literaturgeschichte des achtzehnten Jahrhunderts in ihrem innersten Wesen durchaus Geschichte der Aufklärung.”

II.

„Das Buch ist also mit Bewußtsein *Ideengeschichte,* nicht in dem üblichen Sinne Literaturgeschichte (deren Eigenrecht damit in keiner Weise angetastet werden soll). Aber es ist Ideengeschichte mit einem besonderen Rechte, weil auf der Auffassung beruhend, daß nur durch eine ideengeschichtliche Betrachtung unsere klassisch-romantische Dichtung wesenhaft zu erleuchten ist. (. . .)

Das vorliegende Werk hält zwischen Wissenschaft und Leben eine mittlere Linie ein. Es wendet sich nicht *nur,* aber *auch* an die Wissenschaft und macht den Anspruch, in vielen Punkten Anregungen auch der Wissenschaft zu geben. In der Hauptsache wendet es sich allerdings an die gesamte bildungswillige Schicht der Nation, für die die Beschäftigung mit der klassischen Zeit des deutschen Geistes immer mehr ein lebendiges Bedürfnis geworden ist. (. . .)

Sein Ziel ist keine Extensivierung, sondern eine Intensivierung unseres historischen Wissens. (. . .) Und es geht auch hier von der Überzeugung aus, daß es nicht darauf ankommt, möglichst viel, sondern eher nicht zu viel, das wenige aber *zusammen zu sehen* und aus einander, das heißt aus einem gemeinsamen geistesgeschichtlichen Zusammenhang heraus zu begreifen."

III.

„Ich habe unternommen, die Geschichte der deutschen Dichtung von
der Zeit ihres ersten Entstehens bis zu dem Punkte zu erzählen, wo sie
nach mannichfaltigen Schicksalen sich dem allgemeinsten und reinsten
Charakter der Poesie, und aller Kunst überhaupt, am meisten und bestimmtesten näherte. (. . .)

Daß die Ziele, die sich der Schreiber einer Geschichte der deutschen
Dichtkunst wählen kann, so weit auseinander, so leicht unterscheidbar
liegen, dies erleichterte mir die Wahl; denn eine Wahl war unvermeidlich. (. . .) Mir schien es aber, als ob die Geschichte der deutschen Nationalliteratur noch von Niemand aus einem Gesichtspunkt behandelt
worden sei, welcher der Sache selbst würdig, und der Gegenwart und
jetzigen Lage der Nation angemessen wäre; mir schien es, als ob zu einer solchen würdigen Auffassung der Sache auch auf dem hergebrachten Wege nur schwer oder gar nicht zu gelangen sei. Ähnlich verhält es
sich auch mit der politischen Geschichte von Deutschland. (. . .) Die
Geschichtsschreiber der Nationalliteratur nahmen folgerecht fast allein
Rücksicht auf die alte Zeit, fast keiner aber erschien, dessen Werk
auch selbst in diesen Theilen nur ahnen ließe, wie trefflich Forscher
hier vorgearbeitet hatten, geschweige, daß man die dichterischen und
sonstigen Werke jener Zeit aus unserer Literaturgeschichte hätte kennen lernen. (. . .) Und wer sollte in den Jahren 1789 und 1830 Hand
an eine Literaturgeschichte der neueren Zeit legen? Kaum war nach
jener außerordentlichen Gährung unter unseren künstlerischen Genien
durch den übersetzten Homer eine Art Ruhe geschafft und es folgte
mit den classischen Werken Goethes eine Niedersetzung des Geschmacks
und der Sprache, so brachte uns die französische Revolution um sein
frischestes Wirken; Schiller starb früh weg, und der grelle Absturz unserer schönen Literatur zu Entartung und Nichtigkeit war im ersten
Augenblicke wohl noch viel abschreckender, als die neuesten, politischen Begebenheiten, die uns von der behaglichen Betrachtung unserer
inneren Bildungsgeschichte immer mehr abziehen werden.

In den allerungünstigsten Verhältnissen also greife ich den schwierigen Stoff einer Geschichte auf, die theilweise fast eine Zeitgeschichte
zu nennen ist; (. . .)

Bei uns muß das Lernen anfangen mit der Rückkehr aus einem verderbten und ungesunden Wesen zu der reinen Quelle der Menschlichkeit, von der der Grieche vertrauensvoll ausgehen durfte. (...) Die Geschichte der deutschen Dichtung (...) schien mir ihrer inneren Beschaffenheit nach ebenso wählbar, als ihrem Werthe und unserem Zeitbedürfnis nach wählenswerth. Sie ist, wenn anders aus der Geschichte Wahrheiten zu lernen sind, zu einem Ziele gekommen, von wo aus man mit Erfolg ein Ganzes überblicken, einen beruhigenden, ja einen erhebenden Eindruck empfangen und die größten Belehrungen ziehen kann. (...)

Ich habe mit der ästhetischen Beurtheilung der Sachen nichts zu thun, ich bin kein Poet und kein belletristischer Kritiker. (...) Ich bemerke übrigens noch, daß das Endurtheil des ästhetischen und das des historischen Beurtheilers, wenn beide in gleicher Strenge zu Werke gingen, immer übereinstimmen wird; es rechne nur jeder auf seine Weise richtig, die Probe wird die gleiche Summe ausweisen."

IV.

„Warum sollte es nicht eine Wissenschaft geben, welche den Sinn dieser Bestrebungen, das was den innersten aufquellenden Lebenskern unserer neuesten Geschichte ausmacht, zu ihrem eigentlichen Gegenstande wählte, welche zugleich ganz universell und ganz momentan, ganz umfassend theoretisch und zugleich ganz praktisch, das kühne Unternehmen wagte, ein *System der nationalen Ethik* aufzustellen, welches alle Ideale der Gegenwart in sich beschlösse und, indem es sie läuterte, indem es ihre Berechtigung und Möglichkeit untersuchte, uns ein herzerhebendes Gemälde der Zukunft mit vielfältigem Trost für manche Unvollkommenheiten der Gegenwart und manchen lastenden Schaden der Vergangenheit als untrüglichen Wegweiser des edelsten Wollens in die Seele pflanzte. (. . .)

Sie sehen, wie nach meiner Meinung die Aufgabe einer nationalen Ethik sich mit den höheren Anforderungen auf das innigste berührt, welche man seit einiger Zeit an die historische Wissenschaft zu stellen beginnt.

Wir sind es endlich müde, in der blossen gedankenlosen Anhäufung wohlgesichteten Materials den höchsten Triumph der Forschung zu erblicken. Vergebens dass uns geistreiche Subtilität einbilden will, es gebe eine eigene, geschichtlicher Betrachtung allein zustehende Methode, die ‚nicht erklärt, nicht entwickelt, sondern versteht'. Auch die verschiedenen, zum Theil tiefsinnigen Theorien, in denen das Stichwort der Ideen als der Stern über Bethlehem erscheint, haben für uns wenig Anziehungskraft. Was wir wollen, ist nichts absolut Neues, es ist durch die Entwicklung unserer Historiographie seit Möser, Herder, Goethe für Jeden der sehen will unzweifelhaft angedeutet. Goethe's Selbstbiographie als Causalerklärung der Genialität einerseits, die politische Oekonomie als Volkswirthschaftslehre nach historisch-physiologischer Methode andererseits zeichnen die Richtung vor, die wir für den ganzen Umfang der Weltgeschichte einzuhalten streben. Denn wir glauben mit Buckle dass der Determinismus, das demokratische Dogma vom unfreien Willen, diese Centrallehre des Protestantismus, der Eckstein aller wahren Erfassung der Geschichte sei. Wir glauben mit Buckle dass die Ziele der historischen Wissenschaft mit denen der Naturwissenschaft insofern wesentlich verwandt seien, als wir die Erkenntnis der Geistesmächte suchen um sie zu beherrschen, wie mit Hilfe der Naturwissenschaften die physischen Kräfte in menschlichen Dienst gezwungen werden."

3. Die ahistorische Interpretationslehre

Die Abkehr der deutschen Literaturwissenschaft von der geisteswissenschaftlichen Methode beginnt längt vor *Staiger* und *Kayser*. Schon 1909 erläutert *Norberth von Hellingrath* die Lyrik *Hölderlin*s vom Wort her. *Viëtor*s Aufsätze aus den frühen dreißiger Jahren, *Kommerell*s Darstellungen von 1939 und 1943, die Deutungen von *Pfeiffer* (1936) und *Storz* (1941), *Staiger*s Werke von 1939 und 1943 stehen am Anfang jener dritten Phase, in der nunmehr die Forderung gestellt wird: das Dichtwerk als künstlerisches Produkt muß allein aus dem Text gedeutet werden.

Kritisches Interesse soll dabei der Frage gelten, auf Grund welcher Voraussetzungen die formalästhetische Betrachtungsweise von Literatur nach 1945 eine weit über die Schule *Kayser*s und *Staiger*s hinausreichende Bedeutung gewinnen konnte. Die Gründe ausschließlich in einem Nachholbedarf der nachvölkischen Germanistik oder in einer verspäteten Rezeption ausländischer Methoden zu sehen, wäre falsch. Zwar liegen, wie oben erwähnt, Ansätze der werkimmanenten Interpretationsmethode vor 1945, wo sie teilweise als unpolitische, oft kulturpädagogische Einführung in die Kunst des Lesens Verbreitung fanden (*Kommerell, Pfeiffer, Storz*). Die neue Richtung konnte sich jedoch in den Jahren vor 1945 wenig entfalten, in den zwanziger Jahren war die Bedeutung der geistesgeschichtlichen Methode überragend, nach 1933 schien die neue Methode wenig geeignet, ,,völkische Aspekte" durch die Fachwissenschaft zu fördern. Die ,,kopernikanische Wende" durch die werkimmanente Interpretationsmethode tritt nach 1945 ein.

Reaktion nach 1945

Hatte sich die geistesgeschichtliche Methodik als Reaktion auf den einseitig historisierenden Positivismus selbst in ihren kühnsten Darstellungen einen Rest von Geschichtsbewußtsein bewahrt, so erteilte die formal-ästhetische Richtung in der Germanistik der Nachkriegsjahre (neben *Kayser* und *Staiger* u. a. *Horst Oppel, Max Wehrli, Karl Vietor, Kurt May*) jeder literarhistorischen Betrachtungsweise eine entschiedene Absage. „Die von den deutschen Literaturwissenschaftlern nach 1945 so energisch vollzogene Wendung zur werkimmanenten Interpretation, die sich als Reaktion auf geistesgeschichtliches Konstruieren schon in den vierziger Jahren ankündigte, und die Hingabe an die Spiele der ästhetischen Formen erklären sich als Gegenschlag gegen die Vorherrschaft nationalpädagogischer Kriterien und sind natürlich auch ein willkommenes Mittel zur Flucht aus den politisch-ideologischen Verstrickungen des Dritten Reichs.“[1] In der bitteren Selbsterkenntnis, daß die deutsche Literaturwissenschaft nicht nur der Verführung erlegen war, sondern selbst ihren Teil zur Zerstörung des Geistes beigetragen hatte, vollzieht sie die Flucht. Mit der Absage an jedes ideologische Engagement werden nun rigoros historische, gesellschaftliche, soziale und politische Dimensionen der Literatur aus dem Gesichtsfeld verbannt. Programmatisch verkündet 1945 *Karl Viëtor* (1892 – 1951) den „Tod der geisteswissenschaftlichen Methode“. Die Äußerungen des 1936 in die USA emigrierten Literaturwissenschaftlers sind gerade in Bezug auf die historische Kausalität der wissenschaftlichen Wende bedeutsam. *Viëtor,* dessen frühe Aufsätze schon eine Abkehr von der geisteswissenschaftlichen Methode erkennen lassen, feierte noch 1933 den „Sieg der national-sozialistischen Bewegung“ als „Beginn einer neuen Epoche der deutschen Geschichte“[2], in der er, unter Berufung auf ein Zitat *Hitlers,* der Literaturwissenschaft als „Wissenschaft vom deutschen Menschen“ ihren Platz zuwies: „Mit der nun wichtigsten Aufgabe, allgemein Organon des nationalen Selbstverständnisses zu sein, steht die Wissenschaft vom deutschen Menschen in der Mitte der Zeiten“.[3] Er, der dann früh dem nationalsozialistischen Staat den Rücken kehrte, ist einer der ersten

---

1 Karl Otto Conrady: Deutsche Literaturwissenschaft und Drittes Reich. In:
   Germanistik – eine deutsche Wissenschaft. S. 84 f.
2 Karl Viëtor: Die Wissenschaft vom deutschen Menschen in dieser Zeit. In:
   Zeitschrift für deutsche Bildung 9 (1933) S. 342 ff.
3 Ebda.

Wortführer der neuen Methode, durch die sich die Germanistik wieder von der Politisierung ihrer Arbeit lösen könne.

1945 (!) erscheint *Viëtors* Konzept der werkimmanenten Interpretationslehre:

„Wo immer man die Literatur betrachtet hat als Ausdruck oder als Nebenprodukt allgemeiner Entwicklungsvorgänge: politischer, sozialer, intellektueller, psychologischer, kultureller – da hat man sich vom ästhetischen Phänomen und seiner Sphäre fortbewegt in den Gesamtraum der Geschichte. Das sind gewiß sinnvolle Fragestellungen. Aber man hat angefangen zu erkennen, daß dies nicht die spezifischen Fragestellungen des Literaturwissenschaftlers sein können. Der Hauptgegenstand seiner Bemühungen hat das gestaltete Werk in seiner sinnlich-spirituellen Ganzheit zu sein ein Phänomen ‚sui generis', nicht ein Spiegel oder Ausdruck von Kräften und Bewegungen anderer Sphären. Dadurch bekommt die Interpretation wieder ihren Platz, der ihr gebührt: sie wird wieder zur Haupt- und Grundkunst des Literaturwissenschaftlers. Literatur*geschichte* aber rückt damit an die zweite Stelle. Man beginnt zu erkennen, daß sie eine besondere Aufgabe ist und besondere Methoden verlangt. Sie ist nicht die Grundlage für die Deutung des einzelnen Werkes, sondern baut sich, umgekehrt selber erst auf die Interpretationsarbeit auf."[4]

Aus der Situation der deutschen Literaturwissenschaft in den Nachkriegsjahren ist die Begeisterung für die formalästhetische Interpretationslehre verständlich. Das zähe Beharren auf dieser ahistorischen Grundkonzeption stimmt jedoch bedenklich; es belastet die Germanistik bis zur Gegenwart. Die ängstliche Absicherung vor einem erneuten Rückfall in politisch-ideologische Abhängigkeit zeigt hier ihre Kehrseite. Versuche, die Literatur als historisch, gesellschaftlich und politisch verankerte Erscheinung zu fassen, bleiben an der Peripherie der deutschen Germanistik. Noch 20 Jahre nach dem Zusammenbruch urteilt *Erik Lunding* die „Politisierung" der Literaturwissenschaft (ohne den Begriff „Politisierung" zu differenzieren) pauschal als „Krebskrankheit" ab[5]. Das Ergebnis des eigenen politisch-ideologischen Sündenfalls der Germanistik verleitet allzuleicht, marxistische Literaturtheorie mit wenigen Sätzen abzuhandeln. Es ist, wie Horst Rüdiger schreibt, „nicht einzusehen, weshalb es die Literarhistoriker im westli-

4 Karl Viëtor: Deutsche Literaturgeschichte als Geistesgeschichte. In: PMLA 60 (1945) S. 915.
5 Erik Lunding: Literaturwissenschaft. In: Reallexikon der deutschen Literaturgeschichte. Begr. v. Paul Merker u. Wolfgang Stammler. 2. Aufl. Hrsg. v. Werner Kohlschmidt u. Wolfgang Mohr. Bd. 2. Berlin 1965. S. 205.

chen Teile Deutschlands den Kollegen im Osten überlassen sollten, die gesellschaftlichen Grundlagen der Literatur auf ihre Weise, das heißt unter dem Vorzeichen des historischen Materialismus, zu erforschen".[6]

Dichtungsbetrachtung ohne Geschichte – Wolfgang Kayser

Als Kronzeuge der nach dem Kriege erfolgreichsten und modischsten Methode sei zunächst *Wolfgang Kayser* (1906 – 60) genannt, dessen 1948 erstmals erschienenes Werk „Das sprachliche Kunstwerk" (13. Aufl. 1968) universitäre und schulische[7] Literaturbetrachtung nachhaltig beeinflußt hat. Die in „einer erzwungenen Muße nach dem Zusammenbruch"[8] entstandene „Einführung in die Literaturwissenschaft" bedeutet nun die völlige Abkehr von einer historisierenden Literaturwissenschaft. Die neue Methode lautet: werkimmanente Interpretation. Wissenschaftstheoretische Prämisse dieses Verfahrens ist: „Das sprachliche Kunstwerk lebt als solches und in sich."[9]

Die Literaturwissenschaft als „Wissenschaft von der Dichtung" besitzt nach *Kayser* „in der ‚Schönen' Literatur einen Gegenstandsbezirk eigener Art als Kernbezirk, dessen Erforschung ihre eigenste und innerste Aufgabe ist".[10] Zur Auslegung und Deutung eines dichterischen Textes sind nur „textimmanente", d. h. im weitesten Sinne sprachliche und stilistische Faktoren heranzuziehen, die Interpretation hat „Außerliterarisches" (im Sinne *Kaysers*), sei es die Biographie des Dichters, seien es psychologische Momente, historische und gesellschaftliche Bezüge, nicht zu berühren. Dringendstes Anliegen der For-

6 Horst Rüdiger: Zwischen Interpretation und Geistesgeschichte. a. a. O. S. 151. Zur marxistischen Literaturwissenschaft vgl. Florian Vaßen: Methoden der Literaturwissenschaft II: Literatursoziologie und marxistische Literaturtheorie (= *Grundstudium Literaturwissenschaft 4*).

7 In der didaktisch-methodischen Literatur weist wohl zuerst Gerhard Storz auf die formal-inhaltliche Interpretation hin: „Von der Kunst des Lesens". In: Der Deutschunterricht 1 (1947/9), H. 2/3. S. 5 ff.

8 Wolfgang Kayser: Das Groteske in Malerei und Dichtung. Reinbek 1960. S. 143.

9 Ders.: Das sprachliche Kunstwerk. Eine Einführung in die Literaturwissenschaft. 13. Aufl. Bern u. München 1968. S. 387.

10 Ebda. S. 24.

schung sei es, „die schaffenden sprachlichen Kräfte zu bestimmen, ihr Zusammenwirken zu verstehen und die Ganzheit des einzelnen Werkes durchsichtig zu machen".[11] In das Blickfeld des Literaturwissenschaftlers stellt *Kayser* ausschließlich die *Dichtung*. Zwei Kriterien bestimmen den Dichtungscharakter eines Textes: „Das besondere Vermögen solcher literarischer Sprache, eine Gegenständlichkeit eigener Art hervorzurufen, und der Gefügecharakter der Sprache, durch den alles in dem Werk Hervorgerufene zu einer Einheit wird."[12] Der Literaturbegriff bleibt somit auf die „autonomen" Sprachkunstwerke beschränkt, literarische Sonderformen, Essay, Tagebuch, Biographie, Reiseberichte usw., stehen ebenso wie ästhetisch Geringwertiges außerhalb des Forschungsinteresses der Dichtungswissenschaft. Historische Bezüge, geschichtliche und gesellschaftliche Bedingtheit und Leistung eines Werkes interessieren die „Wissenschaft von der Dichtung" nur sekundär „als ein weiter Kreis von Fragen, der sich um jenes Zentrum der Literaturwissenschaft herumlegt"[13]. In der „Sphäre der reinen Dichtung" haben nach *Kayser*s Theorie außerliterarische Phänomene keinen Platz.

Ohne jeden Zweifel ist es nicht zuletzt das Verdienst der werkimmanenten Interpretationslehre *Kayser*s, einen präzisen und differenzierten Begriffsapparat der literaturwissenschaftlichen Methodik entwickelt zu haben. Die werkimmanente Literaturwissenschaft als Textwissenschaft erzog durch ihr exaktes analytisches Vorgehen wieder zum literarischen Lesen ("close reading"), das die großzügigen Entwürfe der geisteswissenschaftlichen Richtung weitgehend vernachlässigt hatten. Textnähe wurde wieder zum wesentlichen Kriterium der wissenschaftlichen Analyse.

Durch die programmatische Beschränkung auf das „zeitlose Sein", den „Kunstcharakter" der Dichtung, entzieht sich aber die werkimmanente Interpretationslehre gesellschaftskritischer Selbstreflexion. Versuchte *Kayser* noch im „Sprachlichen Kunstwerk", Fragen der literarischen Wertungen im formalästhetischen Bereich zu beantworten, so erkannte er später die geschichtliche Bedingtheit des Interpreten

11 Ebda. S. 5.
12 Ebda. S. 14.
13 Ebda. S. 17.

an[14], klammerte aber weiterhin literarhistorische Fragen als „Vorfeld" der Wissenschaft aus. „Gestalt" als „heuristischer Begriff" bleibt ihm das „Wesentliche am Sein des Kunstwerks"[15].

Bemerkenswert ist in diesem Zusammenhang, daß die „Interpretationspraxis" der *Kayser* verpflichteten Literaturwissenschaftler nur selten die reine „Werkimmanenz" von dessen Theorie erreichte. Am Einzeltext zeigt sich immer wieder, daß seine Prämisse vom zeitlos-überzeitlichen Kunstwerk, die Interpretation eines sprachlichen Gefüges „aus sich selbst" heraus, unzureichend, wenn nicht tautologisch blieb. Vor allem die Interpretation älterer Texte machte es oft unerläßlich, zur Erklärung ihrer sprachlichen, sachlichen, stilistischen, poetologischen und gedanklichen Eigenart die fast verachteten „außerdichterischen" Fakten heranzuziehen (Sprachgeschichte, politisch-geschichtlicher Hintergrund, Biographie des Verfassers u. a. m.). So werden viele Texte weniger werkimmanent, d. h. zeitenthoben, als vielmehr *historistisch,* aus ihrer Entstehungszeit heraus interpretiert. Die Unzulänglichkeit dieses Verfahrens, das im Grunde auf vor-werkimmanenten Theorien, auf Anschauungen *Wilhelm Diltheys,* zurückgreift, liegt freilich in der Verabsolutierung der Kriterien jener Entstehungszeit, die nicht dialektisch mit denen der Gegenwart des Lesers konfrontiert werden[16].

Die von *Kayser* im „Sprachlichen Kunstwerk" entwickelten Grundbegriffe der Analyse von Dichtung sind durch ihre Praktikabilität in Wissenschaft und Unterricht zu unentbehrlichen Hilfsmitteln der Interpretation geworden. Ihre Grenzen zeigen sich erst aus der Gesamtsicht der immanent-phänomenologischen Deutung des Kunstwerks. Die literarische Erfahrung des Rezipierenden ist auf ein angeblich zeitloses Sein der Dichtung reduziert, eine Aktualisierung des literarischen Textes in Bezug auf die jeweils rezipierende Öffentlichkeit und somit eine Rückwirkung auf gesellschaftliches Verhalten ist in der konsequenten Anwendung von

---

14 Vgl. Kayser: Literarische Wertung und Interpretation. In: W. K.: Die Vortragsreise. Studien zur Literatur. Bern 1968. S. 39 – 57.

15 Ebda. S. 56.

16 Nach Dilthey muß der Interpret des „räumlich Fernen oder sprachlich Fremden" (z. B. eines älteren Textes) sich „in die Lage eines Lesers aus der Zeit und der Umgebung des Autors" versetzen. Zur Kritik dieser Einfühlungs-Theorie vgl. Jürgen Habermas: Erkenntnis und Interesse. Frankfurt am Main. 1968. S. 178 – 233.

*Kayser*s Interpretationslehre nicht möglich. Letzteres bedarf gerade im didaktischen Raum Kunstgriffe, um über die ästhetische Analyse hinaus Literatur als Bildungsinhalt darzustellen. Die rein formalästhetische Interpretation bleibt gesellschaftlich weitgehend unverbindlich; sie birgt zudem die Gefahr in sich, subjektive Eindrücke und Gefühle wissenschaftlich zu untermauern. Die echte Wertung bleibt den ,,Berufenen"[17] vorbehalten.

Kunst der Interpretation – Emil Staiger

Diese zur Interpretation ,,Berufenen" haben in der Tat den subjektiven Charakter ihres Vorgehens nie geleugnet. Das gilt etwa von dem Zürcher Literaturwissenschaftler *Emil Staiger* (geb. 1908), der das ,,unmittelbare Gefühl" als Ausgangspunkt seiner Betrachtungsweise setzt. ,,Was uns der unmittelbare Eindruck aufschließt, ist Gegenstand literarischer Forschung; daß wir begreifen, was uns ergreift, das ist das eigentliche Ziel aller Literaturwissenschaft".[18] Und weiter: ,,Das allersubjektivste Gefühl gilt als Basis der wissenschaftlichen Arbeit! Ich kann und will es nicht leugnen."[19]

In seinem bedeutenden Werk ,,Die Kunst der Interpretation" (1955) legt *Staiger* einleitend seinen methodischen Ansatz dar. Wie schon der Titel des Werkes andeutet, ist Interpretation für *Staiger* die Kunst, der inneren Stimmigkeit der Einzelteile im Ganzen des Sprachkunstwerks nachzuspüren – sie ist keine nach Objektivität der Erkenntnis strebende Fertigkeit (Wissenschaft). Diese Kunst ist nicht erlernbar, sie entwächst vielmehr dem einfühlenden Nachempfinden eines Kunstwerks, ,,dem unmittelbaren Gefühl"[20].

Staiger sieht in der Geschichte der Literatur ,,Möglichkeiten des Menschen" manifestiert, seine ,,Grundbegriffe der Poetik" (1946) sollen einen ,,Beitrag der Literaturwissenschaft an die philosophische Anthropologie" (*Heidegger*s) darstellen, und zwar ,,insofern (. . .),

---

17 Kayser: Literarische Wertung und Interpretation. S. 57.
18 Emil Staiger: Die Zeit als Einbildungskraft des Dichters. Untersuchungen zu Gedichten von Brentano, Goethe und Keller. 2. Aufl. Zürich 1953 (1. Aufl. 1939). S. 11.
19 Ders.: Die Kunst der Interpretation. Studien zur deutschen Literaturgeschichte. Zürich 1955. S. 12.
20 Ebda. S. 13.

als die Frage nach dem Wesen der Gattungsbegriffe aus eigenem Antrieb auf die Frage nach dem Wesen des Menschen führt"[21]. Historische, biographische und gattungsgeschichtliche Zusammenhänge bedeuten für den Interpreten nur eine aufhellende Hilfe; sie bilden einen Kommentar, auf dem die Interpretation beruht. Die „eigentliche" Interpretation hingegen betrachtet das, was der Zeit entrückt sei, gleichsam ‚sub specie aeternitatis'[22]. Dichtung ist somit einer geschichtlichen, gesellschaftsbezogenen Betrachtungsweise entfremdet. Das zeitlose Ergriffensein ist das Kriterium der subjektiven Interpretation, das Begreifen setzt das Ergriffensein voraus, das dichterische Werk ruht jenseits des Geschichtlichen als Ewigkeitswert.

Die beiden skizzierten Positionen waren bis in die sechziger Jahre tonangebend in der deutschen Germanistik. Sie waren nicht die einzigen Strömungen, doch zeigt sich ihre Vorrangstellung gerade in der Vernachlässigung der literaturgeschichtlichen Forschung, die bis heute noch nicht den Anschluß an die — wenn auch auf ihre Art einseitigen — Ansätze der positivistischen Forschung gefunden hat. Entsprechend resümiert der Literarhistoriker *Friedrich Sengle:* „Wer sich vom Geniebegriff der deutschen Tradition freigemacht und davon überzeugt hat, daß auch große Dichter nur im Zusammenhang und im Vergleich mit der sie umgebenden Welt verstanden und gewertet werden können, findet zu seinem Erstaunen, daß die deutsche Literaturgeschichte noch kaum begonnen hat."[23]

Der Trend zur formal-ästhetischen Methode ist keinesfalls nur eine Entwicklungsphase der deutschen Germanistik. Er ist in der internationalen Literaturwissenschaft von ähnlicher Bedeutung, doch gelangte er in Deutschland nicht zuletzt auf Grund der nationalen Isolierung der Germanistik zwischen 1933 und 1945 erst verspätet zu einer vollen Wirksamkeit. Neben den theoretischen Äußerungen *T. S. Eliot*s, der englischen Scrutiny-Schule, und der französischen Tradition der „explication de texte" (Texterklärung) sind vor allem der amerikanische "New Criticism" und der erst unlängst im Westen bekanntgewordene russische Formalismus zu nennen.

---

21 Staiger: Grundbegriffe der Poetik. 3. Aufl. Zürich 1956 (1. Aufl. 1946).S. 12.
22 Vgl. Staiger: Das Problem des Stilwandels. In: Euphorion 55 (1961). S. 229—24
23 Friedrich Sengle: Vorwort zu: Eva D. Becker: Der deutsche Roman um 1780.
   Stuttgart 1964. S. V.

"New Criticism"

Die Theoretiker des "New Criticism", zum Teil selbst Dichter, suchten ähnlich wie *Staiger* nach ästhetischer Vollkommenheit, die auf der inneren Stimmigkeit eines Textes beruht. Die besonders nach den dreißiger Jahren in Amerika bevorzugte Methode vollzieht nach einer Phase vornehmlich sozialkritischer Literaturbetrachtung (Wirtschaftsdepression) eine Abkehr von literarhistorischen Details, man beschränkt sich auf die angebliche Zeitlosigkeit aller großen Kunst. Es geht in erster Linie um den Kunstcharakter der Dichtung, um poetische Strukturen, denen weder eine klar umreißbare "message" noch eine psychologisch verstehbare „Stimmung" zugrunde liegen. Die Form ist der eigentliche Sinn, nicht das Inhaltliche eines Werks, dies ist nur Grundlage der Form. Somit untersucht man hauptsächlich Linie, Form- und Stilfragen, Technik, Strukturen, Bild und Rhythmus. Eine zweckbezogene Betrachtung von Dichtung, sei es in politischer, moralischer oder geschichtlicher Hinsicht, wird abgelehnt. Es gilt "a peom as a poem" zu verstehen (*Cleanth Brooks* und *Robert Penn Warren*); die Aussage eines Kunstwerks beruht in der jeweiligen Form.

„Für Amerika war diese Richtung der erste wirklich durchgreifende Protest gegen den immer noch weiterwirkenden Positivismus, da es hier weder eine ‚geistesgeschichtliche' noch eine ‚völkische' Revolution der Literaturwissenschaft gegeben hat. Und das erklärt zugleich ihre Radikalität und ihren betont antigeschichtlichen Affekt."[24]

---

24 Hermand: Synthetisches Interpretieren. S. 144. – Texte des "New Criticism" in deutscher Übersetzung: Cleanth Brooks: Paradoxie im Gedicht. Frankfurt am Main 1965; Kenneth Burke: Dichtung als symbolische Handlung. Eine Theorie der Literatur. Frankfurt am Main 1966. Dem "New Criticism" steht auch die in Deutschland recht verbreitete „Theorie der Literatur" von René Wellek und Austin Warren nahe. Bad Homburg v. d. H. 1956 (Taschenbuchausgabe: Berlin und Frankfurt a. M. 1968).

Die Ansichten des "New Criticism" waren in vieler Hinsicht schon von dem russischen Formalismus vorweggenommen. Die formalistische Schule entstand um 1915 in Russland ebenfalls als Reaktion auf eine sozialkritische oder politisch ausgerichtete Literaturwissenschaft. Sie gewann in den zwanziger Jahren ihre volle Bedeutung, wurde aber um 1930 von der Partei und ihrer marxistischen Literaturdoktrin unterbunden. „Der russische Formalismus stellt das Kunstwerk an sich in den Mittelpunkt; er hebt den Unterschied zwischen Literatur und Leben scharf hervor, er lehnt die üblichen biographischen, psychologischen und soziologischen Auslegungen der Literatur ab. Er entwickelt äußerst geschickte Methoden zur Analyse von literarischen Werken und zur Erforschung der Literaturgeschichte auf Grund ihrer eigenen Begriffe."[25] Hauptvertreter dieser Richtung waren u. a. *V. Schklowskij, B. Eichenbaum, J. Tynjanow, R. Jakobson* und *B. Tomaschewskij*[26].

---

25 Rene Wellek: Geleitwort zu Victor Erlich: Russischer Formalimus. München 1964.
26 Texte des russischen Formalismus in deutschen Ausgaben: Boris Eichenbaum: Aufsätze zur Theorie und Geschichte der Literatur. Frankfurt am Main 1965; Viktor Schklowskij: Theorie der Prosa. Frankfurt am Main 1966; sowie der Sammelband „Texte der russischen Formalisten I" (Hg. von J. Striedter. München 1969).

Arbeitsvorschläge

Es werden drei zwischen 1952 und 1958 veröffentlichte Interpretationen von Gedichten aus dem 17. – 19. Jahrhundert zitiert (eine davon gekürzt; Nachweise S. 63). Bestimmen und vergleichen Sie die verschiedenen Methoden der Interpretation unter folgenden Gesichtspunkten:

1. Welche Deutung verfährt „werkimmanent" im Sinne Wolfgang Kaysers? Welche Aspekte des Gedichts werden von ihr beschrieben und gewürdigt? Welche bleiben unerwähnt? Blieb der Gedichtautor nur versehentlich unerwähnt? Ermitteln Sie ihn und tragen Sie „außerdichterische" Informationen über den Text zusammen. Können diese die „werkimmanente" Einsicht in den Text vertiefen?

2. Welche Interpretation verfährt nach der obenstehenden Definition „historisch" im Sinne Wilhelm Diltheys? Wodurch ist es gerechtfertigt, historisch-außertextliche Fakten zur Texterklärung heranzuziehen? Welcherart sind im einzelnen diese Fakten? Rückt das Gedicht dem Leser in dieser Betrachtungsweise näher?

3. Welche Interpretation deutet den lyrischen Text „gesellschaftsbezogen", geschichtsbewußt? Auf welchen Gesellschaftszustand bezieht sie sich dabei? Wird die ästhetisch-formale Betrachtung des Gedichtes dabei vernachlässigt? Wie groß ist – im Vergleich mit den beiden anderen Analysen – die Textnähe?

4. Welche Interpretation entspricht am ehesten, welche am wenigsten der literardidaktischen Forderung, in der Betrachtung eines literarhistorischen Textes einen kritischen „Dialog zwischen zwei Epochen" herzustellen?

I.

„ANDREAS GRYPHIUS

Tränen des Vaterlandes

Anno 1636

Wir sind doch nunmehr ganz, ja mehr den ganz verheeret!
Der frechen Völker Schar, die rasende Posaun,
Das von Blut fette Schwert, die donnernde Karthaun
Hat aller Schweiß und Fleiß und Vorrat aufgezehret.

Die Türme stehn in Glut, die Kirch ist umgekehret.
Das Rathaus liegt im Graus; die Starken sind zerhaun,
Die Jungfraun sind geschändt; und wo wir hin nur schaun,
Ist Feuer, Pest und Tod, der Herz und Geist durchfähret.

Hier durch die Schanz und Stadt rinnt allzeit frisches Blut.
Dreimal sind schon sechs Jahr als unser Ströme Flut
Von Leichen fast verstopft sich langsam fortgedrungen.

Doch schwieg ich noch von dem, was ärger als der Tod,
Was grimmer denn die Pest und Glut und Hungersnot:
Daß auch der Seelen-Schatz so vielen abgezwungen.

Das Sonett ist, wie die Jahreszahl im Titel sagt, ein Gedicht auf den Zustand des Vaterlands im 18. Jahre des 30jährigen Krieges. Es beginnt
mit dem Worte ‚Wir': der Dichter selbst steht mitten in dem großen gemeinsamen Schicksal. Das ‚Vaterland' kann nach dem Sprachgebrauch
der Zeit Schlesien sein, aber auch Deutschland als Ganzes; aus dem Gedicht selbst heraus ist das nicht schlüssig zu entscheiden. Gryphius' andere Werke aber zeigen, daß er in ähnlichen Fällen Deutschland meint;
außerdem heißt im ersten Druck die Überschrift ‚Trauerklage des ver-
wüsteten Deutschlandes'. ‚Verheeren' kommt von ‚Heer', im 17. Jahrhundert empfand man das noch. ‚Völker' bedeutet ‚Kriegsvölker', Sol-
daten. Hier beginnen die Einzelbilder, jedes nimmt eine Halbzeile ein.
Aber es sind keine Wirklichkeitsbilder: ‚die rasende Posaun', ‚Das vom
Blut fette Schwert' — das ist eher visionär gesehen, wie ein apokalyp-
tisches Bild. Die vier Substantiva in Vers 2 und 3 sind Subjekte; ‚hat . . .
augezehret' ist das Prädikat; wir würden heute ‚haben' sagen, ‚hat' ist

gewissermaßen auf jedes Subjekt einzeln bezogen und war damals grammatisch durchaus möglich; ‚Schweiß und Fleiß und Vorrat' sind Objekte, ‚aller' ist Genitiv Pluralis. So gibt das erste Quartett gehäufte Bilder des Kriegselends, und in der vierten Zeile tritt kurz als Gegensatz hinzu — doch nur im Unterton, nicht als pointierte Antithese — die Andeutung des Friedens (Arbeit, Fleiß, Vorrat).

Das zweite Quartett fährt mit Bildern des Krieges fort. Diesmal sind es wirklichkeitsnähere Bilder, aber nicht in der Verbindung einer augenblicklichen Impression, sondern sachlich geordnet: die Türme (die wehrhafte Sicherheit), die Kirchen (das geistliche Leben), das Rathaus (weltliche Verwaltung), Männer und Frauen. Dann folgt die Verallgemeinerung ‚und wo wir hin nur schaun' und eine Zusammenfassung ‚ist Feuer, Pest und Tod'. Das letzte Wort hat noch einen Relativsatz, er malt weiter aus; ‚Herz und Geist' ist eine im 17. Jahrhundert häufige Zusammenstellung. Die ganze Häufung ist also eine Zusammenschau von Motiven, die aus der Wirklichkeit als besonders sinnkräftig ausgewählt sind, vermischt mit apokalyptischen Bildern. Die Zeit selbst empfand oft ihr Elend als Anzeichen der Endzeit und sah es mit den Augen der Bibel, zumal der Offenbarung Johannis. Das klingt auch hier an. Die künstlerische Kraft der beiden Strophen liegt einerseits in der Gewalt der Bilder und andererseits in der großen Fügung der Satzmelodie und des Versklanges; das kommt nur beim Sprechen zum Ausdruck. Zunächst ein allgemeiner einleitender Langvers (1). Dann vier Einzelbilder, Halbverse (2—3), die Stimme steigt, das Tempo wird rascher — man fühlt: so könnte man inhaltlich noch lange fortfahren, ohne zu Ende zu kommen —, danach wieder ein Langvers (4), ganz anders gebaut als die vorigen: die traurige Feststellung, daß alles vernichtet sei, wird zum langen ruhigen Satz, der sich über die Zäsur hinzieht; die Stimme sinkt. Die zweite Strophe wiederholt diesen Klang noch verstärkt. Fünf Einzelbilder in fünf Halbzeilen. Wieder das Gefühl: Elend überall, man könnte die Bilder noch mehr häufen; die Stimme wird ungeduldig, rascher, lauter, ein Bild muß das andere übertönen, um noch zur Geltung zu kommen — danach wieder die Zusammenfassung, ein düster verallgemeinernder Langvers, der die Stimme sinken läßt und das Tempo immer mehr verlangsamt. Dann eine Pause, gleichsam aus dem Gefühl: Was soll man angesichts dieses Elends mehr sagen? Zweimal also die Bildhäufung, die einer leidenschaftlichen Erregung der Seele entspricht, und zweimal dann das um die eigene Ohnmacht wissende, ruhig-traurige Abstandnehmen und Verallgemeinern. Wohin kann das Gedicht weiter führen? Was kann es mehr bringen als diese Bilder des Grauens und verallgemeinernde Worte der Klage? (...)"

„Auf dem See

Und frische Nahrung, neues Blut
Saug ich aus freier Welt.
Wie ist Natur so hold und gut,
Die mich am Busen hält!
Die Welle wieget unsern Kahn
Im Rudertakt hinauf,
Und Berge, wolkig himmelan,
Begegnen unserm Lauf.

Aug, mein Aug, was sinkst du nieder?
Goldne Träume, kommt ihr wieder?
Weg, du Traum, so gold du bist:
Hier auch Lieb und Leben ist.

Auf der Welle blinken
Tausend schwebende Sterne.
Weiche Nebel trinken
Rings die türmende Ferne.
Morgenwind umflügelt
Die beschattete Bucht,
Und im See bespiegelt
Sich die reifende Frucht.

Dem Versmaß nach handelt es sich in der ersten Strophe um vierfüßige und dreifüßige Jamben, dem Rhythmus nach um eine steigende, spannungsreiche Bewegung mit jeweils zwei Akzentgipfeln, um eine Bewegung, die frisch und energisch vorwärtsdrängt. — Demgegenüber bewegt sich die zweite Strophe in vierfüßigen Trochäen: der Rhythmus ist in den ersten beiden Versen fallend, die Tönung gedämpft; im dritten und vierten Vers aber beginnt der Rhythmus erneut zu steigen und sich zu spannen, und die Tönung färbt sich heller und höher. — Geht man nun zur dritten Strophe, so erlebt man ihren Rhythmus fast wie eine aus Thesis und Antithesis erwachsene Synthesis: die Versbewegung gleitet in dreifüßigen, jeweils im zweiten, vierten, sechsten und achten Vers daktylisch aufgelockerten Trochäen fallend und gelöst dahin; die Tönung hat sich zu getragenem Gleichmaß beruhigt.
    Der musikalischen Gestaltung entspricht die sinnhafte, dem rhyth-

mischen das symbolische Gefüge. Das einleitende ‚und’ reißt unmittelbar in die Situation hinein, aus der gesprochen wird; und zwar wird zunächst ein seelischer Zustand, ein Gefühl beglückender Wiederherstellung in metaphorischer Umschreibung ausgesagt, so jedoch, daß dann in der zweiten Strophenhälfte sich die Landschaft als Hintergrund der Seele in verschwimmenden Umrissen auftut. — In der zweiten Strophe schiebt sich in die gegenwärtige Situation ein Erinnerungsbild ein, das nur in der unbestimmten Allgemeinheit ‚goldner Träume’ gegeben ist, und zwar so, daß der schmerzliche Traum eben als abgewehrter zurückführt zum Augenblick, der nur um so inniger und entschiedener ergriffen wird. — Mit der dritten Strophe aber mündet die Darstellung in ein Bild von anschaulicher Gegenständlichkeit, das sich gegen den Schluß hin noch enger umgrenzt und noch dichter versinnlicht. Dabei ist zugleich alles Gegenständliche aufgelöst und umgesetzt in Bewegtheit: die Rolle des Verbums, des Vorgangswortes tritt beherrschend hervor, nicht nur im Zeitwort selber (blinken, trinken, umflügelt, bespiegelt), sondern auch und gerade im Beiwort (schwebende, türmende, reifende).

So strebt denn der lyrische Ablauf von vager Gesamtfühlung zu immer bestimmterer Anschaulichkeit. ‚Außen’ und ‚Innen’ aber spielen unscheidbar ineinander: die Landschaft wird ebenso zum Seelenzeichen, wie der innere Zustand zur Weltstimmung wird. Jenseits der Trennungen und Vermittlungen des Bewußtseins kommt es zum glücklichen, zum liebenden Einklang von Natur und Seele, von All und Gemüt: was geschieden war, wird ganz; was gebrochen war, wird heil.”

III.

„Zunächst möchte ich Ihnen *Auf einer Wanderung* von Mörike vor-
lesen:

In ein freundliches Städtchen tret' ich ein,
In den Straßen liegt roter Abendschein.
Aus einem offenen Fenster eben,
Über den reichsten Blumenflor
Hinweg, hört man Goldglockentöne schweben,
Und eine Stimme scheint ein Nachtigallenchor,
Daß die Blüten beben,
Daß die Lüfte leben,
Daß in höherem Rot die Rosen leuchten vor.

Lang' hielt ich staunend, lustbeklommen.
Wie ich hinaus vors Tor gekommen,
Ich weiß es wahrlich selber nicht.
Ach hier, wie liegt die Welt so licht!
Der Himmel wogt in purpurnem Gewühle,
Rückwärts die Stadt in goldnem Rauch;
Wie rauscht der Erlenbach, wie rauscht
Im Grund die Mühle!
Ich bin wie trunken, irrgeführt –
O Muse, du hast mein Herz berührt
Mit einem Liebeshauch!

Auf drängt sich das Bild jenes Glücksversprechens, wie es heute noch
am rechten Tage von der süddeutschen Kleinstadt dem Gast gewährt
wird, aber ohne das leiseste Zugeständnis ans Butzenscheibenhafte, an
die Kleinstadtidylle. Das Gedicht gibt das Gefühl der Wärme und Ge-
borgenheit im Engen und ist doch zugleich ein Werk des hohen Stils,
nicht von Gemütlichkeit und Behaglichkeit verschandelt, nicht senti-
mental die Enge gegen die Weite preisend, kein Glück im Winkel. Ru-
dimentäre Fabel und Sprache helfen gleichermaßen, die Utopie der
nächsten Nähe und die der äußersten Ferne kunstvoll in eins zu setzen.
Die Fabel weiß vom Städtchen einzig als flüchtigem Schauplatz, nicht
als von einem des Verweilens. Die Größe des Gefühls, das ans Entzük-
ken über die Mädchenstimme sich schließt, und nicht diese allein, sondern die der ganzen Natur, den Chor vernimmt, offenbart sich erst
jenseits des begrenzten Schauplatzes, unter dem offenen purpurn wo-

genden Himmel, wo goldene Stadt und rauschender Bach zur imago zusammentreten. Dem kommt sprachlich ein unwägbar feines, kaum am Detail fixierbares *antikes,* odenhaftes Element zu Hilfe. Wie von weit her mahnen die freien Rhythmen an griechische reimlose Strophen, etwa auch das ausbrechende und doch nur mit den diskretesten Mitteln der Wortumstellung bewirkte Pathos der Schlußzeile der ersten Strophe: ,Daß in höherem Rot die Rosen leuchten vor'. Entscheidend das eine Wort Muse am Ende. Es ist, als glänzte dies Wort, eines der vergriffensten des deutschen Klassizismus, dadurch, daß es dem genius loci des freundlichen Städtchens verliehen wird, noch einmal, wahrhaft wie im Licht der untergehenden Sonne auf und wäre als schon verschwindendes all der Gewalt der Entzückung mächtig, von der sonst der Anruf der Muse mit Worten der neuzeitlichen Sprache komisch hilflos abgleitet. Die Inspiration des Gedichts bewährt sich kaum in einem seiner Züge so vollkommen wie darin, daß die Wahl des anstößigsten Wortes an der kritischen Stelle, behutsam motiviert durch den latent griechischen Sprachgestus, wie ein musikalischer Abgesang die drängende Dynamik des Ganzen einlöst. Der Lyrik gelingt im knappsten Raum, wonach die deutsche Epik selbst in Konzeptionen wie *Hermann und Dorothea* vergebens griff.

Die gesellschaftliche Deutung solchen Gelingens gilt dem geschichtlichen Erfahrungsstand, der in dem Gedicht sich anzeigt. Der deutsche Klassizismus hatte es unternommen, im Namen der Humanität, der Allgemeinheit des Menschlichen, die subjektive Regung der Zufälligkeit zu entheben, die ihr in einer Gesellschaft droht, in der die Beziehungen zwischen den Menschen nicht mehr unmittelbar, sondern bloß noch durch den Markt vermittelt sind. Er hatte die Objektivierung des Subjektiven angestrebt, so wie Hegel in der Philosophie, und versucht, im Geiste, in der Idee die Widersprüche des realen Lebens der Menschen versöhnend zu überwinden. Das Fortbestehen dieser Widersprüche in der Realität jedoch hatte die geistige Lösung kompromittiert: gegenüber dem von keinem Sinn getragenen, in der Geschäftigkeit konkurrierender Interessen sich abquälenden oder, wie es der künstlerischen Erfahrung sich darstellt, prosaischen Leben; gegenüber einer Welt, in der das Schicksal der einzelnen Menschen nach blinden Gesetzen sich vollzieht, wird Kunst, deren Form sich gibt, als rede sie aus der gelungenen Menschheit, zur Phrase. Der Begriff des Menschen, wie der Klassizismus ihn gewonnen hatte, zog darum in die private, einzelmenschliche Existenz und ihre Bilder sich zurück; nur in ihnen noch schien das Humane geborgen. Notwendig ward auf die Idee der Menschheit als ganzer, sich selbst bestimmender, vom Bürgertum wie in der Politik so in den ästhetischen Formen verzichtet. Das sich Verstocken bei der Beschränktheit des je Eigenen, das selber einem Zwang gehorcht, macht dann Ideale wie die des Behaglichen und Gemütlichen so suspekt. Der Sinn selber wird an die Zufälligkeit des individuellen Glücks gebunden; gleichsam usurpatorisch wird ihm eine Würde zugeschrieben, die es erst zusammen mit dem Glück des Ganzen erlangte. Die gesellschaftliche Kraft im Ingenium Mörikes jedoch besteht darin, daß er beide Erfahrungen, die des klassizistischen hohen Stils und der romantischen privaten Miniatur verband und daß er dabei mit unvergleichlichem Takt der Grenzen beider Möglichkeiten inne ward und sie gegeneinander ausglich. In keiner Regung des Ausdrucks überschreitet er, was zu seinem Augenblick wahrhaft sich füllen ließ. Das vielberufene Organische seiner Produktion ist wohl nichts anderes als jener geschichtsphilosophische Takt, wie ihn kaum ein Dichter deutscher Sprache im selben Maße besaß. Die angeblich krankhaften Züge Mörikes, von denen Psychologen zu berichten wissen, auch das Versiegen seiner Produktion in späteren Jahren sind der negative Aspekt seines zum Extrem gesteigerten Wissens um das, was möglich ist. Die Gedichte des hypochondrischen Cleversulzbacher Pfarrers, den man zu den naiven Künstlern zählt, sind Virtuosenstücke, die kein Meister des l'art pour l'art überbot. Das Hohle und Ideologische des hohen Stils ist ihm so gegenwärtig wie das Mindere, kleinbürgerlich Dumpfe und gegen die Totalität Verblendete des Biedermeiers, in dessen Zeit der größere Teil seiner Lyrik fällt. Es treibt den Geist in ihm, einmal noch Bilder zu bereiten, die weder an den Faltenwurf noch an den Stammtisch sich verraten, weder an die Brusttöne noch ans Schmatzen. Wie auf einem schmalen Grat findet sich in ihm, was eben noch vom hohen Stil, verhallend, als Erinnerung nachlebt, zusammen mit den Zeichen eines unmittelbaren Lebens, die Gewährung verhießen, als sie selber von der historischen Tendenz eigentlich schon gerichtet waren, und beides grüßt den Dichter, auf einer Wanderung, nur noch im Entschwinden. Er hat schon Anteil an der Paradoxie von Lyrik im heraufkommenden Industriezeitalter. So schwebend und zerbrechlich wie erstmals seine Lösungen, sind dann die der großen nachfolgenden Lyriker allesamt gewesen, auch derer, die durch einen Abgrund von ihm getrennt erscheinen, wie jenes Baudelaire, von dem doch Claudel sagte, sein Stil sei eine Mischung aus dem Racines und dem des Journalisten seiner Zeit. In der industriellen Gesellschaft wird die lyrische Idee der sich wiederherstellenden Unmittelbarkeit, wofern sie nicht ohnmächtig romantisch Vergangenes beschwört, immer mehr zu einem jäh Aufblitzenden, in dem das Mögliche die eigene Unmöglichkeit überfliegt."

Nachweis der zitierten Interpretationen:

I.   Erich Trunz: Andreas Gryphius – Tränen des Vaterlandes. In: Benno
     von Wiese (Hg.): Die deutsche Lyrik. Form und Geschichte. Bd. I:
     Vom Mittelalter bis zur Frühromantik. Düsseldorf 1956. S. 139f.

II. Johannes Pfeiffer: Wege zur Dichtung. Eine Einführung in die Kunst
     des Lesens. 6. Aufl. Hamburg 1963 (1. Aufl. 1952). S. 56 – 58.

III. Theodor W. Adorno: Rede über Lyrik und Gesellschaft. In: T. W. A.:
     Noten zur Literatur I. Frankfurt am Main 1958. S. 92 – 97.

4. Ansätze zur Neuorientierung

Stimmen zu einer methodischen Neubesinnung werden vereinzelt schon in den fünfziger Jahren laut (*F. Martini, F. Sengle, H. O. Burger, E. Trunz, C. Heselhaus, H. Friedrich*). Von *Wolfgang Kayser* selbst ist ein spätes Wort bekannt: „Ich habe die Kategorie des Geschichtlichen wieder für mich entdeckt."[1] Sein früher Tod (1960) hat verhindert, daß dieses Wiederentdecken in eigenen Arbeiten Niederschlag finden konnte. Forciert wird die Kritik an der werkimmanenten Interpretationslehre in den sechziger Jahren — und zwar von recht unterschiedlichen Standorten aus — vorgetragen (*F. Sengle, H. Rüdiger, W. Muschg, K. O. Conrady, W. Krauss, J. Hermand, P. G. Völker, K. Tober, H. R. Jauß* u. a.).

Im betonten Gegensatz zu *Wolfgang Kayser* stellt *Benno von Wiese* 1963 Literaturgeschichte als die „Kernzone" der Literaturwissenschaft hin:

„ ‚Existenz' wurde zum großen Modewort zeitgenössischer Philosophie, ‚Interpretation' hingegen drohte zu jenem Fetisch zu werden, mit dem sich auch in den deutschen Schulen am besten zaubern ließ, weit mehr als mit den steril gewordenen geschichtlichen Epochenkategorien, die in der Geschichte im trostlosen Gänsemarsch aufeinander zu folgen schienen und innerhalb derer gerade die hervorragendsten Dichter immer nur zu Sonderfällen oder gar zu Ausnahmen wurden. Geschichtliche Analyse und Interpretation grundsätzlich voneinander zu trennen, ist von vornherein sinnlos."[2]

Walter Muschg bezeichnet 1965 „die angeblich wertfreie, rein ästhetische Beurteilung" als „Flucht ins Geschichtslose, Unverbindliche",

---

1 Nach Hans Neumanns Trauerrede (28. 1. 1960). In: W. Kayser: Schiller als Dichter und Deuter der Größe. Göttingen 1960. S. 38. (= Göttinger Universitätsreden 26).
2 Benno von Wiese: Geistesgeschichte oder Interpretation. In: Wissenschaft von deutscher Sprache und Dichtung. Festschrift für Friedrich Maurer. Stuttgart 1963. S. 245.

da sie sich vor allem an „kanonische Größen" halte und aus diesen noch einmal das ablese, „was wir schon wissen".[3]

Ohne Zweifel steht die Literaturwissenschaft heute in einer neuen Wissenschaftsphase, in der eine methodische Re-Integration der ästhetischen, historischen und gesellschaftlichen Kriterien angestrebt wird. Die primäre Forderung an eine von Fachwissenschaft und Fachdidaktik zu entwickelnde Methodologie wäre, daß die Analyse literarischer Werke in ein Verständnis integriert wird, das alle Werke als – im weitesten Sinne – soziale Phänomene wahrnimmt. Der eingangs skizzierte Entwurf einer historischen Literaturbetrachtung, die den jeweiligen Text aus seiner Geschichtlichkeit, aus seinem Rezeptions- und Wirkungszusammenhang, aus der Sicht der Bedürfnisse unserer Gegenwart analysiert, ist eine Möglichkeit, literaturwissenschaftliches Forschen und literarische Bildung gesellschaftsbezogen zu realisieren.

Literaturbegriff

Eine ausschließlich auf das dichterische Werk bezogene wissenschaftstheoretische Grundhaltung ist geneigt, alle literarischen, nicht den tradierten Dichtungsgattungen zugehörenden Bereiche als ästhetisch irrelevant zu verallgemeinern und sie ungeachtet ihrer spezifischen Wertigkeit und Funktion aus dem Kreis der wissenschaftlichen Erörterung zu verbannen.

Aber: „Die Peripherie der Literatur ist anablässig in Bewegung. Sie bewegt sich von nichtkünstlerischen zu künstlerischen Phänomenen und umgekehrt. (. . .) Die ganze historische Poetik ist eine Geschichte der Wechselbeziehungen der poetischen mit den nichtpoetischen Formen."[4] Wo man das Zusammenwirken aller „literarischen" Leistungen (nichtkünstlerische „Sprachprodukte" eingeschlossen) nicht berücksichtigt, wird künstlich ein Sperrbezirk zwischen „Literatur" und „Dichtung" abgesteckt.

Der nicht historisch-gesellschaftlich orientierten Literaturwissen-

---

3 Walter Muschg: Germanistik? In memoriam Eliza M. Butler. In: Euphorion 59 (1965) S. 18.
4 Lichatschow: Über einige Aufgaben der vergleichenden historischen Poetik. In: Nach dem Formalismus. S. 54f.

schaft fehlen Kriterien, um sprachlich fixierte Ausdrucksformen außerhalb der angeblich „autonomen Kunstwerke" in ihrer eigenen literarischen Relevanz zu erörtern. Essays, Memoiren, Tagebücher, Reiseberichte, Aphorismen, Briefe, Jugend- und Kinderliteratur, jede Art von Zweckformen stehen außerhalb des literarischen Kanons. Der Purismus der „Dichtungswissenschaft" ist somit nicht geeignet, ein durch nichtdichterische Texte vermitteltes Weltverständnis weiterzugeben, zu erfassen und zu analysieren. Eine Literaturdidaktik aber, die die Forderung aufstellt, literarische Erziehung müsse eine Hinführung zur gesamten literarischen Wirklichkeit unserer Zeit sein[5], findet in den Methoden einer *Dichtungs*wissenschaft wenig Hilfe. Um die literarische Wirklichkeit in ihrer gesamten Dimension erschließen zu können, muß eine gesellschaftsbezogene Literaturwissenschaft Methoden entwickeln, mit deren Hilfe auch ästhetisch geringwertige Produkte unter Beachtung ihrer spezifischen gesellschaftlichen Funktionsweise analysiert werden können. Die traditionelle Literaturwissenschaft aber klammert literarische Erscheinungsformen wie etwa die Magazingeschichten, die Unterhaltungsromane, Schlager, Comics usw. aus ihrem Forschungsbereich aus, sie verharrt in ästhetischen Wertungen, ohne daß sie bereit wäre, das zu erforschen, was sie ästhetisch nicht ergreifen kann.

*Staiger*s Prämisse, nur das zu interpretieren, „was uns ergreift", umreißt zugleich auch einen Negativkanon von Texten, die der Interpretation nicht würdig sind: spröde, vorerst unverständliche Werke, solche etwa, die uns durch zu großen zeitlichen Abstand fremd geworden sind – oder auch viele Texte der Gegenwart, vor allem die ästhetisch geringwertigen, die man unter dem Sammelbegriff „Trivialliteratur" faßt. Mit *Clemens Heselhaus* könnte man also *Staiger* entgegenhalten, „daß die wirkliche Aufgabe der Interpretation erst dort zu beginnen scheine, wo wir nicht nur begreifen, was uns ergreift, sondern wo wir ergreifen, was wir vorher nie begriffen haben"[6]. Produkte der Bewußtseinsindustrie z. B., die heute weit mehr Leser (speziell auch Schüler) erreichen und beein-

5 Vgl. Klaus Doderer: Didaktische Grundprobleme der muttersprachlichen und literarischen Bildung. In: Zeitschrift für Pädagogik. 3. Beiheft: Das Problem der Didaktik (1962) S. 63 – 77.
6 Clemens Heselhaus: Auslegung und Erkenntnis. Zur Methode der Interpretationskunde und der Strukturanalyse. Zit. nach: K. O. Conrady: Einführung in die Neuere deutsche Literaturwissenschaft. S. 63.

flussen als die „Meisterwerke der deutschen Sprache"[7], sind somit zum legitimen Gegenstand, ja zur Aufgabe der Literaturwissenschaft geworden — einer Literaturwissenschaft jedenfalls, die nicht nur die Ästhetik des Einzelwerks betrachtet, sondern auch die Rezeption als bewußtseinsbildende oder -verbildende Funktion von Literatur in der Gesellschaft.

Man mag darüber streiten, ob die Dichtung auch weiterhin Hauptgegenstand der Literaturwissenschaft bleiben soll. — Keinesfalls aber darf diese auf Grund einseitig entwickelter Methoden dem vorgeblichen Widerspruch zwischen Dichtung und Nicht-Dichtung aus dem Wege gehen, indem sie additiv Forschungsbereiche hinzufügt, oder gar das ästhetisch Fragwürdige anderen Disziplinen (Soziologie, Pädagogik, Psychologie) zuschiebt. Denn Literatur ist auch dort, wo sie Dichtung ist, nicht notwendig „etwas Einheitliches", da sie „als Wortkunstwerk Mannigfaches mit außerdichterischer Aussage teilt"[8], ebenso sind der Nicht-Dichtung literarische Formen unterlagert, die es im Zusammenhang mit der jeweiligen Funktion zu erkennen gilt. Solange die Literaturwissenschaft in Zusammenarbeit mit benachbarten Wissenschaften keine Methoden entwickelt, Literatur in ihrer gesamten Wirklichkeit zu erfassen, wird sie nicht fähig sein, der „Überrumpelung" durch die „Flut der Massenliteratur" Herr zu werden[9]. „Seit Generationen hat der Glaube an das besondere divinatorische Verhältnis der Dichter zur Wahrheit sie [die Neugermanisten] davon absehen lassen, sich außerdichterischen Problemen der Sprache und Literatur mit der Aufmerksamkeit zu widmen, die sie dem Bildungswesen in Deutschland schulden."[10] Nur eine auf den Gesamtbereich der Literatur gerichtete Methode wird Kriterien entwickeln können, durch die wir in die Lage versetzt werden, das sprachliche Kunstwerk gegenüber den Produkten der Kulturindustrie mit ihren impliziten Zwang- und Zweckdenkweisen als Bildungswert zu konkretisieren.

Somit wäre einerseits die Möglichkeit gegeben, ideologische Struk-

7 So der Titel einer Interpretationssammlung Staigers.
8 Richard Brinkmann: Wirklichkeit und Illusion. Studien über Gehalt und Grenzen des Begriffs Realismus für die erzählende Dichtung des neunzehnten Jahrhunderts. 2. Aufl. Tübingen 1966. S. 2.
9 Leo Löwenthal, zit. nach: Walter Nutz: Trivialliteratur. In: Das Fischer Lexikon 2/2. S. 571.
10 Eberhard Lämmert: Germanistik — eine deutsche Wissenschaft. S. 36

turen der Kulturindustrie erkennbar zu machen, andererseits würde die Fähigkeit, mit Literatur umzugehen, „ein humanistisches Regulativ zu der repressiven Produktivität, die eine rationalistische Lebenswirklichkeit dem Menschen abfordert"[11]. Anders gesagt: Es geht nicht an, in einem „luftleeren" Raum das literarische Kunstwerk als *absoluten* Bildungswert zu postulieren, ohne seinen *spezifischen* Bildungswert innerhalb einer konkret erfahrbaren Literaturwirklichkeit zu erfragen. Nur eine die Wirkung von Literatur berücksichtigende Betrachtung, die gleichermaßen Inhaltliches und Formales im Hinblick auf die Rezeptionsweise und -möglichkeit analysiert, ist in der Lage, den Bildungswert im Blick auf Gegenwart, Zukunft und Vergangenheit hin zu erkennen.

Hierauf könnte eine moderne, offene Literaturpädagogik fußen,

„die nicht so sehr von einem einseitigen und vorgefaßten Literaturideal traditioneller oder auch modisch-moderner Art ausgeht, sondern auf Grund ausgebreiteter Strukturforschung die Bildungsmöglichkeit, Bildungsnotwendigkeit aller Literaturen erhellt und so zu einer mehr synthetischen, vielleicht abgestuften, aber immer offenen Literaturexemplarik kommt".[12]

Literaturexemplarik

Eine offene Literaturexemplarik wäre aus einem historischen Verhältnis zur Literatur zu gewinnen, nicht aus einem antiquarischen Historisieren, sondern aus einer geschichtlichen Sicht, die das Werk *als historische Erscheinung,* aber *aus der Sicht der Gegenwart* im offenen Dialog wertet. Indem wir erkennen, daß ein literarisches Werk inhaltlich und formal nur durch die es umgreifende Welt existiert, verbinden sich die Fragen nach der Seins- und Wirkungsweise von Dichtung. Die wissenschaftliche Fragestellung impliziert die didaktische Dimension.

Interpretieren ohne Literaturgeschichte ist nicht möglich. Der Nachweis der Zeitlosigkeit von „wahrer" Dichtung, wie ihn die werkimmanente Interpretation zu erbringen sucht, verführt dazu, Bildungsideale

11 Klaus Doderer: Fünf Thesen zur literarischen Erziehung, in: Bulletin Jugend + Literatur. Nr. 2. Februar 1970. S. 33.
12 Walter Israel: Literaturpädagogik heute. In: Sprachpädagogik, Literaturpädagogik. S. 102.

der Vergangenheit unbefragt für die Gegenwart zu postulieren. Gehalte eines geistigen Lebens der Vergangenheit werden übernommen, bewahrt und tradiert, sie sind jedoch ihrer Geschichtlichkeit und somit ihres verpflichtenden Prinzips beraubt. Der Versuch, Kunstwerke unmittelbar „nacherleben" zu wollen, erweist sich als Trugschluß angesichts der jeweiligen Position des Betrachters und des historisch Vorgeformten. Die Überbetonung des Formalen führt zu einer Vernachlässigung der Realität, und zwar deswegen — wie „achtungswürdige Stimmen sich gegen die Wirkung der Schönheit erklären" — „weil der Geschmack nur auf die Form und nie auf den Inhalt achtet, so gibt er dem Gemüt zuletzt die gefährliche Richtung, alle Realität überhaupt zu vernachlässigen und einer reizenden Einkleidung Wahrheit und Sittlichkeit aufzuopfern".[13]

Solche „achtungswürdigen Stimmen", die *Schiller* in seinen Briefen zur ästhetischen Erziehung anführt, finden sich in der jüngeren kritischen Germanistengeneration wieder. Wie jene wehren auch sie sich „mit furchtbaren Gründen" gegen die „schlimmen Hände", die „die seelenfesselnde Kraft" des Schönen für „Irrtum und Unrecht"[14] verwenden. Sie verwahren sich gegen die stilisierte Aussage der rein formal-ästhetischen Literaturbetrachtung, da in ihr die Humanität der Dichtung letztlich irrational bleibt, insofern sie nicht auf eine sich verändernde und veränderbare Welt, wie sie der Historiker sieht, bezogen wird.

Die Reduzierung des Begriffes der Menschlichkeit aus dem Gesellschaftlichen auf eine humanistische Bildungstradition dekuvriert eine bürgerlich konservative Ideologie, die nicht gewillt ist, die Entfremdung des Menschen in eben dieser Gesellschaft aufzuzeigen.[15] Solange die Literaturwissenschaft „das literarische Werk abhebt von seiner möglichen Wirkung in Zeit und Gesellschaft und lediglich als Beleg für den Katalog ewiger Werte der bestehenden Gesellschaft verwendet, wird die Literatur um ihren menschlichen Ansatz gebracht und erweist sich jede Wissenschaftsmethode als inhuman".[16]

---

13 Friedrich Schiller: Über die ästhetische Erziehung des Menschen in einer Reihe von Briefen. In: Schillers Sämtliche Werke (Säkularausgabe). Bd. XII. S. 35.
14 Nach Schiller ebda.
15 Vgl. Paul Gerhard Völker: Die inhumane Praxis einer bürgerlichen Wissenschaft. Zur Methodengeschichte der Germanistik. In: Das Argument 10 (1968) S. 431.
16 Ebd.

Dokumentation:

Texte zur Geschichte der Literaturwissenschaft

1835 *G. G. Gervinus:* Literaturgeschichtsschreibung und
politische Geschichte (vgl. S. 28 f.) . . . . S. 72— 81

1856 *H. Hettner:* Die Kämpfe der Aufklärung
(vgl. S. 29, 32) . . . . S. 82— 87

1868 *W. Scherer:* Germanistik als „System der nationalen
Ethik" (vgl. S. 24, 29 f., 32) . . . . S. 88— 91

1886 *E. Schmidt:* Wege und Ziele der deutschen Literaturgeschichte (vgl. S. 30) . . . . S. 92— 98

1910 *W. Dilthey:* Erlebnis und Dichtung (vgl. S. 31, 48) . S. 99—103

1923 *H. A. Korff:* Geist der Goethezeit (vgl. S. 31 f.) . . . S. 104—105

1934 *J. Nadler:* Nation, Staat und Dichtung
(vgl. S. 35 f.) . . . . S. 106—114

1933 *W. Linden:* Deutschkunde als politische Lebenswissenschaft — das Kerngebiet der Bildung!
(vgl. S. 32 f.) . . . . S. 115—120

1948 *W. Kayser:* Der Gegenstand der Literaturwissen-
schaft (vgl. S. 46 ff.) . . . . S. 121—127

1955 *E. Staiger:* Die Kunst der Interpretation
(vgl. S. 49 f.) . . . . S. 128—132

Georg Gottfried Gervinus:

Literaturgeschichtsschreibung und politische Geschichte* (1835)

Ich habe es unternommen, die Geschichte der deutschen Dichtung von der Zeit ihres ersten Entstehens bis zu dem Punkte zu erzählen, wo sie nach mannichfaltigen Schicksalen sich dem allgemeinsten und reinsten Charakter der Poesie, und aller Kunst überhaupt, am meisten und bestimmtesten näherte. Ich mußte ihre Anfänge in Zeiten aufsuchen, aus welchen kaum vernehmbare Spuren ihres Daseins übrig geblieben sind; ich mußte sie durch andere Perioden verfolgen, wo sie bald unter dem Drucke des Mönchthums ein unwürdiges Joch duldete, bald unter der Zügellosigkeit des Ritterthums die gefährlichste Richtung einschlug, bald von dem heimischen Gewerbstand in Fesseln gelegt und oft von eindringenden Fremdlingen unterjocht ward, bis sie von allgemeinerer Aufklärung unterstützt sich in Mäßigung frei rang, ihr eigner Herr ward und schnell die zuletzt getragne Unterwerfung mit rächenden Eroberungen vergalt. Welche Schicksale sie litt, welche Hemmungen ihr entgegentraten, wie sie die Einen ertrug, die Anderen überwand, wie sie innerlich erstarkte, was sie äußerlich förderte, was ihr endlich eigenthümlichen Werth, Anerkennung und Herrschaft erwarb, soll ein einziges Gemälde anschaulich zu machen versuchen.

Wenn dieser Versuch vielleicht mehr einem bloßen ersten Entwurfe ähnlich sieht, als einem ausgeführten Bilde, so urtheilt wohl jeder darüber schonend, der da weiß, wie unendlich schwer diese Aufgabe von jeder Seite her zu lösen ist, sei nun von Auffassung oder Darstellung oder auch nur der trockensten Sichtung des Stoffes die Rede. Denn wie sollte in einem Gegenstande, der die vielfältigsten Producte der verschiedensten Zeiten in sich befaßt, der, wenn er irgend erschöpft werden sollte, eine unermeßliche Belesenheit nicht nur auf dem vaterländischen Gebiete der Dichtkunst, sondern auch in dem

---

* aus: G. G. G.: Geschichte der poetischen National-Literatur der Deutschen. (Überschrift nicht original.) 3. Aufl. Leipzig 1846 (EA 1835). Bd. 1. S. 1–13 (Einleitung).

gleichen der anderen europäischen und asiatischen Nationen, ja auch in den verwandten Reichen der Künste und Wissenschaften verlangt, wie sollte da ein Einzelner, und besäße er von der Natur im reichlichsten Maße die Gabe, alle Richtungen des menschlichen Geistes zu verfolgen, je hoffen dürfen, zugleich der strengen und Einen Forderung der Wissenschaft zu genügen und den getheilten Erwartungen der partheiten Gelehrten, zugleich das wahre Bedürfniß der Gegenwart zu befriedigen und die irregehenden Wünsche der Menge, und wieder die Ansichten der meist bloß sachkundigen Kenner und der meist blos weltkundigen Laien mit Einem Male, gleich vertraut mit Sachen und Menschen, zu berücksichtigen!

Daß die Ziele, die sich der Schreiber einer Geschichte der deutschen Dichtkunst wählen kann, so weit auseinander, so leicht unterscheidbar liegen, dies erleichterte mir die Wahl; denn eine Wahl war unvermeidlich. Man wird mir vielleicht vorwerfen, daß ich ein zu weites Ziel ins Auge faßte, daß ich meine Kräfte miskennend zurückblieb, daß ich wohl gar thörichterweise für den entferntesten einen Punkt nahm, hinter dem schärfere Augen noch andere erblicken; den stärksten Tadel aber werde ich mir wahrscheinlich dadurch zuziehen, daß ich in einem Gebiete, wo die vortrefflichsten Forscher eine bestimmte Bahn vorgezeichnet haben, meinen eigenen Weg einschlug, daß ich mich fast aller Vortheile, die mir ihr Vorgang darbot, begab, daß ich überhaupt die ganze Behandlungsart geschichtlicher Stoffe, wie sie seit mehreren Jahrzehnten in Deutschland herkömmlich ward, verließ, und statt einem forschenden Werke der Gelehrsamkeit ein darstellendes Kunstwerk zu entwerfen unternahm, und dies in einem Felde, auf dem noch so viele Beschäftigung eben für die forschende Geschichte übrig ist. Mir schien es aber, als ob die Geschichte der deutschen Nationalliteratur noch von Niemand aus einem Gesichtspunkte behandelt worden sei, welcher der Sache selbst würdig, und der Gegenwart und jetzigen Lage der Nation angemessen wäre; mir schien es, als ob zu einer solchen würdigeren Auffassung der Sache auch auf dem hergebrachten Wege nur schwer oder gar nicht zu gelangen sei. Ähnlich verhält es sich auch mit der politischen Geschichte von Deutschland. Man machte zwar die ungeheuersten Anstrengungen, man legte die gewaltigsten Werke an, um der Nation Ehrendenkmale zu setzen, allein je höher man baute, je gleichgültiger ward das

erst in Masse versammelte Publicum und verlief sich allgemach. Die
Ursache war keine andere, als daß man hier nur der Vorzeit Monu-
mente setzte und sie mit heimlichen oder ausgesprochenen Vorwür-
fen einer Zeit und einem Geschlechte vorhielt, das, wenn es auch
nicht in der Gegenwart großen äußeren Ruhm gegen den seiner Vorfahren zu stellen hatte, doch in seinem inneren Leben ein ersetzendes
Verdienst kannte, und eben darin vielleicht eine Saat künftiger Thaten
keimen wußte, deren stilles Wachsthum es sich nicht verkümmern lassen wollte. Während unter diesen politischen Geschichtsschreibern
Charaktere fehlten, wie Möser, dem das ächte Gepräge deutscher Natur aufgedrückt war, mit der er die getrenntesten Eigenschaften seines
vieldeutigen Volkes umfaßte und mit gleicher Hingebung und mit jener gesunden Gründlichkeit sich mit dem Ältesten und dem Neuesten,
mit den engsten Bedürfnissen seiner nächsten Umgebung, wie mit den
großen Problemen eines Welthandels und einer riesenmäßigen Staats-
verwaltung beschäftigte; während uns hier Köpfe abgingen, die wie
Spittler, statt immer und einzig mit ärgerlichem Beifall auf unser Al-
terthum hinzuweisen, dem wir uns bei jeder neuen Beleuchtung aufs
neue mehr und mehr entwachsen fühlten, das auf die Zukunft gerichtete Volk mit der Vergangenheit und an der Gegenwart belehrt und
ermuthigt hätten; während also die für die Gegenwart fruchtbare Behandlung der vaterländischen Geschichte bei dem Mangel solcher Männer, die für das mitlebende Geschlecht zu wirken verstanden hätten,
unterblieb, so war es in der Literargeschichte noch ärger. Hier setzten
zwar Männer, die das Vaterland unter seinen größten Gelehrten nennen wird und welche die unvergeßlichsten Spuren ihrer Wirksamkeit
hinterlassen haben und hinterlassen werden, die Arbeit ihres Lebens
mit einer nicht genug zu erkennenden Unverdrossenheit und Ausdau-
er an eben jene Zeiträume, die auch in der politischen Geschichte so
viele aufmerksame Beobachter, so viele fleißige Bearbeiter, so viele
enthusiastische Bewunderer gefunden hatten; allein für die neuere Literatur der Deutschen geschah nichts. Die Geschichtsschreiber der
Nationalliteratur nahmen folgerecht fast allein Rücksicht auf die alte
Zeit, fast keiner aber erschien, dessen Werk auch selbst in diesen Theilen nur ahnen ließe, wie treffliche Forscher hier vorgearbeitet hatten,
geschweige, daß man die dichterischen und sonstigen Werke jener
Zeit aus unsern Literargeschichten hätte kennen lernen. Die neue deut-

sche Literatur aber, so reich, so blühend und mannichfaltig, nahm sich meist überall in diesen Geschichtswerken wie ein steriles Feld aus, auf dem nichts zu erbeuten sei; denn hier, wo aus den Quellen unmittelbar zu forschen und zu urtheilen war, wo noch kein vermittelnder Forscher die Urtheile an die Hand gab, hier wußte sich Niemand zu helfen. Und doch! wie anders waren hier obendrein die Verhältnisse, als in der politischen Geschichte, die man in der neuesten Zeit ihrer Gehaltlosigkeit wegen eher verschmähen und liegen lassen durfte. Aber hier lag ein ganzes Jahrhundert hinter uns, in dem eine der merkwürdigsten Veränderungen in dem geistigen Reiche einer der geistreichsten Nationen der Erde vorgegangen war, eine Revolution, deren sichtbarste Frucht für uns die Rückkehr aus der häßlichsten Barbarei zu wahrem, gesundem Geschmack in Kunst und Leben war, und deren größte Früchte wer weiß wie viele Jahrhunderte erst in ihrem Verlaufe zeitigen und geniessen werden. Hier also lag die größte Aufforderung in der Zeit, nicht zum zweiten Male, wie wir es mit der Reformation gethan, eine ewig denkwürdige Epoche unserer Geschichte, die wie jene den ungemessensten Einfluß auf die Geschichte der europäischen Menschheit ausüben wird und bereits auszuüben begann, vorübergehen zu lassen, ohne wenigstens den Versuch gemacht zu haben, eine einigermaßen würdige Erzählung der Begebenheiten jener Zeit der Nachwelt zu hinterlassen. Daß wir dies damals nach der Reformationszeit nicht gethan, daß wir es dieses Mal nach der Blüthe unserer Literatur noch nicht versucht haben, daß wir lediglich den alten Werken unseres Volkes in Staat, in Wissenschaft und Kunst unsre Forschung widmen, dies scheint mir nicht aus Kälte, nicht aus Undank, nicht aus vorherrschender Neigung der Nation zu ihrer Vorzeit, sondern aus der Natur unsrer Geschichte selbst erklärt werden zu müssen und leicht erklärt werden zu können. Die neuere Zeit und ihre Geschichte spielt auf einer so ungeheuren Bühne, daß Übersicht und Bewältigung der Erscheinungen nur aus sehr weiter Ferne möglich wird. Die schöne Zeit ist nicht mehr, wo ein Thukydides, mit glücklichem Alter gesegnet, sich erst der noch dauernden Sitten jener ehrenfesten Zeit der Marathonkämpfer erfreuen, dann ein dreißigjähriges Schauspiel der größten Umwälzungen im äusseren und inneren Leben mit unverwandter Aufmerksamkeit verfolgen, und endlich noch eine lange Reihe von Jahren den Nachwirkungen dieser Umstürze zusehen und Alles in Ein großes Werk niederlegen konnte. Die ähnliche Periode mit ähnlichen Ursachen und Wirkungen, die in der athenischen Welt in Einem Jahrhundert vorüberging, dehnt sich, nicht eben in jedem neuen Staate, aber in dem neuen Europa, dessen Theile ohne das Ganze nicht zu verstehen sind, in – wir können noch nicht sagen wie *viele* Jahrhunderte aus, wir, die wir bereits über drei Jahrhunderte zusammenhängender Bewegungen hinter uns sehen. Die alte Zeit unsers Volkes haben wir seit der Auflösung des Reichs mehr als vollkommen vollendet; die Acten sind geschlossen; dies muß-te, trotz der Entfremdung der Nation von ihrer älteren Geschichte, für die Historiker Mahnung und Aufforderung genug sein, ihren ganzen Fleiß jenen Zeiten zu widmen, mit denen jetzt voll ins Reine zu kommen ist, deren Nachwirkungen immer mehr verschwinden, deren Zustände uns immer deutlicher werden, je mehr wir uns daraus entfernen. Wer aber sollte im sechzehnten und siebenzehnten Jahrhundert eine Geschichte der Reformation entwerfen, da jede neue größere Begebenheit, die aus ihr in der äußern Welt folgte, zweifelhaft ließ, wohin alles Geschehene und Geschehende zuletzt führen würde, bis erst das vorige Jahrhundert darüber bestimmtere Auskunft zu geben begann. Und wer sollte in den Jahren 1789 und 1830 Hand an eine Literargeschichte der neueren Zeit legen? Kaum war nach jener außerordentlichen Gährung unter unseren künstlerischen Genien durch den übersetzten Homer eine Art Ruhe geschafft und es folgte mit den classischen Werken Goethes eine Niedersetzung des Geschmacks und der Sprache, so brachte uns die französische Revolution um sein frischestes Wirken; Schiller starb früh weg, und der grelle Absturz unserer schönen Literatur zu Entartung und Nichtigkeit war im ersten Augenblicke wohl noch viel abschreckender, als die neuesten, politischen Begebenheiten, die uns von der behaglichen Betrachtung unserer inneren Bildungsgeschichte immer mehr abziehen werden.

In den allerungünstigsten Verhältnissen also greife ich den schwierigen Stoff einer Geschichte auf, die theilweise fast eine Zeitgeschichte zu nennen ist; kann irgend etwas dem Leser Zutrauen einflößen, so wird es das sein, daß er sieht, ich kenne die Klippen, die ich vorsichtig vermeiden muß, wenn ich nicht kläglich scheitern will. [...]

[...] Bei uns muß das Lernen anfangen mit der Rückkehr aus einem verderbten und ungesunden Wesen zu der reinen Quelle der Menschlichkeit, von der der Grieche vertrauensvoll ausgehn durfte.

Dann erst werden wir berechtigt sein, über unsere Zeit, ihre Geschichte und ihre Aussichten ein Urtheil zu fällen; und wenn bei solchen Forderungen alle Geschicht*schreibung* fast ganz bei uns aufhörte und nur Geschicht*forschung* übrig blieb, wenn die Wissenschaft sich ganz von dem Leben trennte, so war das freilich traurig, aber wohl natürlich und nicht befremdend. Und doch scheint es auf der anderen Seite wieder, als ob wir, die wir so reich sind an Erfahrungen jeder Art, uns eben dadurch ermuthigt fühlen müßten, auch diese Behandlung der Geschichte wieder aufzunehmen und in ihr lebendige Belehrung für uns und unsere Zustände zu suchen. Und unter uns besonders, die wir anzufangen scheinen, in eben dem Maße unsere Nation zu verachten, wie man im Auslande die lang hergebrachte Verachtung gegen uns ablegte, unter uns scheint es doch endlich einmal Zeit zu sein, der Nation ihren *gegenwärtigen* Werth begreiflich zu machen, ihr das verkümmerte Vertrauen auf sich selbst zu erfrischen, ihr neben dem Stolz auf ihre ältesten Zeiten Freudigkeit an dem jetzigen Augenblicke und den gewissesten Muth auf die Zukunft einzuflößen. Dies aber kann nur erreicht werden, wenn man ihr ihre Geschichte bis auf die neuesten Zeiten vorführt, wenn sie aus ihr und der verglichenen Geschichte anderer Völker sich selbst klar gemacht wird. Doch nicht jede Seite der Geschichte eignet sich eben hierzu; zu irgend einem Ziele, zu einem Ruhepunkte müssen die Begebenheiten geführt haben, wenn sie lehrreich werden sollen. Keine politische Geschichte, welche Deutschlands Schicksale bis auf den heutigen Tag erzählt, kann je eine rechte Wirkung haben, denn die Geschichte muß, wie die Kunst, zu Ruhe führen, und wir müssen nie von einem geschichtlichen Kunstwerke trostlos weggehen dürfen. *Den* Geschichtskünstler aber möchte ich doch sehen, der uns von einer Schilderung des gegenwärtigen politischen Zustandes von Deutschland getröstet zu entlassen verstände. Die Geschichte der deutschen Dichtung dagegen schien mir ihrer inneren Beschaffenheit nach eben so wählbar, als ihrem Werthe und unserem Zeitbedürfniß nach wählenswerth. Sie ist, wenn anders aus der Geschichte Wahrheiten zu lernen sind, zu einem Ziele gekommen, von wo aus man mit Erfolg ein Ganzes überblicken, einen beruhigenden, ja einen erhebenden Eindruck empfangen und die größten Belehrungen ziehen kann. Die Wahl eines Geschichtstoffes mit den Forderungen und Bedürfnissen der Gegenwart in Einklang zu bringen scheint mir aber eine so bedeutende Pflicht des Geschichtschreibers, daß, hätte ich die politische, die religiöse, die gesammtliterarische oder irgend eine andere Seite der Geschichte unsers Volkes für passender und dringender zur Bearbeitung gehalten, ich diese andere ergriffen haben würde, weil auch kein Lieblingsfach den Historiker ausschließlich fesseln soll.

Das Ziel in der Geschichte unserer deutschen Dichtkunst, auf das ich hindeutete, liegt bei der Scheide der letzten Jahrhunderte; bis dorthin mußte also meine Erzählung vordringen. Dieses Ziel ist nicht ein künstlich von mir geschaffenes, ein zu meinen Zwecken zugerichtetes und untergeschobenes, sondern ein in der Natur der Sache begründetes; und mag meine Geschichtserzählung auch allerhand besonderen Zwecken nachgehn, so kann und wird sie, falls auch nur das kleinste Verdienst daran ist, dem Hauptzweck, der Wissenschaft der Literargeschichte, vor Allem dienen. Das höchste Ziel irgend einer vollendeten Reihe von Begebenheiten in der Weltgeschichte kann nun nur da sein, wo die Idee, die in ihnen zur Erscheinung zu kommen strebt, wirklich durchdringt, und wo eine wesentliche Förderung der Gesellschaft oder der menschlichen Cultur dadurch erreicht wird. Ist es die getrennte Parthie einer einzelnen Zeit, eines einzelnen Volkes, die wir zur Betrachtung wählen, so wird sie in sich wieder einen solchen obersten Vollendungspunkt bieten, und dieser wird mit dem Ganzen in irgend einer nicht zu verkennenden Verwandtschaft stehen. Was unsern Gegenstand angeht, so war die Poesie, wie alle Kunst, bei den Griechen allein von keiner Religion, von keinem Stande und keiner Wissenschaft eingeengt, nur da konnte sie ihre edelsten Kräfte im vollesten Maße entwickeln, nur da Sitten, Glauben und Wissen gestalten und für alles ächte Bestreben in der Kunst späterer Zeiten und Völker gesetzgebend werden. Dieser Höhepunkt war erreicht, als die homerischen Gedichte ihre letzte Gestaltung erhalten hatten und die früheren Tragiker in Athen die Reinheit der alten Kunst noch bewahrten. Als die Pythia den Euripides für weiser als den Sophokles erklärte, war die griechische Dichtung auf der gefährlichsten Spitze; von da an gewann der Gedanke an den Werken der Einbildungskraft einen stets überwiegenderen Einfluß, den die Einwirkung der philosophischen Schulen und die Verpflanzung der schönen Literatur unter die praktischen und materiellen Römer nährte und steigerte. Dies geschah, als das Christentum gepredigt ward, das, wie schon die griechischen Philosophen gethan hatten, dem Menschen eine neue innere Welt des Gemüthes erschloß. Nun fiel das ganze Mittelalter in den schneidendsten Kontrast mit der römischen Welt, und es erforderte eine so mäßige und weise Nation, wie die deutsche, um von der unmäßigsten Vergeudung aller Gefühle, wie von der einseitigsten Pflege des Verstandes, von den unseligsten Verirrungen in Religion, in Kunst, in Wissenschaft und Staat zu der alten Besonnenheit, Gesundheit und ruhigen Thätigkeit zurückzuführen. Wie dies die neueren Nationen gethan, was Italien darin den Deutschen vorgearbeitet, warum diesen es vorbehalten blieb, zum Zwecke zu gelangen, läßt sich in jeder Weise vortrefflich darthun: ich versuche es, von diesem Gesichtspunkte aus die deutsche Dichtung in ihrer Geschichte zu entwickeln. Es ist ein einziger großer Gang zu der Quelle der wahrhaften Dichtkunst zurück, auf dem alle Nationen von Europa die Deutschen begleiten, oft überholen, am Ende aber Eine nach der Andern zurückbleiben. Wir haben nur Trümmer einer eigentlich streng heimathlichen und nationalen Dichtung. Seitdem die Germanen in der Völkerwanderung die lateinische Welt umspannten und ihre Cultur kennen lernten, stellten sich erst die mönchischen Dichter den christlichen lateinischen Poeten zur Seite oder gegenüber; sobald der historische Volksgesang in Schrift gebracht ward, nahm er die Form vom lateinischen Epos, und zu größern Versuchen kam man scheint's erst durch die Stoffe aus der alten Welt selbst, wie sie griechische und britische Mönche lateinisch zubereitet hatten. Italiener, Spanier, Franzosen und Engländer blieben in verschiedener Weise bei der griechischrömischen oder bei der alexandrinischen Bildung haften; die Deutschen allein setzten den steileren, aber belohnenderen Weg fort und gelangten zur schönsten Blüthezeit griechischer Weisheit und Kunst, wo dann im vorigen und in diesem Jahrhundert jeder große Mann des hellenischen Alterthums seinen Übersetzer, seinen Schüler oder sein Ebenbild bei uns erhielt. Goethe und Schiller führten zu einem Kunstideal zurück, das seit den Griechen Niemand mehr als geahnt hatte. Je weiter sie darin gediehen, desto unverholener ward bei zwar steigender Selbständigkeit ihre Bewunderung für die alte Kunst, bei steigendem Selbstgefühl in ihrer Umgebung ihre ehrfürchtige Bescheidenheit den Alten gegenüber. Sie leiteten mit Bewußtsein auf die Vereinigung des modernen Reichthums an Gefühlen und Gedanken mit der antiken Form, und dies eben war der Punkt, nach dessen Erreichung bei den Griechen, wie ich andeutete, die Kunst ausgeartet war. So war dieselbe Nation, die einst die Ideen, welche Sokrates und Christus in das neue Geschlecht zur Bildung der Herzen gestreut hatten, und die Keime, welche Aristoteles für alle Wissenschaft gelegt, mit den alten Generationen zugleich vertilgen zu wollen schien, diese selbe Nation war bestimmt, zuerst die Lehre des Messias zu reinigen, und dann den Ungeschmack in Kunst und Wissenschaft zu brechen, so daß es nun laut von unsern Nachbarn verkündet wird, daß wahre Bildung der Seelen und Geister nur bei uns gesucht, wie alle Bekanntschaft mit den Alten nur durch uns vermittelt werden kann; daß sichtbar unsere Literatur nun so über Europa zu herrschen beginnt, wie einst die italienische und französische vor ihr über Europa geherrscht haben.

Diese ungewöhnlich gefaßte Aufgabe konnte ich nicht hoffen, auf dem gewöhnlichen Wege zu lösen. Ich wünschte nicht den Leser zu täuschen über was er in dem Buche finden wird. Es weicht besonders darin von allen literarischen Handbüchern und Geschichten ab, daß es nichts ist als Geschichte. Ich habe mit der ästhetischen Beurtheilung der Sachen nichts zu tun, ich bin kein Poet und kein belletristischer Kritiker. Der ästhetische Beurtheiler zeigt uns eines Gedichtes Entstehung aus sich selbst, sein inneres Wachsthum und Vollendung, seinen absoluten Werth, sein Verhältniß zu seiner Gattung und etwa zu der Natur und dem Charakter des Dichters. Der Ästhetiker thut am besten, das Gedicht so wenig als möglich mit anderen und fremden zu vergleichen, dem Historiker ist diese Vergleichung ein Hauptmittel zum Zweck. Er zeigt uns nicht Eines Gedichtes, sondern aller poetischen Producte Entstehung aus der Zeit, aus dem Kreise ihrer Ideen, Thaten und Schicksale, er weist darin nach was diesen entspricht oder widerspricht, er sucht den Ursachen ihres Werdens und ihren Wirkungen nach und beurtheilt ihren Werth hauptsächlich nach diesen, er vergleicht sie mit dem Größten der Kunstgattungen gerade *dieser* Zeit und *dieser* Nation, in der sie entstanden, oder, je nachdem er seinen Gesichtskreis ausdehnt, mit den weiteren analogen Erscheinungen in anderen Zeiten und Völkern. Ästhetischer Geschmack muß bei dem Geschichtschreiber der schönen Literatur vorausgesetzt werden, wie bei dem politischen Historiker politisch gesunder Blick, deshalb aber darf der Eine keine publicistischen Deductionen und der Andere keine ästhetischen Abhandlungen einflechten, falls er auf seinem Felde bleiben will. Bestimmte Ansichten müssen hier und dort zu Grunde liegen; daß dies in meinem Buche der Fall ist, wird jeder Einsichtige finden; leider weiß ich auf kein Lehrbuch der Ästhetik zu verweisen und kann nur zerstreute Quellen, Aristoteles und Lessing, Goethe und Humboldt und Andere nennen. Wären erst nur die Grundsätze für eine innere Geschichte der Künste festgestellt, welch eine herrliche Wissenschaft müßte hier nach und nach aufblühen! Ich bemerke übrigens noch, daß das Endurtheil des ästhetischen und das des historischen Beurtheilers, wenn beide in gleicher Strenge zu Werke gingen, immer übereinstimmen wird; es rechne nur jeder auf seine eigne Weise richtig, die Probe wird die gleiche Summe ausweisen. [. . .]

Lesehinweis zu Gervinus:
Werner Krauss: Literaturgeschichte als geschichtlicher Auftrag. In: Sinn + Form 2 (1950) H. 4. S. 71 – 75.

Hermann Hettner:

Die Kämpfe der Aufklärung* (1856)

Goethe vergleicht die Geschichte der Wissenschaft mit einer großen
Fuge; die Stimmen der Völker kommen erst nach und nach zum Vorschein.

Namentlich für die Literatur der letzten Jahrhunderte ist dies Gleichniß äußerst bezeichnend. Die drei großen Kulturvölker, die Engländer,
Franzosen und Deutschen, setzen der Reihe nach ihre Stimmen ein; das
eine Volk führt das Thema fort, wo es das andere abbricht; und durch
alle drei geht ein so durchaus einheitlicher gemeinsamer Grundton, daß
nirgends ein wahrhaft lebenskräftiger Gedanke auftaucht, der nicht sofort das allgemeine Eigenthum der ganzen gebildeten Welt wird.

England ging voran in jenen großen Bildungskämpfen, die man als
das Zeitalter der Aufklärung zu bezeichnen pflegt.

Zwar hatten sich schon überall, in Frankreich, in Holland, in Deutschland dreiste Anfänge ans Licht gewagt; aber sie waren unter der Ungunst
der Umstände verkümmert oder hatten wenigstens ihre volle Wirkung
verloren. Frankreichs gedrückte Lage schildert La Bruyère vortrefflich,
wenn er in seinen feinsinnigen Charakterzeichnungen, am Schlusse der
Abhandlung über die Geisteswerke, in die tiefempfundene Klage aus-
bricht, daß ein Mensch, der Franzose und Christ zugleich sei, in der Sa-
tire sich sehr beengt fühle, denn es seien ihm alle großen Stoffe verschlos-
sen; Holland, das eine Zeitlang die sichere Freistätte der Descartes, Spi-
noza und Bayle gewesen, verfiel in Ohnmacht und Abhängigkeit; und
auch in Deutschland standen die Leibniz und Thomasius noch allzu vereinzelt, als daß sie bereits von durchgreifendem Einfluß sein konnten.
In England aber kamen die harrenden Keime zur Reife. Durch die großen Entdeckungen Newton's und durch die allgemein faßliche Erfahrungsphilosophie Locke's gab es dem neuen Leben festen Halt und fröh-
liche Triebkraft; durch den Sturz der Stuarts eroberte es bürgerliche und

* aus: H. H.: Literaturgeschichte des achtzehnten Jahrhunderts. Tl. 1. 3. Aufl.
  Braunschweig 1872. (EA 1856). S. 3 – 10 (Einleitung).

kirchliche Freiheit; seine gesunde Staatsverfassung und jene schlichte Vernunftreligion, die unter dem Namen des Deismus in alle Kreise drang, wurden für alle Völker leuchtendes Vorbild.

Frankreich folgte. So großartig auch die Bewegungen Englands waren, sie hätten schwerlich diese siegende Macht gehabt, die sie in Wahrheit hatten, wenn nicht Frankreich dabei eine vermittelnde Rolle übernahm. Man hat mit Recht darüber geklagt, welch eine tiefe Schmach es war, daß unter Ludwig XIV. ganz Europa sich der Allgewalt französischer Sitte und Sprache beugte. Jetzt aber wurde es von höchster Bedeutung, daß die französische Sprache und Bildung die Sprache und Bildung der ganzen Welt war. Erst von Frankreich aus wandern die neuen Ideen geschäftig weiter. Macaulay sagt in seiner Abhandlung über Walpole vortrefflich: „Die französische Literatur ist für die englische geworden, was Aaron für Moses war; die großen Entdeckungen in Physik, Metaphysik und Staatswissenschaft gehören den Engländern an; kein Volk außer Frankreich aber hat sie von England unmittelbar empfangen; dazu war England durch seine Lage und Gebräuche zu vereinsamt; Frankreich ist der Dolmetscher zwischen England und der Menschheit gewesen.''

Voltaire und Montesquieu gingen nach England selbst und ergriffen dort die herrschenden Ideen und Einrichtungen mit wärmster Begeisterung. Voltaire bildet und bereichert sich an den Schriften Newton's und Locke's; Montesquieu schildert und preist den Geist des englischen Staatswesens. Frankreich kommt ihren Wagnissen willig entgegen. Rousseau ersteht, und Diderot, und mit ihm und durch ihn der Kreis der Enzyklopädisten. Selten ist der Einfluß der Literatur auf das Leben so gewaltig gewesen. Wohl fehlt es nicht an Frechheit und Flachheit, an Übertreibung und innerem Widerspruch; aber diese Schriftsteller decken schonungslos die Wunden der Zeit auf; die ganze Welt lauscht ihnen theilnehmend und sucht ihre Worte zu Thaten zu machen. Der Geist der Neuerung regt sich überall; nicht blos im Bürger, sondern fast ebensosehr im Adel und in der Geistlichkeit; kein Mensch, außer etwa Christoph de Beaumont, der fanatische Erzbischof von Paris, wagt die alte Zeit und das alte Regiment zu vertheidigen. Die Regierung verfolgt diese Schriftsteller und verbrennt ihre Bücher; in der öffentlichen Meinung aber bleiben sie nach wie vor die gefeierten Helden.

Es ist bekannt, wie jetzt einige edle und weise Fürsten und Staatsmänner den Versuch machten, die Verwaltung ihrer Länder im Sinn dieser neuen Ideen umzugestalten. Friedrich der Große mit seinem schöpferischen Geiste gab zuerst das erhabene Beispiel; dann Pombal, Joseph II., Struensee, Peter Leopold von Toscana und Pascal Paoli von Corsica; und wer gedächte nicht eines Beccaria, Filangieri und Tanucci in Italien, eines Campomanes in Spanien? Wir erleben das höchst eigenthümliche Schauspiel einer gewaltsamen, von oben ausgehenden Umwälzung, die Schlosser mit um so größerem Recht eine monarchische Revolution genannt hat, weil in der That die Völker selbst, stumpfsinnig am Altüberlieferten haftend, nicht selten den trefflichsten Maßregeln offenen oder versteckten Widerstand entgegenstellten. Besonders sanken die südlichen Völker bald wieder in ihre alte Erstarrung zurück; unter jahrhundertelangem Druck hatten sie Würde und Spannkraft verloren; um ein Bild Niebuhr's zu gebrauchen, die anfangs willkürlich ausgestreckte Hand des indischen Fakirs erlahmt zuletzt wirklich.

Inzwischen war auch Deutschland nach langer Erschlaffung wieder erstanden. Bald sogar wird es anführend und tonangebend. Mit wahrhaft wunderbarer Raschheit überflügelt es, wenn auch nicht durch äußere Macht und Freiheit, so doch durch innere Bildung, durch Kunst und Wissenschaft, England und Frankreich. Aus dem Schüler wird es zum Lehrer.

Gottsched, der so viel Geschmähte und um die Bildung seiner Zeit doch so unendlich Verdienstvolle, gewöhnte durch seine Hinweisung auf die Strenge des französischen Klassicismus den verwilderten Geschmack wieder an Zucht und Regel. Klopstock lehnt sich an Milton, Wieland an die heitere Milde der englischen und französischen Popularphilosophen. Frische Werdelust überall. Es treten Winkelmann, Lessing und Herder auf und gehen mit sicherem Schritt auf die Urquelle aller Dichtung und Bildung zurück, auf die Alten, auf Shakespeare und auf die naiv empfindungsvolle Volksphantasie; und von diesen Grundlagen aus erheben sich sodann Goethe und Schiller, so tief und rein menschlich und so durch und durch im höchsten Sinn dichterisch, wie seit den goldenen Tagen Shakespeare's nie wieder eine solche Dichtung vorhanden gewesen.

Und ähnlich in der Philosophie. Der theologische Rationalismus, dessen erste Anfänge sich in Deutschland auf Leibniz und Wolff stützten, bereicherte sich nunmehr an den großen Errungenschaften der englischen Deisten und Moralisten. Die überlieferten Glaubenslehren, die den französischen Aufklärern fast nur eine Sache des Witzes und Hohns waren, wurden von der deutschen Wissenschaft mit gründlichster Gelehrsamkeit und ehrfürchtigem Ernst geprüft, bekämpft und auf die ihnen innewohnenden Grundwahrheiten zurückgeführt. Friedrich der Große fand würdige Zeitgenossen. Die klare und verständige Morallehre, die von den Rationalisten und den mit ihnen zusammenhängenden Moralphilosophen gepredigt wurde, verbreitete Sitte, Freimuth und religiöse Duldung. Und zuletzt erhob sich Kant's gewaltiger Geist, der nach dem tiefsten Studium der Engländer und Franzosen sich ein System bildete, das das gesammte fortschreitende Zeitbewußtsein zusammenfaßte, steigerte, klärte, und der Grund- und Eckstein aller Philosophie bleiben wird, so lange es dem denkenden Menschen ein unabweisbares Bedürfniß bleibt, vor Allem über den Ursprung und die Grenze des Denkvermögens selbst sich Rechenschaft abzulegen.

Die Höhe der deutschen Bildung und die große französische Revolution sind gleichzeitig. Schon die unmittelbar Betheiligten fühlten es, daß beide Bewegungen im letzten Grunde nur von einer und derselben Triebfeder geleitet wurden, von dem Verlangen nach Erkenntniß und Verwirklichung reiner und freier Menschlichkeit. Die französische Republik sendete an Schiller und Klopstock den Bürgerbrief, und unsere besten Geister jauchzten der Revolution fast einstimmig zu; wenigstens so lange diese von den Gräueln der Schreckensherrschaft noch frei war. Baggesen schreibt im Jahre 1794 an Reinhold: „Ich danke Gott noch immer jeden Morgen für die Gnade, zu dieser Zeit der großen inneren und äußeren Offenbarung der Vernunft und Freiheit zu leben." Aber die französische Revolution überstürzte sich und schlug in Militärdespotismus um; und die deutsche Bildung zog sich scheu in sich zurück und konnte keine Handhabe für ein ihr angemessenes Staatsleben finden. Merkwürdig ist die Stellung, die England in diesen Revolutionskämpfen einnimmt. Mächtig nach außen und verhältnißmäßig auch frei nach innen, setzt es seinen ganzen Stolz darauf, das bereits Gewonnene sich zu erhalten. Es thut lieber einen Schritt rückwärts, als daß es sich neuen unsicheren Stürmen preisgeben möchte. Es rühmt die Vortheile der *„happy constitution"* und ringt nach der Zucht äußerer Frömmigkeit;

es späteren Reformen überlassend, das Veraltete langsam, aber, wie es meint, sicher umzugestalten.

So weit gehen die Kämpfe des achtzehnten Jahrhunderts. Noch heut stehen wir mitten in ihnen. Die Einen suchen die leitenden Gedanken dieser Kämpfe selbständig fortzubilden, die erkannten Schwächen und Einseitigkeiten aufzuheben und das Zeitalter der Aufklärung zu einem Zeitalter der allgemeinen, alle Schichten durchdringenden, vollen und ganzen Bildung zu machen; die Anderen hegen lebhafter als jemals die Lust, die Berechtigung dieser Kämpfe von Grund aus in Frage zu stellen und die strömende Geschichte um Jahrhunderte zurückzutreiben.

Wie auch der Würfel falle; diese folgereichen Kämpfe sind und bleiben eine der merkwürdigsten Epochen des menschlichen Geistes. Und immer wird es für die geschichtliche Betrachtung eine ebenso wichtige als anziehende Aufgabe sein, sich vom Wesen und Verlauf derselben ein möglichst anschauliches Bild zu gewinnen.

Der Weg, den eine solche geschichtliche Betrachtung einschlagen muß, ist sehr bestimmt vorgezeichnet.

Weil die Literatur der Aufklärung nicht ausschließlich diesem oder jenem Volk zufällt, sondern nach einer bekannten Bezeichnung Goethe's durchaus Weltliteratur ist, so kann eine Geschichte der Aufklärung nur eine allgemeine, d. h. eine die Wirkungen und Gegenwirkungen aller abendländischen Völker in gleicher Weise umfassende Literaturgeschichte des achtzehnten Jahrhunderts sein. Und umgekehrt ist eine solche allgemeine Literaturgeschichte des achtzehnten Jahrhunderts in ihrem innersten Wesen durchaus Geschichte der Aufklärung.

Seltsam genug! Bisher haben sich in diesem Sinne nur zwei Geschichtsschreiber dieser großen Aufgabe unterzogen. Villemain unter den Franzosen, und Fr. Ch. Schlosser unter den Deutschen. Beide haben dafür überall die verdienteste Anerkennung gefunden; aber Villemain schließt aus Unkenntnis der deutschen Sprache die deutsche Literatur ganz und gar aus, und Schlosser, der nach der ganzen Anlage seiner berühmten Geschichte des achtzehnten Jahrhunderts den politischen Ereignissen mehr Raum geben mußte als den literarischen, begnügt sich in seiner Literaturbetrachtung meist nur mit Winken und Andeutungen.

Wem es daher gelänge, die Umrisse jener großen Vorgänger würdig auszufüllen, der dürfte hoffen, eine nicht ganz unverdienstliche That begonnen zu haben!

Ich gestehe, daß mich seit langer Zeit der Plan einer solchen geschichtlichen Darstellung lockte. Ich verhehle mir nicht, wie schwierig und kühn das Unternehmen ist. Aber ich finde Ermuthigung in dem Gedanken, daß, erreicht das Ganze nicht das Ziel, das mir vorschwebt, doch vielleicht manche Einzelheit einem glücklicheren Nachfolger einen brauchbaren Baustein liefert.

Der Gang der Darstellung ergiebt sich aus der Sache selbst. Der Ausgangspunkt ist die englische Literatur; denn dort liegen in dem Aufblühen der Naturwissenschaften, in der Erfahrungsphilosophie und im Deismus die ersten selbständigen Äußerungen des neuen Geistes. Der erste Theil enthält daher die Geschichte der englischen Literatur von der Wiederherstellung des Königthums bis zu der Zeit, in welcher die englischen Aufklärungsideen ihren Weg nach Frankreich finden und Voltaire, Montesquieu, Rousseau und die Encyklopädisten den englischen Schriftstellern den Rang ablaufen. Der zweite Theil schildert die Entwicklung dieser neuen französischen Literatur und deren umgestaltenden Einfluß auf das Leben und die Bildung aller übrigen Völker, der dritte Theil die deutsche Literatur in ihrer Wechselwirkung mit der französischen und englischen.

An diese drei Hauptgruppen schließen sich die Literaturen der übrigen Völker. Sie treten überall nur empfangend und nachahmend auf, nirgends bestimmend und anführend. Die Geschichtsschreibung vollzieht daher lediglich das Gericht der Geschichte, wenn sie dieselben nicht als selbständige Epopöen, sondern nur als Episoden behandelt.

Wilhelm Scherer:

Germanistik als „System der nationalen Ethik"* (1868)

In der That können wir seit der Mitte des vorigen Jahrhunderts eine
fortschreitende Bewegung beobachten, in welcher die Deutschen sich
zur bewussten Erfüllung ihrer Bestimmung unter den Nationen zu erheben trachten. Seit Möser, Herder, Goethe nach dem Wesen deutscher Art und Kunst forschten, ist unserem Volke mit zunehmender
Klarheit die Forderung der historischen Selbsterkenntniss aufgegangen.
Poesie, Publicistik, Wissenschaft vereinigen sich, um an der sicheren
Ausgestaltung eines festen nationalen Lebensplanes zu arbeiten. Die
Poesie bemüht sich nationale Lebens- und Zeitbilder aufzurollen, bald
diese bald jene socialen Schichten theils in Liebe theils in Hass uns ab-
zuschildern und auf eigenthümliche Tüchtigkeit in verborgenem Dasein die phantasievolle Betrachtung zu lenken. Die Publicistik hat seit
Fichte, Arndt, Jahn überall wo sie an ihre höchsten Aufgaben streifte,
die Erfahrungen der Vergangenheit für die Gegenwart nutzbar zu machen gesucht. Und die Studien unserer alten Sprache, Poesie, Recht,
Verfassung, Politik bewegte ein mächtiger Aufschwung. Niemand
wird leugnen, dass im Gegensatze zu den alten Hauptstoffen der Kunst
und Forschung, dem Christenthum und der Antike, seit etwa hundert
Jahren das Deutsche, Einheimische, das irdisch Gegenwärtige und Praktische in stetigem Wachsthum zu immer ausschliessenderer Geltung hin-
durchgedrungen ist.

Warum sollte es nicht eine Wissenschaft geben, welche den Sinn dieser Bestrebungen, das was den innersten aufquellenden Lebenskern unserer neuesten Geschichte ausmacht, zu ihrem eigentlichen Gegenstande wählte, welche zugleich ganz universell und ganz momentan, ganz
umfassend theoretisch und zugleich ganz praktisch, das kühne Unternehmen wagte, ein *System der nationalen Ethik* aufzustellen, welches

---

* aus: W. Sch.: Zur Geschichte der deutschen Sprache. (Überschrift nicht original.) Berlin 1868. S. VI – X.

alle Ideale der Gegenwart in sich beschlösse und, indem es sie läuterte, indem es ihre Berechtigung und Möglichkeit untersuchte, uns ein herzerhebendes Gemälde der Zukunft mit vielfältigem Trost für manche Unvollkommenheiten der Gegenwart und manchen lastenden Schaden der Vergangenheit als untrüglichen Wegweiser des edelsten Wollens in die Seele pflanzte.

Der Verlauf einer ruhmvollen glänzenden Geschichte stünde uns zu Gebote, um ein Gesammtbild dessen was wir sind und bedeuten zu entwerfen: und auf diesem Inventar aller unserer Kräfte würde sich eine nationale Güter- und Pflichtenlehre aufbauen, woraus den Volksgenossen ihr Vaterland gleichsam in athmender Gestalt ebenso strenge heischend wie liebreich spendend entgegenträte.

Unentbehrlich aber wären dem der das Werk versuchte, festbegründete wissenschaftliche Ansichten von der Natur, Bildung, Stärke, Richtung, Wirkungsweise historischer Kräfte überhaupt.

Ob man die einheitliche, zusammenhängende Betrachtung dieses Gegenstandes mit Vico die Wissenschaft von der gemeinschaftlichen Natur der Völker, mit Neueren Völkerpsychologie oder passender Mechanik der Gesellschaft nennen will, ist ziemlich gleichgiltig. Allgemeine vergleichbare Geschichtswissenschaft (im Verhältniss zur bisherigen Historiographie ungefähr das was Ritter aus der Geographie gemacht hat) würde dasselbe besagen: denn das Wesentliche dabei wird sein, dass ein systematischer Kopf, mit ausgebreitetem Wissen bei allen Völkern, in allen Zeiten, auf allen menschlichen Lebensgebieten heimisch, seine Kenntnisse unter dem Gesichtspunct der Causalität zu ordnen unternähme.

Sie sehen, wie nach meiner Meinung die Aufgabe einer nationalen Ethik sich mit den höheren Anforderungen auf das innigste berührt, welche man seit einiger Zeit an die historische Wissenschaft zu stellen beginnt.

Wir sind es endlich müde, in der blossen gedankenlosen Anhäufung wohlgesichteten Materials den höchsten Triumph der Forschung zu erblicken. Vergebens dass uns geistreiche Subtilität einbilden will, es gebe eine eigene, geschichtlicher Betrachtung allein zustehende Methode, die „nicht erklärt, nicht entwickelt, sondern versteht". Auch die verschiedenen, zum Theil tiefsinnigen Theorien, in denen das Stichwort der Ideen als der Stern über Bethlehem erscheint, haben für uns wenig

Anziehungskraft. Was wir wollen, ist nichts absolut Neues, es ist durch die Entwicklung unserer Historiographie seit Möser, Herder, Goethe für Jeden der sehen will unzweifelhaft angedeutet. Goethe's Selbstbiographie als Causalerklärung der Genialität einerseits, die politische Ökonomie als Volkswirthschaftslehre nach historisch-physiologischer Methode andererseits zeichnen die Richtung vor, die wir für den ganzen Umfang der Weltgeschichte einzuhalten streben. Denn wir glauben mit Buckle dass der Determinismus, das demokratische Dogma vom unfreien Willen, diese Centrallehre des Protestantismus, der Eckstein aller wahren Erfassung der Geschichte sei. Wir glauben mit Buckle dass die Ziele der historischen Wissenschaft mit denen der Naturwissenschaft insofern wesentlich verwandt seien, als wir die Erkenntniss der Geistesmächte suchen um sie zu beherrschen, wie mit Hilfe der Naturwissenschaften die physischen Kräfte in menschlichen Dienst gezwungen werden. Wir sind nicht zufrieden, den zuckenden Strahl zu bewundern, wie er aus des Gottes Faust fährt, sondern es verlangt uns einzudringen in die Tiefen der Berge, wo Vulcan und seine Cyklopen die Blitze schmieden, und wir wollen dass ihre kunstreiche Hand fortan die Menschen, wie einst den Thetissohn, bewaffne.

Innerhalb der geschilderten Tendenzen verfolgt Ihre Alterthumskunde, innerhalb derselben meine vorliegende Arbeit ihre eigenthümliche Absicht.

Völker sind nichts Ewiges. Die Mächte, durch welche sie gegründet wurden, sind die Mächte durch welche sie erhalten werden: diese wird eine weise Politik verstärken, pflegen, befestigen.

Die Entstehung unserer Nation, von einer besonderen Seite angesehen, macht den Hauptvorwurf des gegenwärtigen Buches aus. Durch physiologische Analyse und einheitliche Charakteristik bin ich zu einer Erklärung der Lautform unserer Sprache gelangt, welche in das Ganze der menschlichen Persönlichkeit einführte, moralische Motive als wirksam aufzeigte und die unbedingte leidenschaftliche Hingebung an ideale Ziele als das gewaltige Fundament erscheinen liess, das unserer Nation und Sprache den ersten individuellen Bestand verlieh. Wundert es Sie, wenn ich Ihnen gestehe, dass dieses Resultat für mich etwas Erhebendes hatte?

Vollständig ist der Ursprung der germanischen Grundsprache damit freilich noch nicht klargelegt. Ich habe im Buche selbst wiederholt auf die Grenzen hingewiesen, die ich für jetzt noch nicht zu überschreiten wage. Sie werden aber durchweg das Bemühen erkennen, die vollständige Lösung des Problems durch ausgedehnte Beobachtungen über das Leben der Sprache wenigstens vorzubereiten.

Man wird sich der Einsicht kaum mehr lange verschliessen können, dass die Unterscheidung zwischen Entwicklung und Verfall oder — wie man sich auch wohl ausdrückte — zwischen Natur und Geschichte der Sprache auf einem Irrthum beruhe. Ich meinerseits habe überall nur Entwicklung, nur Geschichte wahrgenommen. Ich kann mich unmöglich entschliessen eine Sprache als fertiges Resultat vorhistorischer, unenthüllbarer Ereignisse gelten zu lassen. Ich vermag keinen anderen Unterschied zwischen Vorhistorisch und Historisch zu erkennen als die wesentlich andere Beschaffenheit der Quellen und die entsprechende stärkere oder geringere Betheiligung des combinirenden, construirenden Subjects. Ich suche jede Sprache aufzulösen in einer Reihe auf einander folgender Entstehungsacte, deren jeder durch die Stelle die er in dem Verlauf einnimmt, seine individuelle Farbe und eigenthümliche Bestimmtheit erhält.

Erich Schmidt:

Wege und Ziele der deutschen Literaturgeschichte* (1886)

*Duplex est doctoris academici negotium, docendi audientes alterum,
alterum exercendi eo* (Gottfried Hermann). Ich will Ihnen ein wissen-
schaftliches Glaubensbekenntnis ablegen, bevor wir in Colleg und Seminar eintreten.

Litteraturgeschichte soll ein Stück Entwicklungsgeschichte des
geistigen Lebens eines Volkes mit vergleichenden Ausblicken auf die
andern Nationallitteraturen sein. Sie erkennt das Sein aus dem Werden und untersucht wie die neuere Naturwissenschaft Vererbung und
Anpassung und wieder Vererbung und so fort in fester Kette. Sie wird
die verschiedenen Ausgangspunkte zu vereinigen und ihre Aufgaben
umfassend zu lösen trachten. Die Bibliographie überreicht ihr einen
Canevas zum Ausfüllen. Doch als statistische Wissenschaft giebt sie
auch einen Überblick der Production und der Consumtion, der Ein-
fuhr und der Ausfuhr, der Bearbeitungen, der beliebten Stoffe, der
Aufführungen, der örtlichen und zeitlichen Vertheilung, der Auflagen
und Nachdrucke nebst den Neudrucken und Sammlungen. Einer ver-
ständigen Bibliographie wird der Meßkalender des sechzehnten, das
Subscribentenverzeichnis des achtzehnten Jahrhunderts, das Absatz-
register der *Tauchnitz edition* eine Quelle der Erkenntnis. Sie läßt uns
überschauen, was in einzelnen Gattungen geleistet worden ist und welche blühten. Wir betrachten die Abfolge der großen und kleinen Gattungen und fragen, ob ein Dichter ein Feld oder mehrere bebaut – ich
erinnere nur an den allgemeinen Unterschied zwischen den Griechen
und den experimentirenden Römern – und welche mit Glück; warum
mit Erfolg oder Mißerfolg? Die Technik der Gattung wird untersucht;
Vermischung der poetischen Techniken und der Einfluß andrer Kunst-
gebiete nicht übersehn. Wir blicken, dankbar für Kobersteins Anleitung,
auf die Theorie und das wechselnde Verhältnis von Theorie und Praxis.

---

* aus: E. S.: Charakteristiken. Bd. 1. 2. Aufl. Berlin 1902 (EA 1886). S. 466–472.

Wir erörtern die Form; Blüte, Verfall, Reformbestrebungen. Roheit und Künstelei gelten uns als Zeichen der Krankheit, die Congruenz von Form und Inhalt als Zeichen der Gesundheit. Herrscht Einheit oder Vielheit? Was sind die Lieblingsmaße? Die Geschichte des Einflusses der romanischen Metrik, der antiken Verskunst, oder orientalischer Gebilde muß geschrieben werden. Wird in dieser oder jener Gattung gebundene oder ungebundene Rede bevorzugt, wie man im achtzehnten Jahrhundert über die Verskomödie stritt? Wie kam allmählich das deutsche Drama zum Blankvers? Welcher Art ist das Verhältnis von Poesie und Prosa? Wie steht es um den Reim, den beispielsweise die Gottschedianer schützten und die Klopstockianer verpönten? Wie steht es bei jedem Einzelnen um die Reinheit des Reims und um prosodische Sorgfalt? Wir verlangen eine Geschichte der Dichtersprache, des Stils, nicht nur für große Gruppen und im Vergleich mit der jeweiligen Richtung anderer Künste, sondern auch für jeden einzelnen Dichter. Historisch-kritische Ausgaben, wie Goethe ja eine für den „unermüdet zum Bessern arbeitenden" Wieland gewünscht hat, müssen uns zu Hilfe kommen. Wortschatz (dabei Erneuerung, Neuschöpfung, Entlehnung, Provincialismen u. s. w.), Syntax, rhetorische Figuren werden behandelt; Überfluß, Ökonomie, Armuth gebucht. Läßt der Dichter fremde Sprachen auf sich wirken, welche kennt er, und hat er gar in fremdem Idiom geschrieben? Man denke nur an die Neulateiner und die Überlegenheit des Latein zur Zeit Huttens, an Weckherlins Anglicismen, Logaus oder Klopstocks Latinismen, die Gallicismen Anderer, an Friedrichs des Großen französische Poesie. Auch der Einfluß früherer Perioden der deutschen Sprache will studirt sein, und gerade die Gegenwart fordert wieder mit nachgelalltem Altdeutsch dazu auf. Wie steht der junge Goethe zum sechzehnten Jahrhundert, wie Achim v. Arnim? Was schöpft der Göttinger Hain, was Uhland aus Minnegesang und Volkslied, was die Schule Scheffels? Was scheidet Gustav Freytag von Felix Dahn? Wie hat Richard Wagner seinen Sprachsud gebraut? Treibt der Dichter Dialektpoesie, gestattet er seiner Mundart ein stärkeres oder schwächeres Recht über die Schriftsprache, ist er als Dolmetsch thätig? Wer Goethes Voltaireübertragungen oder Schillers „Phädra" studirt dringt tief in ihren und in den französischen Stil ein. Er habe den Voltaire in Musik gesetzt wie Mozart den Schikaneder, sagt Caroline geistreich von Goethe.

Wie steht man zum Ausland? Der Begriff der Nationallitteratur duldet gleichwohl keinen engherzigen Schutzzoll; im geistigen Leben sind wir Freihändler. Aber ist Selbständigkeit oder Unselbständigkeit, größere Receptivität oder Productivität, wahres oder falsches Aneignen sichtbar, und wie hat die deutsche Litteratur sich allmählich zu universeller Theilnahme durchgearbeitet? Voran steht uns das Verhältnis zur Antike, die durch so verschiedene Brillen angeschaut worden ist. Es giebt auch in den Litteraturen ein „Prestige" und vielfachen Machtwechsel; es giebt Großmächte, solche die es einmal gewesen sind, solche die es einmal werden können.

Die deutsche Litteraturgeschichte will ferner, so gut wie die Kunstgeschichte, so gut wie die Forschung der Friedrich Schlegel und Otfried Müller, die Rolle der Landschaften im Verlauf der Entwicklung würdigen. Temperament und Lebensverhältnisse, die Mischung mit anderem Blut sind für jeden Stamm zu erwägen, die geographische Lage zu bedenken. Das Binnenland bringt andere Kunstproducte hervor als die Nähe des Meeres. Anders blüht in der Tiefebene, anders im Hochgebirge die Naturempfindung. Und specieller: was ist das Fränkische bei Goethe, das Sächsische bei Gellert, das Schwäbische bei Schiller, das Mecklenburgische bei Voß oder Reuter, das Ditmarsische bei Hebbel, das Märkische bei Kleist, das Österreichische bei Grillparzer, das Schweizerische bei Gotthelf oder Keller? Aber auch: was ist das Italienische bei Brentano, das Französische bei Chamisso? Wie zeigt der Osten slavischen, der Westen romanischen Einschlag im deutschen Gewebe? Auch innerhalb des großen Nationalverbandes erfolgen Verschiebungen der litterarischen Vormacht. Lange steht Österreich voran, im fünfzehnten und sechzehnten Jahrhundert Alemannien, im siebzehnten Schlesien, im achtzehnten läuft das steigende Preußen Friedrichs dem sinkenden Sachsen Brühls den Rang ab, im neunzehnten rühren sich etwa die Schwaben. Einzelne Städte fordern besonderes Augenmerk. Der Franzose kann sich fast auf sein Bildungscentrum Paris beschränken; der Deutsche blickt auf Leipzig, Hamburg, Halle, Breslau, Königsberg, Weimar-Jena, Berlin, München, Wien, Zürich, Stuttgart u. s. w. und auf die Schriftstellercolonien im Ausland. Nicht bloß für eigentliche Hofdichtung, die heute nicht mehr möglich ist, sind die Höfe bedeutsam.

Die Wirkung kann, was auch von den früheren und den folgenden Fragen gilt, recht verschieden sein. Stammt der Dichter aus einer Re-

publik oder Monarchie? Stand seine Wiege in einem Dorf, in einer Land-
stadt, Großstadt, Residenz? Ist es ein historisch ausgezeichneter Ort mit
bestimmten geistigen Traditionen? Blieb der Schriftsteller stets im Lan-
de seiner Geburt, oder ging er mitunter auf Reisen, oder fand er gar eine
neue Heimat? Wir betreten, vielleicht durch Autobiographien und Bil-
dungsromane gefördert, sein Vaterhaus, um in der Sphäre der Familie
nach Vererbung zu forschen und Charakter, Bildung, Stand, Vermögens-
lage der Vorfahren zu prüfen; denn verschieden ist Ausgang und Fort-
gang für den Sohn des Gelehrten und des Ungelehrten, des Bauern, des
Bürgers und des Adeligen, des Begüterten und des Unbemittelten. Welchen Beruf erkor er sich, oder war ihm — nicht immer zum Segen — ver-
gönnt, nur Dichter zu sein? Alle Nebenumstände der Lebensstellung
berühren seine Poesie. Die Rolle der Stände und Berufe muß umfassend
behandelt werden, wie das für Klerus und Adel des Mittelalters geschehn
ist. So schafft das sechzehnte Jahrhundert in den protestantischen Pre-
digern rege Schriftsteller und Vererber der Bildung.

Wir fragen Jeden, wie er es mit der Religion hält und welcher Art der
religiöse Geist des Elternhauses war. Ist er Katholik, Protestant, Jude,
und von welcher Schattirung; Christ, Unchrist, Widerchrist; Pietist, Or-
thodoxer, Rationalist? Oder Convertit, und warum? Ist es eine Zeit der
Toleranz oder der Unduldsamkeit, des Glaubens oder der Skepsis, der
Stagnation oder der Neubelebung auf religiösem Gebiet? Für unser Jahr-
zehnt wird das jüdische Element, seine Salons und seine Frauen, seine
Journalisten und seine Dichter, sein Heine wie sein Börne, wird sein
Fluch und sein Segen ein starkes, unbefangenes Augenmerk erheischen.

Die politischen Zustände sind gleich den religiösen zu mustern. Krieg
oder Friede, Hebung oder Druck, Mißstimmung oder frohe Sicherheit,
Indifferentismus oder Parteinahme?

Um den Bildungsgang des Einen zu verfolgen, muß man die Erziehung, den Zustand in der *universitas litterarum* und das Übergewicht
einzelner Wissenschaften, die Tendenzen der Forschung, die Lebensan-
schauung, die Geselligkeit nach Frivolität oder Sittenstrenge, Freiheit
oder Gebundenheit erfassen. Was ist, mit einem Worte, der Geist der Generation, und wie sind die Generationen in einander geschoben, denn
Generationen * so wenig als Perioden der Litteratur oder Epochen im

---

* Ich verweise jetzt auf die höchst anregende Betrachtung von Ottokar Lorenz,
„Die Geschichtswissenschaft in Hauptrichtungen und Aufgaben" 1886.

Dasein des Individuums lösen einander wie Schildwachen ab. Unter die
große Rubrik ,,Bildung der Zeit" fällt auch die Frage nach dem Publicum des Schriftstellers. Für welche Genießenden, mit welcher Wechselwirkung schreibt er, aristokratisch exclusiv oder demokratisch für je-
dermann aus dem Volk, emporziehend oder herabsteigend, angefeuert
oder angefeindet? Die Werthschätzung des Dichters an sich ist zu verschiedenen Zeiten verschieden. So wenig die Popularität allein ein Grad-
messer der Bedeutung sein kann, sammeln wir doch eifrig Stimmen der
Zeitgenossen. Die Isolirtheit oder die Zugehörigkeit zu einer Partei, sei
sie von älterem Bestand oder neu gebildet, ist uns wichtig.

Wir erforschen die Stellung der Frauen, die man in Blütezeiten als
Führerinnen ehrt und wohl zugleich als Mitdichtende begrüßen kann,
ohne daß Frauendichtung an sich ein Zeichen frauenhafter Dichtung
wäre (Roswitha, Ava, die Hoyers, die Gottschedin lehren es); die man
in Jahren des Niedergangs ignorirt. Neuestens sind von Scherer gerade-
zu ,,männische" und ,,frauenhafte" Perioden unterschieden worden,
was gar nicht so verblüffend zu wirken brauchte. Hat doch Wilhelm v.
Humboldt schon 1795 in den Horen ,,Über den Geschlechtsunterschied
und dessen Einfluß auf die organische Natur", ,,Über männliche und
weibliche Form" gehandelt und Schiller (an Körner 2, 132) es schön
und groß genannt, den Begriff des Geschlechts und der Zeugung selbst
durch das menschliche Gemüth und die geistigen Schöpfungen durch-
zuführen. Hat doch Friedrich Schlegels Aufsatz ,,Über die Diotima"
dem Verständnis frauenhafter Zeiten den Weg gewiesen. Sehen wir uns
doch überall angeregt, männliches und weibliches, zeugendes und emp-
fangendes Talent und auch männliche und weibliche Kunstgattungen
und Kunstbegabungen zu unterscheiden. Kann doch niemand das Frau-
enhafte der Perikleischen Zeit, der römischen Elegik, der Mystik, des
Pietismus, der Goethischen Epoche, der Romantik verkennen. Sollte
nun nicht wenigstens versucht werden dürfen, den wahrgenommenen
Turnus aus dem Geschlechtsunterschied und einer Art Machtablösung
in der Menschheit zu erklären?

Das einzelne Werk hat seine Vor- und Nachgeschichte. Wir sehn es
werden und wirken. Man braucht nur die Goethelitteratur zu überfliegen, um sich zu überzeugen, wie ungemein die Erforschung der poetischen Motive vorgeschritten ist, wenn auch Einzelne gelegentlich Kunstwerke wie Cadaver secirt, Dichter wie Schuldenmacher mißhandelt und

die „philologisch-historische Methode" zum Mantel ihrer Schwung- und Gedankenlosigkeit gemacht haben. Wir bewundern Wilhelm Schlegels Scheidekunst, trommeln aber keinen *concursus creditorum* Wielands zusammen, pflichten vielmehr Heine bei, daß es in der Kunst kein sechstes Gebot giebt. Wir fassen Entlehnung, Reminis- cenz u. dgl. mit Scherer, der für Quellenkunde der Motive so viel ge- than hat, in einem sehr weiten Sinn, denn „die Production der Phan- tasie ist im wesentlichen eine Reproduction. Aber alle ähnlichen Vor- stellungen finden sich zusammen in der Seele des Menschen, sie ver- ketten sich unter einander, sie verstärken sich gegenseitig. Wenn ein Dichter eine Begebenheit darstellt, so wirken alle Begebenheiten ähn- licher Art, die er jemals erlebt, von denen er jemals gelesen." Wie die Kunstgeschichte den Gottvatertypus oder die Abendmahlsdarstellung im Laufe der Entwicklung verfolgt, so verfolgen wir z. B. den Typus des Heldenvaters oder die Gruppe: der Mann zwischen zwei Frauen. Wir scheiden die erlebten und die erlernten Motive, wir prüfen Ver- einigung und Wandel, Steigerung und Abschwächung, Reichthum und Armuth, realistische und idealisirende Wiedergabe des Beobachteten, Wahrheit und Unwahrheit, Drang der Gelegenheit und Observanz. Wir müssen ganzen Perioden immer mehr die Auskunft abringen, was an Affecten, Charakteren, Thaten u. s. w. der Beobachtung zugänglich war. Aber das liegt noch im Argen.

Die Geschichte des Dichtwerkes schließt mit der Darstellung seines Nachlebens. Auch die Verbreitung ist hier zu überlegen, und ob ein Dra- ma aufgeführt, ein Lied gesungen wird, ob Bearbeitungen ernster Art oder Travestien das Original ergreifen. Die Überlieferung wird geprüft nach ihrer Art (mündliche, schriftliche, gedruckte), nach ihrer Zuver- lässigkeit. Reinheit des Textes ist das vornehmste Gebot. Seitdem Lach- mann für Lessing, der zugleich in Danzel einen wissenschaftlichen Dar- steller fand, vorangegangen ist, hat sich auf diesem Gebiet eine große Rührigkeit entfaltet, wenn auch noch nicht Alle zu fester Schulung und Methode gelangt sind und Manchen zur Besorgung von dichterischen Nachlässen oder Briefschätzen die Principien fehlen. Doch wir haben Textkritik üben und aus den Varianten, immer mit der Frage nach dem Grund der Veränderung, inneren und äußeren Wandel erfassen gelernt; wir unterscheiden Echtes von Unechtem, eigene Umarbeitung und frem- de Correctur, auch die Mischung in einem von Mehreren geleisteten Werk, wir weisen namenloses Gut seinem Urheber zu. Wie die Philosophen sich jetzt eine Kantphilologie schaffen, so besitzen wir eine Goethephilologie, welche die Götze, Werther und Iphigenien historisch-kritisch studirt und die Schichten innerhalb des allmählich entstandenen Faust gleich den Bauperioden eines Münsters erkennt. Wie der Kunstforscher von den Handzeichnungen ausgeht, so durchspüren wir Lessings oder Schillers Entwürfe.

Ich habe Sie da in einen Wald von Fragezeichen geführt. Je näher die Litteraturgeschichte der Beantwortung aller dieser Fragen rückt, je fester sie sich auf die Geschichte, die classische und die deutsche Philologie stützt, je vorsichtiger gegen eitles Ästhetisiren sie regen Verkehr mit der Ästhetik pflegt und einer inductiven Poetik nachgeht, um so gewisser wird sie den Gefahren der Phrase sowohl als der Dürre nie erliegen. Wer Groß und Klein unterscheidet kann bei aller Andacht für das Einzelne kein jämmerlicher Mikrolog werden. Der ,,Lessingspecialist" und der ,,Goetheforscher" soll bedenken was Ste-Beuve (*Causeries 4,80*) den *Montaignologues* zuruft und was der große Essayist selbst schon vor dreihundert Jahren gesagt hat (*3, 13, éd. Lemerre 4, 213*): *Il y a plus affaire à interpreter les interpretations, qu'à interpreter les choses: et plus de liures sur les liures, que sur autre subiect. Nous ne faisons que nous entregloser. Tout fourmille de commentaires d'autheurs, il en est grand cherté. Le principal et plus fameux scauoir de nos siecles, est-ce pas scauoir entendre les scauants?*

Kunstgeschichte und Litteraturgeschichte haben naturgemäß mehr als andre Fächer die Möglichkeit und die Pflicht, sich einer anständigen Popularität zu befleißigen, doch eben darum sind sie auf der Hut gegen schlechte Gesellschaft. Der Mitarbeit ernster Liebhaber und berufener Tageskritiker froh, wollen wir uns die Pseudolitteraten kräftig vom Leib halten. Wir werden nicht nach der Ziffer 1832 einen dicken Strich ziehn, sondern auch neueren und neuesten Schriftstellern lauschen. Analogien der Vergangenheit können das Urtheil über Zeitgenössisches festigen und an der Gegenwart gemachte Beobachtungen Auffschluß über Vergangenes spenden. So leite denn uns fort und fort die Losung Wilhelm Schlegels: ,,Die Kunstkritik muß sich, um ihrem großen Zweck Genüge zu leisten, mit der Geschichte und, sofern sie sich auf Poesie und Litteratur bezieht, auch mit der Philologie verbünden."

Lesehinweis zu Scherer und Schmidt: Jost Hermand: Aufstieg und Fall des Positivismus. In: J. H.: Synthetisches Interpretieren. München 1968. S. 20–27.

Wilhelm Dilthey:

Erlebnis und Dichtung* (1910)

Aus dem Verhältnis von Leben, Phantasie und Gestaltung des Werks
folgen alle allgemeinen Eigenschaften der Poesie. Jedes poetische
Werk macht ein einzelnes Geschehnis gegenwärtig. Es gibt daher den
bloßen Schein eines Wirklichen durch Worte und deren Verbindun-
gen. So muß es alle Mittel der Sprache anwenden, um Eindruck und
Illusion hervorzubringen, und in dieser künstlerischen Behandlung
der Sprache liegt ein erster und höchst bedeutender ästhetischer
Wert desselben. Es hat nicht die Absicht Ausdruck oder Darstellung
des Lebens zu sein. Es isoliert seinen Gegenstand aus dem realen Le-
benszusammenhang und gibt ihm Totalität in sich selber. So versetzt
es den Auffassenden in Freiheit, indem er sich in dieser Welt des
Scheines außerhalb der Notwendigkeiten seiner tatsächlichen Existenz findet. Es erhöht sein Daseinsgefühl. Dem durch seinen Le-
bensgang eingeschränkten Menschen befriedigt es die Sehnsucht,
Lebensmöglichkeiten, die er selber nicht realisieren kann, durchzu-
erleben. Es öffnet ihm den Blick in eine höhere und stärkere Welt.
Und es beschäftigt im Nacherleben sein ganzes Wesen in einem ihm
gemäßen Ablauf der seelischen Vorgänge, von der Freude an Klang,
Rhythmus, sinnlicher Anschaulichkeit bis zum tiefsten Verständnis
des Geschehnisses nach dessen Beziehungen zur ganzen Breite des
Lebens. Denn jedes echte poetische Werk hebt an dem Ausschnitt
der Wirklichkeit, den es darstellt, eine Eigenschaft des Lebens heraus, die so vorher nicht gesehen worden ist. Indem es eine ursächli-
che Verkettung von Vorgängen oder Handlungen sichtbar macht,
läßt es zugleich die Werte nacherleben, die im Zusammenhang des
Lebens einem Geschehnis und dessen einzelnen Teilen zukommen.
Das Geschehnis wird so zu seiner Bedeutsamkeit erhoben. Es gibt

---

* aus: W. D.: Das Erlebnis und die Dichtung. (In dieser Form erst seit der
  3. erw. Aufl. Leipzig 1910. S. 196 – 201.

keine große naturalistische Dichtung, die nicht solche bedeutsamen Züge des Lebens ausspräche, wie trostlos, bizarr, einer blinden Natur angehörig sie auch sein mögen. Es ist dann der Kunstgriff der größten Dichter, das Geschehnis so hinzustellen, daß der Zusammenhang des Lebens selbst und sein Sinn aus ihm herausleuchtet. So erschließt uns die Poesie das Verständnis des Lebens. Mit den Augen des großen Dichters gewahren wir Wert und Zusammenhang der menschlichen Dinge.

So sind in dem Untergrund dichterischen Schaffens persönliches Erleben, Verstehen fremder Zustände, Erweiterung und Vertiefung der Erfahrung durch Ideen enthalten. Der Ausgangspunkt des poetischen Schaffens ist immer die Lebenserfahrung, als persönliches Erlebnis oder als Verstehen anderer Menschen, gegenwärtiger wie vergangener, und der Geschehnisse, in denen sie zusammenwirkten. Jeder der unzähligen Lebenszustände, durch die der Dichter hindurchgeht, kann in psychologischem Sinne als Erlebnis bezeichnet werden: eine tiefer greifende Beziehung zu seiner Dichtung kommt nur denjenigen unter den Momenten seines Daseins zu, welche ihm *einen Zug des Lebens* aufschließen. Und was nun auch dem Dichter aus der Welt der Ideen zufließen mag – und der Einfluß der Ideen auf Dante, Shakespeare, Schiller war sehr groß: alle religiösen, metaphysischen, historischen Ideen sind doch schließlich Präparate aus vergangenen grossen Erlebnissen, Repräsentationen derselben, und nur sofern sie die eigenen Erfahrungen dem Dichter verständlich machen, dienen sie ihm, Neues am Leben zu gewahren. Der Idealismus der Freiheit, wie ihn Schiller von Kant aufnahm, klärte ihm doch nur das große innere Erlebnis auf, in welchem seine hohe Natur im Konflikt mit der Welt ihrer Würde und Souveränität gewiß wurde.

Welche Mannigfaltigkeit von Modifikationen dichterischer Erfahrung muß sich hieraus entwickeln! Indem die griechischen Tragiker die innere religiöse Welt in dramatische Sichtbarkeit herausversetzten, entstand ein Ausdruck tiefsten Erlebens, der doch zugleich Darstellung einer mächtigen äußeren Tatsächlichkeit war, und eine Wirkung ohnegleichen muß hiervon ausgegangen sein. Wir erfahren etwas von diesen Wirkungen noch in den Oberammergauer Spielen und in unseren Oratorien. Shakespeare gibt sich einem von außen gegebenen Vorgang verstehend völlig hin; er legt sein eigenes Leben hinein, und so entstehen seine Menschen, die so mannigfaltig sind, wie die Natur sie darbietet, und so tief, wie Erleben reicht. Goethe bringt das persönliche Erlebnis, die bildende Arbeit an ihm selbst zum Ausdruck, und in diesem Verhältnis von Erlebnis und seinem Ausdruck tritt das der Beobachtung immer Verborgene am Seelenleben, sein ganzer Verlauf und seine ganze Tiefe heraus. Überall ist hier das Verhältnis von persönlichem Erlebnis und Ausdruck mit dem von äußerem Gegebensein und Verstehen in verschiedener Mischung miteinander verwebt. Denn im persönlichen Erlebnis ist ein seelischer Zustand gegeben, aber zugleich in Beziehung auf ihn die Gegenständlichkeit der umgebenden Welt. Im Verstehen und Nachbilden wird fremdes Seelenleben erfaßt, aber es ist doch nur da durch das hineingetragene eigene. Nur die Stärke und die Verbindung dieser Momente ist in den verschiedenen Modifikationen der dichterischen Erfahrung immer wieder eine andere. Auf diesen Grundlagen entwickelt sich die seherische Gabe des Dichters, die uns über uns selbst und die Welt, über die letzten erreichbaren Tiefen der Menschennatur und über die Fülle der Individualitäten belehrt. Es entstehen die zahllosen Formen dieser seherischen Begabung.

Indem auf dieser Grundlage ein Geschehnis zur Bedeutsamkeit erhoben wird, entsteht ein dichterisches Gebilde. Wie wir nun an einem Naturkörper seine chemische Zusammensetzung, seine Schwere, seinen Wärmezustand unterscheiden und für sich studieren, so sondern wir in dem darstellenden dichterischen Werke, dem Epos, der Romanze oder Ballade, dem Drama oder dem Roman voneinander Stoff, poetische Stimmung, Motiv, Fabel, Charaktere und Darstellungsmittel. Der wichtigste unter diesen Begriffen ist der des Motivs: denn im Motiv ist das Erfahrnis des Dichters in seiner Bedeutsamkeit aufgefaßt: in ihm hängt dieses daher zusammen mit der Fabel, den Charakteren und der poetischen Form. Es schließt die bildende Kraft in sich, welche die Gestalt des Werkes bestimmt. Wie in organischem Wachstum entwickeln sich von der Lebenserfahrung aus diese einzelnen Momente, die an der Dichtung unterschieden werden können: jedes derselben vollzieht eine Leistung im Zusammenhang des Werkes. So ist also jede Dichtung ein lebendiges Geschöpf eigener Art. Das höchste Verständnis eines Dichters wäre erreicht, könnte man den Inbegriff der Bedingungen in ihm und außer ihm aufzeigen, unter denen die sein Schaffen bestimmende Modifikation des Erlebens, Verstehens, Erfahrens entsteht, und den Zusammenhang umfassen, der von ihr aus Motiv, Fabel, Charaktere und Darstellungsmittel gestaltet.

Indem ich nun das Verhältnis von Leben, Lebenserfahrung, Phantasie und dichterischen Werken in Goethe auszusprechen suche, ergreift mich wieder vor allem die wunderbare Einheit und Harmonie in diesem Dasein. Es gibt in ihm kaum Rätsel und Dissonanzen. Dies Leben ist ein Wachstum nach einem inneren Gesetz, und wie einfach ist dies Gesetz, wie regelmäßig und stetig wirkt es! Aus seiner Anschauung von der bildenden Kraft der Natur schafft Goethe ihr das Leben nach, das der Gegenstand der Dichtung ist, und nach der hier gefundenen inneren Gesetzlichkeit formt er seine dichterische Welt und gestaltet sich selbst – dies beides in einem untrennbaren Zusammenhang.

Die Bedingung für dies außerordentliche Phänomen lag in der Geschichte des deutschen Geistes; von Luther und Leibniz ab arbeitete sie an einer inneren Harmonie von Religion, Wissenschaft und Dichtung, die auf der Vertiefung des Geistes in sich selbst und seiner Gestaltung aus dieser Tiefe beruht. So ist die weltgeschichtliche Kraft entstanden, deren einheitliche Wirkungen sich vom 18. Jahrhundert ab von Deutschland aus über Europa verbreitet haben. Diese Kraft erfüllte alle Schöpfungen der Zeit Goethes. In dem Herausholen eines Allgemein-Menschlichen aus den unbewußten Tiefen unseres Daseins war Goethe verbunden mit der Transzendentalphilosophie von Kant, Fichte und Hegel und mit der Instrumentalmusik Beethovens, und in dem Ideal der Gestaltung des Menschen aus dem inneren Gesetz seines Wesens war er eins mit denselben Philosophen und mit Schiller, Humboldt und Schleiermacher. Auf dem Boden dieser neuen Kultur entstand die dichterische Welt, die Goethe, Schiller und Jean Paul schufen, und die von Novalis und Hölderlin ab fortgebildet wurde.

Die ganze geistige Entwicklung Europas trat dann unter den Einfluß der neuen weltgeschichtlichen Kraft. Von dieser Stellung aus hat Goethe die höchste dichterische Aufgabe gelöst, das Leben aus ihm selber zu verstehen und so in seiner Bedeutsamkeit und Schönheit darzustellen. Die Dichtergabe ist in ihm nur die höchste Manifestation einer schaffenden Gewalt, die in seinem Leben selber schon wirksam war. Leben, Bilden und Dichten werden in ihm zu einem neuen Zusammenhang, der im wissenschaftlichen Studium seine Grundlage hat. Aus diesem Zusammenhang entspringt die Wahrheit, die reine Natürlichkeit, das lautere Sehen, die unbefangene Auslegung unseres Daseins, welche zum Vorbild aller nachkommenden Denker, Dichter und Schriftsteller geworden sind.

Ich greife zu einem vergleichenden Verfahren, um das Wesen dieser Poesie durch Verwandtschaft und Gegensatz sichtbar zu machen. Shakespeare und Goethe treten heute für uns als die beiden höchsten Kräfte der modernen Weltliteratur nebeneinander. Und eben sie repräsentieren, wie wir sahen, besonders bedeutsame Modifikationen der dichterischen Erfahrung und folgerecht der Menschendarstellung. Die beiden großen germanischen Seher, die am tiefsten dem Leben in sein unergründliches Antlitz geblickt haben, ergänzen einander, verwandte Naturen stehen ihnen zur Seite.

Lesehinweis zu Dilthey: Paul Gerhard Völker: Die inhumane Praxis einer bürgerlichen Wissenschaft. Zur Methodengeschichte der Germanistik. In: Das Argument 10 (1968) S. 431 – 454.

Hermann August Korff:

Geist der Goethezeit.
Aus Vorwort und Einleitung zur ersten Auflage* (1923)

Aus äußeren Gründen soll das vorliegende Werk in vier aufeinander-
folgenden Bänden erscheinen, von denen der erste dem Sturm und
Drang, der zweite der Klassik, der dritte der Frühromantik, der vierte endlich der Hochromantik gewidmet ist.

Es ist nicht unnötig, das vorauszuschicken, da durch diese Art seines Erscheinens die *eine* Grundidee des Werks nicht sinnfällig von
vornherein in die Erscheinung tritt. Denn seine sachliche Grundidee
ist die Darstellung der Zeit von 1770 – 1830 als einer großen, in sich
zusammenhängenden geistesgeschichtlichen Einheit und einer aus
sich selber folgenden Entwicklung eben jenes Geistes, den es als
„Geist der Goethezeit" bezeichnet. Es beruht auf der Überzeugung,
daß es für die Erkenntnis unserer klassisch-romantischen Dichtung
wichtiger ist, als immer wieder den Gegensatz zwischen Klassik und
Romantik zu betonen, die ihnen gemeinsame geistige Grundlage und
ihre Gesamtbedeutung innerhalb der deutschen, ja der europäischen
Geistesgeschichte ins Auge zu fassen.

Das Buch ist freilich keine Literaturgeschichte im eigentlichen Sinne. Wie sein Titel andeutet, zählt es nicht am Faden loser Zeitenfolge
die wichtigsten Denkmäler einer Dichtungsepoche auf, um dem damit
Unbekannten eine erste Vorstellung von den äußeren Tatsachen der
Geschichte zu vermitteln, sondern es versucht die gewissermaßen als
bekannt vorausgesetzten Tatsachen an dem Faden einer Idee zu ordnen, aus einer so geordneten Darstellung ihrer wesentlichen Erscheinungen den „Geist der Goethezeit" und aus diesem wiederum die großen Denkmäler unseres deutschen Schrifttums zu verstehen und verständlich zu machen.

Das Buch ist also mit Bewußtsein *Ideengeschichte,* nicht in dem üblichen Sinne Literaturgeschichte (deren Eigenrecht damit in keiner Wei-

---

* aus: H. A. K.: Geist der Goethezeit. Bd. 1. 8. Aufl. Leipzig 1966 (EA 1923).
  S. VIII f.

se angetastet werden soll). Aber es ist Ideengeschichte mit einem besonderen Rechte, weil auf der Auffassung beruhend, daß nur durch eine ideengeschichtliche Betrachtung unsere klassisch-romantische Dichtung wesenhaft zu erleuchten ist.

Allein die Durchführung sowohl der einen wie der anderen Grundidee ist vorderhand nicht mehr als ein Versuch, der weit davon entfernt ist, bereits als eine vollkommene Lösung der außerordentlichen Aufgabe gelten zu wollen. Denn es gibt Aufgaben, die man in ihren Einzelheiten überhaupt nicht eher wirklich übersieht, als bis man sie einmal praktisch zu lösen versucht hat. Und so gibt es Bücher, die schon dann ihre Aufgabe erfüllt haben, wenn sie die Wissenschaft durch einen vielleicht erst unzulänglichen Versuch zur allgemeinen Inangriffnahme einer neuen Aufgabe aufgerufen haben.

Das vorliegende Werk hält zwischen Wissenschaft und Leben eine mittlere Linie ein. Es wendet sich nicht *nur,* aber *auch* an die Wissenschaft und macht den Anspruch, in vielen Punkten Anregungen auch der Wissenschaft zu geben. In der Hauptsache wendet es sich allerdings an die gesamte bildungswillige Schicht der Nation, für die die Beschäftigung mit der klassischen Zeit des deutschen Geistes immer mehr ein lebendiges Bedürfnis geworden ist. Es setzt zwar eine anständige Kenntnis der klassisch-romantischen Literaturgeschichte voraus, nicht aber zugleich, daß jeder das einmal Gelesene auch gegenwärtig immer im Kopfe habe. Und die Dinge, von denen es spricht, bespricht es so, daß auch derjenige den Erörterungen folgen kann, der auf diesem Gebiete kein Fachmann ist.

Sein Ziel ist keine Extensivierung, sondern eine Intensivierung unseres historischen Wissens. Gemäß dem Faustworte strebt es nicht nach dem äußeren Erwerbe *neuen,* sondern nach dem inneren Erwerbe *alten* Besitzes, indem es ein tieferes Verständnis für die als solche wohlbekannten Schätze der deutschen Dichtung zu erwecken sucht. Und es geht auch hier von der Überzeugung aus, daß es nicht darauf ankommt, möglichst viel, sondern eher nicht zu viel, das wenige aber *zusammen zu sehen* und aus einander, das heißt aus einem gemeinsamen geistesgeschichtlichen Zusammenhange heraus zu begreifen.

Josef Nadler:

Nation, Staat und Dichtung* (1934)

Es ist eine Frage von entscheidendem Gewicht. Von ihr hing immer das Schicksal der Welt ab. Wir sagen Dichtung und meinen damit das gesamte geistige Leben an einem besonderen Fall. Und uns verlangt zu wissen, in welchem Verhältnis die nationale und die staatliche Gemeinschaft das geistige Leben bedingen.

Natio hängt mit nasci zusammen, geboren werden, und hat im Umkreis der lateinischen Geistigkeit ursprünglich die Herkunft durch Geburt bedeutet, die Abstammung, den Zusammenhang des Blutes mit einer Menschengruppe von Vorfahren und Seitenverwandten. Nation ist die Gemeinschaft von Menschen, die durch Zeugung und Geburt geschlossen wird. Wort und Begriff sind durch die staatsrechtliche Anschauung des europäischen Westens in einem Gedankenkreis verschoben worden, mit dem sie nichts zu tun haben. Der europäische Westen setzt das Wort mit der Gesamtheit der Staatsbürger gleich. Wieviel Unglück ist über die europäische Menschheit ausgegossen worden durch die westliche Sinnverwirrung dieses Wortes Nation. Man nennt die unfreiwillige Gesamtheit aller Bürger willkürlich zurechtgeschnittener Staaten Nation und legt ihnen ohne Unterschied die Pflichten auf, zu denen man nur geboren werden kann. Wie alles Leben so ist auch das Wesen der Nation in seinen letzten Tiefengründen der Vernunft und der verstandesmäßigen Erkenntnis unzulänglich. Nation ist Schicksal, Natur und liegt außerhalb des persönlichen Willens. Der einzige Vorgang, durch den Nation wesenhaft besteht, ist die immer neue Verflechtung durch die Abfolge der Geburten. Unter hundert Fällen schließen, sagen wir, immer neunzigmal Deutsche untereinander und Franzosen untereinander die Ehe. Nation ist also ein mehr oder minder dichtes Ahnengeflecht. Die innere

---

* aus: J. N.: Deutscher Geist/Deutscher Osten. Zehn Reden. München und Berlin 1937. S. 11 – 21. (Rede vom 16. 3. 1934).

Ahnendichtigkeit unterscheidet eine Nation von der andern. Die einzige Erkenntnismöglichkeit der Nation ist demnach die Familiengeschichte. Wenn Rasse sich mit Nation decken würde, so wäre sie am genauesten das, was die Nation bezeichnet. Sie deckt sich aber nicht und so können wir die verschiedenen Rassen nur als die Grundbestände der Nation bezeichnen. Allgemein also: Nation ist ein bestimmtes rassisches Mischungsverhältnis, ist innerhalb weiter Grenzen familiengeschichtliche Gemeinsamkeit des Blutes. Alles andere, was sonst als Wesensmerkmale der Nation angegeben wird, gehört nicht dazu. Denn alle diese angeblichen Wesensmerkmale sind willkürlicher Natur, gehören in den Bereich der persönlichen Willenswahl und können hier nicht mitzählen. Das gilt für das Klima ebenso wie für die Landschaft und die Sprache. Die Kanadier sind so gut Franzosen geblieben wie die Wolgakolonisten Deutsche. Und es hat ganze Nationen gegeben, die ihre Sprache gewechselt haben. Eine Nation verändert sich nur, wenn ihr Grundbestand an Blut sich wesentlich ändert. Klima, Landschaft und Sprache stehen dagegen in einem andern Verhältnis zur Nation. Klima und Landschaft sind äußere Bildungskräfte der nationalen Natur. Die Sprache aber ist der unmittelbarste Ausdruck des nationalen Geistes und des nationalen Gemeinbewußtseins.

Die Nation, so verstanden, ist der mütterliche Daseinsgrund alles dessen, was wir in dem Gesamterlebnis „Geistiges Leben" zusammenfassen. Man muß aber sofort ein vorbeugendes Wort sagen, damit kein Mißverständnis unsere Gedankengänge verwirrt. Genie an sich ist ein Mysterium. Und niemals wird es gelingen, das Geheimnis der schöpferischen Begabung vom Blut her oder durch ein besonderes Glück der Geburt verstandesmäßig begreiflich zu machen. Daß Dante oder Shakespeare oder Goethe in dieser irdischen Wirklichkeit erschienen sind, muß man als unerforschliches Geschehen hinnehmen. Aber mit dem Wie ihrer geistigen Erscheinung, mit der Haltung ihrer Natur, ja mit ihrer ganzen leiblichen Gestalt sind sie dem Blutsverbande gemäß, aus dem sie hervorgingen. Also nicht die Höhe aber die Art der geistigen Leistung verwirklicht sich aus den mütterlichen Tiefen der Nation. Und so ist es ein Dreifaches, in dem sich das eigentümliche Lebensgesetz der Nation offenbart: die naturhafte Gestalt des einzelnen, die überpersönliche Verwandtschaft ganzer Menschengruppen, die unbewußte Gemeinsamkeit der Nation über Raum und Zeit hinaus.

Alles was am einzelnen Dichter Urnatur ist, Trieb und Dämonie des

Lebens, was außerhalb seines Willens liegt und vielfach unterhalb seines Bewußtseins, kommt aus dem Urgrunde der Nation, aus irgendeinem ihrer Bezirke, auch wenn unsere Erkenntnis dazu keine sicheren Zugänge hat. Triebhaft und durch keine Erfahrung erworben ist bei Goethe jenes schauhafte Vermögen, das sich schon in der bezwingenden Gewalt seiner Augen offenbart, das Vermögen, den Dingen und ihren Lebenszusammenhängen auf den Grund zu blicken, vor dem Verstande her die Vielfalt des Lebens auf seine grundgesetzlichen Daseinsformen zu vereinfachen und beim Sprechen nicht Begriffe zu bilden sondern Bilder zu fassen. Triebhaft und jeder Bändigung durch die Vernunft entrückt ist bei Kleist das Grauen vor der Unentwirrbarkeit des Lebens, vor dem unentrinnbaren Zugriff einer außerweltlichen Macht, triebhaft in solchem Maße, daß der in die Enge Gescheuchte immer wieder zu dem Sprung in das Unerforschliche ansetzte und diesen Sprung schließlich mit der heiteren Zuversicht einer letzten Hoffnung tat. Triebhaft und jedem Heilverfahren unzugänglich ist bei Grillparzer der jähe Wechsel zwischen dem heißen Fieber schöpferischer Zuversicht und dem kalten Fieber des Ungenügens an dem Geschaffenen, die raschen Würfe nach dem Gelingen und das Unvermögen, dem eigenen Erfolge standzuhalten. Triebhaft und keinem Einspruch des künstlerischen Gefühls gehorsam ist bei Keller die Lust, zur heiligsten und ernstesten Handlung das Narrenglöcklein wenigstens leise mitklingen zu lassen. Überall dort, wo Erfahrenes und Erworbenes, wo Wille und Verstand, wo Überlieferung und Gesetz sich am Kunstwerk absondern lassen, stoßen wir auf die angeborene Natur und Dämonie des Blutes, die über die Familie zurück durch hundert Ahnen in den gemeinsamen Schoß der Nation führt. Wir haben die Oberfläche kaum angeritzt, wenn wir von der Nation als nur von einer Gemeinschaft der Sprache und Kultur sprechen. Sie ist das wahre Reich der Mütter, dem alles Einzelleben entstammt, wie es sich vor uns in allen Künsten und Gebilden des Geistes regt. Und es bleibt das Reich der Mütter, auch wenn wir es nur bis in die halbe Tiefe betreten können. Und wie sehr verwehrt es uns den Zugang, solange wir nach dem Geheimnis der Persönlichkeit fragen.

Um wieviel deutlicher sieht man diese bildenden Kräfte der Gemeinschaft, wenn man den Blick über den einzelnen hinweg auf einen größeren Umkreis richtet. Da erscheinen neben Goethe stammverwandte Denker wie Agrippa von Nettesheim, Nikolaus von Cues, Hildegard von Bingen, voneinander getrennt durch Jahrhunderte und doch alle begabt mit dem gleichen weltdurchdringenden Blick und ähnlichem Vermögen der Welterfassung. Da wird hinter Kleist der ganze deutsche Osten sichtbar, wie er mit dem Überweltlichen ringt, die einen vor Weltangst schaudernd, die andern sich in die Offenbarung des Todes flüchtend, jene bemüht die Welt mit der Kraft der Seele zu überfliegen, diese mit vernünftig kalter Hand das Geheimnis jenseits der Sinne entknotend. Da wachsen Grillparzer viele von seinesgleichen zu, fast ein ganzes Volk, alle demselben Seelenzustand verfallen, zur unrechten Stunde hoffnungsvoll, unzeitig verzagend, ausdauernd nur im ersten Schwunge, selbst inmitten des Erfolges die größten Zweifler. Und neben Keller wie viele Stammverwandte, Meister der spöttischen Gebärde, Liebhaber ernsthaften Lachens, Freunde der Narrenkappe auf dem Kopf des Nachbarn. Wir deuten ja hier ein Ganzes nur mit einzelnen Umrißlinien an. Unter wie vielen Gesichtspunkten könnten wir solche engere Gemeinschaften des Geistes und der triebhaften Haltung abgrenzen. Wie anders könnten wir all diese überpersönlichen Wesenszüge unter stammhaft Gleichen und Verwandten deuten als aus einer gewissen Gemeinsamkeit des Blutes! Die Nation bezeugt die Fülle ihrer bluthaften Abstufungen in einer ebenmäßigen Fülle stammhaft abgestufter schöpferischer Geister.

Das Äußerste und Letzte aber wäre völlig unbegreiflich, sei es als Zufall, sei es als Gesetz. Bei aller Vielheit der stammlichen Erscheinungen, auf einem weitgespannten Raume und durch ein volles Jahrtausend bleibt die deutsche Nation in allen ihren großen geistigen Schöpfungen und in dem, worauf es ankommt, im vollen Einverständnis mit sich selber. So unvereinbar oft auf den ersten Blick die verschiedenen Dichtungen eines Zeitalters erscheinen — Arno Holz neben Stefan George, Rilke und Spitteler, Carossa und Grimm —, so merkwürdig einheitlich ist die Haltung der gesamten deutschen Dichtung aufs Ganze und auf ihre wesentlichen Erscheinungen hin gesehen. Die deutsche Dichtung hat gemeinsame Züge. Bunt und verstandesmäßig kaum auf einen gleichen Nenner zu bringen ist nur die Vielheit ihrer künstlerischen Formen. Denn die stammt aus dem engen Zusammenleben mit fast allen großen Kulturnationen Europas. Aber alles, was nicht erworben werden kann, was erboren werden muß, was Ingenium ist, die Neigung des Herzens, die Richtung des Geistes, der Hochflug der Ideen, all das gibt den Deutschen aller Jahrhunderte und Erdräume ein ungefähres gleiches geistiges Gesicht. Die große deutsche Dichtung aller Zeiten kreist um das Gottgeheimnis der Welt. Sie ist eine Dichtung der Gottsucher, der Gottesprediger und Glaubenserneuerer. Urbäuerliche Triebe lassen in ihr das Mysterium der Natur und Gottes ineinander verschwimmen. Dieser Gottnaturdienst in all seinen gedanklichen, gefühlsmäßigen, kultischen Abstufungen beherrscht die ganze deutsche Lyrik. Die deutsche Dichtung und mit ihr der deutsche Geist wird beherrscht von der Frage nach dem Wesen der Sprache. Aus dieser sprachmystischen Inbrunst aller deutschen Jahrhunderte verstehen wir das leidenschaftliche Werben des deutschen Geistes um die Literaturen aller Völker. Kein anderes Volk hat so wie das deutsche fast alle großen Dichtungen der Weltliteratur in die eigene Sprache völlig eingebürgert, die Bibel wie Homer, Dante wie Shakespeare, Calderon wie Hafis. Die deutsche Dichtung anerkennt vom Nibelungenlied bis zu Carl Spitteler das Walten des Weltgesetzes und sie bekennt sich zur Idee des ewigen Werdens. Sie lebt von Wiedergeburt zu Wiedergeburt. Deutsche Dichtung, das ist der deutsche Jüngling. Als Jünglinge starben oder als Jünglinge verlöschten alle die Dichter, in denen das deutsche Volk seine schönsten Gleichnisse sieht. Und die Gestalt des Jünglings trägt durch alle Jahrhunderte den Hochgehalt der deutschen Dichtung. Und im Dichter selbst sieht sie den Seher und Führer. So sagt uns der große Gehalt der deutschen Dichtung das Dauernde und Gültige, das Gemeinsame und Verbindende des deutschen Wesens aus. Das gleiche sagt noch lauter und vernehmlicher die Legende vom deutschen Menschen, wie sie uns in allen Zeitaltern an den Helden der urbildlichen deutschen Dichtung entgegentritt. Die Gestalt Parzifals, des Ackermanns aus Böhmen um 1400, Till Eulenspiegels, des Simplicius, die Gestalt Fausts, der Prometheus Spittelers und der Paracelsus Kolbenheyers, das sind nach dem Schnitt ihres geistigen Gesichtes alle Brüder einer Familie. Die Nation erzeugt sich aus ihrem naturhaften Lebensvorrat und nach undurchschaubaren Gesetzen immer neue ihr gemäße Einzelwesen. Über alle Spielarten hinweg offenbart sie von Jahrhundert zu Jahrhundert ihren Lebenswillen in der gleichen Richtung. Alles, was geistiges Leben heißt, hat seine Wurzeln im Mutterboden der Nation und lebt aus den elementaren Gesetzen ihres Daseins. Nation ist Natur und wirkt sich triebhaft aus.

Staat ist ein junges europäisches Lehnwort aus dem Italienischen des frühen fünfzehnten Jahrhunderts. Es ist dem Abendlande erst durch Machiavelli geläufig geworden. Die Deutschen haben es bei sich an Stelle des universalen „Reich" nicht früher eingebürgert, als bis das Reich sich endgültig in seine selbständig gewordenen Lehensgebiete auflöste. Das war gegen Ende des achtzehnten Jahrhunderts. Begriff und Wort „Staat" im säkularen Sinne sind unter den Deutschen, die bis 1648 in der Vorstellung „Reich" lebten, eine westeuropäische Denkweise. Es hat für unsere Frage nur ganz untergeordnete Bedeutung, wie der lebhafte Meinungsstreit der Gesellschaftslehre Herkunft und Wesen des Staates faßt. Aber den Ausschlag gibt dieses: Nation ist die gemeinsame Substanz sowohl für die geistigen wie für die staatlichen Erscheinungsweisen. Geistesleben und Staatsform sind einander nebengeordnet und sie sind beide in gleicher Weise der Nation untergeordnet. Nation ist die Natur, aus der Geist und Staat gleichermaßen leben. Es handelt sich also um ein Wechselverhältnis zweier in sich geschlossener Lebenskreise, Geist und Staat, das seiner irdischen Erfüllung dort am nächsten ist, wo nationaler Geist und nationaler Staat zusammenfallen. Diese ideale Erfüllung setzen wir zunächst voraus.

Die Wechselwirkung zwischen geistigem und staatlichem Leben zielt vor allem auf einen Austausch der beiderseitigen Wertgüter. Der Staat macht die Dichtung aus einer persönlichen zu einer öffentlichen Angelegenheit. Der Künstler ist seinem Wesen nach bindungslos und eigensüchtig, dem Gesetz seiner Persönlichkeit verfallen und nur dem Auftrag seines Herzens verpflichtet. Es ist der Staat, der ihn als Glied in die heiligen Bindungen der Gemeinschaft und der Pflichten aller gegen alle einfügt. Das geht nicht ohne harte Lebensproben ab. Mit schmerzlicher Teilnahme verfolgen wir, wie Kleist sich aus dem Pflichtenkreise seines Vaterlandes löst, wie er seine eigenwillige Kometenbahn zieht, bis er an derselben Stelle in die Gemeinschaft seines Heimatstaates zurückkehrt, wo er sie verlassen hatte. Wie vieles mußte er hinter sich bringen, bis er in seinen letzten Dichtungen des Abschieds wie ein Selbsterlebnis das höhere Anrecht des Staates auf die Hingabe des einzelnen preisen konnte: im „Prinzen von Homburg" den Gehorsam und im „Michael Kohlhaas" das Gesetz. Und nicht viel billiger kam Gottfried Keller die gleiche Erkenntnis zu stehen.

Es ist der Staat, der den Dichter aus der ichbezogenen Einsamkeit seiner Gefühle in eine Mitwelt reißt, wo Teilnahme an gemeinsamen Freuden und Schmerzen höchstes sittliches Gesetz ist. Der Dichter mag diese Mitwelt wie immer nennen, es ist der staatliche Verband der wahren Notgemeinschaft, an dem diese Gemeinschaft unmittelbar und gegenständlich erlebt wird. Der Künstler ist seinem innersten Wesen nach auf leidende Schau der Welt gerichtet, auf ein Erlebnis, das ihn über die Dinge hinausrückt. Es ist der Staat, der ihn vor öffentliche Entscheidungen stellt und ihn zwingt, die ewige Gültigkeit seiner Gedichte an der Wirklichkeit zu bewähren. Staat ist frei gewählte weil jederzeit widerrufbare Unterwerfung unter eine Schicksalsgemeinschaft. Staat begründet geschichtliches Bewußtsein. Staat schafft Ideen und setzt Ziele der Verwirklichung. Sind wir mit der Nation durch den mystischen Kreislauf des Blutes verbunden, werden wir mit der Nation aus Urgründen des Lebens triebhaft bewegt, auf Höhen gejagt und in Tiefen gestürzt, mit dem Staat verknüpft uns die freie Entscheidung des Gewissens, der Wahrspruch der Vernunft und die Möglichkeit der umgestaltenden Tat. Die Gedankenwelt des Staates, seine mitverantwortliche Geschichte, seine großen Glückswenden erfüllen als gemeinsamer Gehalt die Dichtung und sie verpflichten den, der das Wort hat, zu einem unwiderruflichen Ja oder Nein. Das letzte und höchste Wort aber hat der Dichter, wenn Bürgerschaft und Dichter ihr Verhältnis zueinander an den Werten messen, die ewig und unveräußerlich sind. Der Staat braucht einen Herold, der das, was geschieht und geschehen soll, aus der verworrenen Sprache des Tages in das Wort von der Endschaft aller Dinge übersetzt. Und nun dieses Verhältnis zwischen Staat und Dichtung von der anderen Seite. Der Dichter hat das zweite Gesicht des Kommenden, die schaffende Kraft des Gedankens und die Magie des mitreißenden Wortes. Von ihm springen die staatverwandelnden Ideen auf die Masse über und laden sie zur Tatbereitschaft. Wir wissen, wie sehr die staatliche Erhebung Preussens und Österreichs 1813 gedanklich und gefühlsmäßig ein Werk der Dichtung im engern, der Literatur im weiteren Sinne war. Wir könnten in allen Einzelheiten nachzeichnen, wie das zweite und wie das dritte Reich der Deutschen, den staatsmännischen Schlußhandlungen weit voraus, geistigen Vorgängen entstiegen ist, die von der Literatur bestritten wurden. Und daß die eidgenössischen Staatswandlungen des achtzehnten und neunzehnten Jahrhunderts ihre entscheidenden Antriebe vom geistigen Leben, ja gerade von der Dichtung her empfingen, darf wohl als ausgemacht gelten. Der Dichter prägt, der Verwirklichung voraus, suggestive Monarchenideale, fortreißende Staatsgedanken, emporziehende Urbilder. Man denke an Stefan George, der eine ganze Jugend durch seine Idee von Herrschaft und Dienst, durch seinen Hochgedanken des Führertums bereit und reif gemacht hat. Aber der Dichter als Seher und Vorausdenker ist auch ein gnädiger Vorbereiter des Herzens auf die kommenden Katastrophen. Franz Grillparzer hat in seine geschichtlichen Tragödien das Gemeingefühl des nahenden Unterganges der Monarchie lange zuvor aufgefangen, ehe er sich ereignete, und damit jene fatalistische Stimmung erzeugen helfen, die den Gang der Dinge unabsehbar beeinflußte. Der Dichter gibt dem vernunftgeordneten Leben des Staates aus den triebhaften Tiefen der Nation Blut und Farbe, den Schwung der Leidenschaft und die Wärme des erlittenen Daseins. Der Dichter verwandelt die Zweckhaftigkeit des Staatsverbandes in Schönheit. Der Dichter braucht einen Spielraum für die Verwirklichung seiner Gesichte. Dieser Spielraum ist der Staat.

Die Wechselwirkung zwischen geistigem und staatlichem Leben zielt sodann auf die Vereinigung der gemeinsamen Aufgaben. Die Menschen können nur durch Zusammenlegung und wechselseitige Ergänzung ihrer Kräfte ihre geistigen Anlagen entfalten und Kultur begründen. Das gilt für die geistige Gemeinschaft der Schaffenden ebenso wie für den bürgerlichen Staatsverband. Die Gesamtheit der Künstler gibt dem Staat durch die Lebensgüter, die sie schafft, letzte Erfüllung und höchsten Sinn. Und der Staat gewährt dem künstlerischen Schaffen Ordnung, Schutz und Dauer. Der Nation als einer naturhaften Ganzheit stehen nur idelle Machtmittel zu Gebote. Die materiellen Mittel, deren die Kunst bedarf, findet sie nur beim Staate. Freilich macht hier die Staatsform und die Gestalt, in der sich die jeweilige Befehls- und Zwangsgewalt verkörpert, wesenhafte Unterschiede. Die Monarchie wie der Führerstaat schafft Mittelpunkt und Kunstapparat, gibt die Richtung und stellt Aufgaben. In einem Kopf reifen große Kulturentwürfe — man denke an Karl den Großen, an die Stadtfürsten der italienischen Renaissance, an Zar Peter von Rußland — und der eine sichert die planmäßige Ausführung. Diese Staatsform bewirkt Auslese und setzt Normen. Sie gibt dem Dichter die Stellung des Ebenbürtigen und des Gefährten auf der Menschheit Höhen: Klopstock in Kopenhagen, Voltaire in Berlin, Goethe in Weimar, Wagner in München. Sie bestimmt den Gehalt und den Stil. Sie fördert die monumentalen und standesgemäßen Dichtungsgattungen. Über vielerlei Spielformen hinweg haftet unser Blick auf dem Gegenpart, dem demokratischen Freistaat. Da dieser keinen dem Gesamtwillen übergeordneten Machtpol hat, so ist auch kein Platz für einen geistigen Gegenpol da. Im freien Volksstaat ist der Dichter dem Bürger eingeordnet. Und der freie Volksstaat betont notwendig den Gehalt über die Form und setzt an Stelle hierarchischer Stilordnungen die freie Mannigfaltigkeit des persönlichen Ausdrucks oder die Norm des staatsbürgerlich Gleichmäßigen. Monarchie und Führerstaat gewährleisten die vollkommenste Art des Zusammenwirkens von Staat und Dichtung. Denn sie gründet sich auf Dauer, Machtfülle und Lebenswärme der Persönlichkeit. Der demokratische Freistaat ist im Nachteil, weil er den Dichter einem unpersönlichen Staatsbegriff und dem vielköpfigen Geschmackswillen der Menge Volk gegenüberstellen muß. In der Tat. Um nur vom Lebensraum des deutschen Volkes zu reden: die hohen Zeiten der deutschen Kunst, Musik und Dichtung folgten in rhythmischem Ablauf den deutschen Einzelstaaten, wie sie sich in den glanzvollen Hofstädten kunstbegabter Fürstenhäuser verkörperten. [...]

Lesehinweis zu Nadler: Walter Muschg: Josef Nadlers Literaturgeschichte. In: W. M.: Die Zerstörung der deutschen Literatur. 3. Aufl. Bern 1958. S. 283–302.

Walther Linden:

Deutschkunde als politische Lebenswissenschaft – das Kerngebiet der Bildung!* (1933)

Eine entscheidende Umwälzung hat sich in Deutschland vollzogen; sie hat das gesamte deutsche Leben ergriffen und strahlt heute bereits weit über die Grenzen des Reiches hinaus. Vor dieser gewaltigen Geschichtsbewegung versagt jedes nur äußerliche Bekenntnis, wird jedes Konjunkturstreben zur Lächerlichkeit. Denn diese Bewegung ist *von innen her* gekommen und empfängt aus den unerschöpflichen Tiefen ewigen Deutschtums ihre siegesgewisse Kraft: sie ist ein *neuer Durchbruch deutschen organischen Geistes,* die endgültige Überwindung jener von westeuropäischem und jüdischem Geiste getragenen liberal-rationalistischen Aufklärung des 19. Jahrhunderts. Eine Epoche, die liberale Aufklärungszeit von 1830 – 1933, ist zu Ende; ein neues Zeitalter ist angebrochen.

Das Geschichtsbild der deutschen Geistesentwicklung weist immer wieder die Abwechslung von sieghaftem Durchstoß des Deutschen und westeuropäischer Überfremdung auf. *Sechsmal* ist der deutsche Wille und Geist durchgestoßen: im *Germanentum,* das die antike Welt erneuerte, im *Rittertum,* das keine „französische", sondern eine durchaus germanische Bildung darstellt (erst die rassenkundliche Betrachtung enthüllt den germanischen Kern des ritterlichen Nordfrankreichs), in der *Mystik*, die eine neue, ganz germanische Frömmigkeit schafft – das sind die drei Durchbrüche im mittelalterlichen Bereich. Die Entwicklung des modernen Geistes bringt drei neue Durchbrüche: die *Reformation*, den *deutschen Idealismus der Goethezeit* und den *Nationalsozialismus*. In dieser Betrachtung wird jener Ausblick in die Jahrhunderte und Jahrtausende verständlich, der Hitlers gesamtes Denken und Schaffen kennzeichnet.

Der neue Durchbruch deutschen organischen Geistes ergreift alle Lebensgebiete und schmelzt sie zu einer neuen sinnerfüllten Einheit um.

* aus: Zeitschrift für Deutschkunde 47 (1933) S. 337 – 341.

Auch die Wissenschaft erhält einen ganz neuen Antrieb und wirft die Merkmale westeuropäisch-rationalistischer Überfremdung ab. Die neue Wissenschaft faßt die seit langem sich regenden und emporverlangenden Antriebe organisch-synthetischer Art einheitlich zusammen und wird zu einer *Lebenswissenschaft deutsch-organischer Art.* Der gewaltige Kampf, den der Natur- und Geistesforscher Goethe einst gegen den toten Newton führte, um der organisch-dynamischen Wissenschaft echt deutscher Art das Lebensrecht gegenüber der in westeuropäischem Sinne rationalistischen Wissenschaft der Zerfaserung und Atomisierung zu erkämpfen, dieser gewaltige Kampf, der vor 100 Jahren mit der Niederlage deutschen Geistes endete, wird heute zu einem siegreichen Abschluß geführt werden.

Organische Wissenschaft in Goethes Sinne hat folgende Kennzeichen:
1. Sie bekämpft die falsche „Objektivität" und den Glauben an eine „absolute" Wissenschaft. Sie weiß, daß der Mensch zuerst *lebt* und dann erst *erkennt, daß nur heißes inneres Erleben* den Gehalt einer Geisteswissenschaft gibt, daß alles von innen her kommen muß.
2. Sie weiß aber auch, daß die Subjektivität geläutert und gereinigt werden muß, daß *Sachverantwortung* und *Gewissenhaftigkeit* unverlierbare Kennzeichen des wissenschaftlichen Menschen sind. Die Problematik eines jeden Geisteswissenschaftlers liegt im *Kampf zwischen Leben und Geist,* Erleben und Abstandnehmen, innerem Anteil und sachlicher Wesensfindung. Organische Wissenschaft ist nichts Gegebenes, sondern ein schwer Erkämpftes, nicht ein Geschenk des Verstandes, sondern ein Siegespreis des *ringenden Menschen.*

Die kampfbereite Menschlichkeit des Forschers aber, das ist unsere tiefere Erkenntnis gegenüber der Goethezeit, muß mit *allen Volksschicksalen und Gemeinschaftsfragen* tief innerlich *verbunden* sein. *Alle Geistestätigkeit wurzelt im Gemeinschaftserleben, nicht im Individuellen* – dies ist der richtunggebende Grundsatz organischer Wissenschaft. Kunst und Dichtung und Musik, Religion und Recht und Politik, Wirtschaft und Gesellschaft gründen im Gemeinschaftsschicksal und können nur von ihm aus verstanden werden. Gerade in der Betrachtung der Dichtung, Kunst und Musik muß der ästhetisch-individualistische Gesichtspunkt durchaus überwunden werden: „Ästhetisches" gibt es nur, wo die lebendige Ganzheit eines organischen Gemeinschaftslebens zerfallen ist und die einzelnen Bestandteile zu unorganischer Vereinzelung freigibt. Die Deutschkunde im neuen deutsch-organischen Sinne ist damit eine durchaus *realistische* Wissenschaft, nicht im Sinne eines westeuropäischen Empirismus und Positivismus, sondern in dem arteigenen Sinne, daß sie auf die große *Lebensganzheit* gerichtet ist und, unter Überwindung des einseitig Ästhetischen, das *Politisch-Nationale* und *das Religiöse* zu entscheidender Bedeutung kommen läßt. Das Politisch-Nationale: denn alle Geistestätigkeit ist mit den Erlebnissen der Gemeinschaft tief verbunden; das Religiöse: denn das Leben ist nicht reine Ideenverkörperung, sondern mit göttlichen Fügungen und Verhängnissen durchsetzt; was wir erleben, sind Gemeinschafts*schicksale,* und alles Schicksal ist eine verhängte Wirklichkeit, in der wir das Überwirkliche anzuerkennen haben.[1]

Damit ist die *politisch-geschichtliche Wendung* der „Deutschkunde" gegeben. In ihrer methodischen Zielsetzung hat die Deutschkunde drei Entwicklungsstufen durchlaufen: eine erste, die im wesentlichen *stoffartig* bestimmt war und das Wort „Kunde" in den Vordergrund rückte – Wissen und Kenntnis von den Schöpfungen deutschen Geistes standen hier im Vordergrunde, obschon eine tiefere Lebensbeziehung angestrebt war; eine zweite, *geistesgeschichtlich* bestimmte, welche die äußere Kenntnis zu einer inneren Seelenbeziehung vertiefte und die lebendige Ganzheit der deutschen Geistesentwicklung in den Mittelpunkt stellte, sie aber fast nur in den *geistigen* Schöpfungen suchte, auch suchen *mußte*, da sie, inmitten der Jahre 1918 –33, von einem lebendigen und arteigenen Staatsleben abgeschnitten war; eine dritte, die wir jetzt zu schaffen im Begriffe sind, und die nun vom *Politischen, Geschichtlichen* und den *religiösen Gemeinschaftsbeziehungen* her ihre Bestimmung erhält. Die *neue Deutschkunde* überwindet die Restbestände ästhetisch-individualistischer Anschauung; sie ist nicht mehr vom Staatsleben getrennt und in eine reingeistige Vereinzelung zurückgeworfen; ihr innerstes Leben ist mit den großen Volksschicksalen verbunden, und diese *Schicksale, die staatlich-geschichtlichen Schicksale* einer großen Volksgemeinschaft ste-

---

1 In der gedrungenen Kürze eines Aufrufs dieser Art können die methodischen Fragen der „organischen Wissenschaft" nur andeutungsweise dargestellt werden. Eine ausführliche Begründung dieser neuen Methodik findet sich in meiner kürzlich erschienenen Schrift *„Aufgaben einer nationalen Literaturwissenschaft"* (München 1933, Beck).

hen ihr im Vordergrunde. Das Übergeordnete ist nicht der Geist, sondern der *Wille*, nicht der Gedanke oder selbst das gestaltete Kunstwerk, sondern die *Tat*. So wird die Deutschkunde aus einer ideenhaften Geisteswissenschaft zu einer *politisch durchbluteten Lebenswissenschaft*, zu einer aus machtvollem Erleben, in kämpferischem Geiste und doch aus tiefster Sachverantwortung gestalteten Wissenschaft vom deutschen Leben, deutschen Schicksal, deutschen Gottringen, von Sieg und Niederlage im Völkerkampf und von den großen künstlerischen Widerspiegelungen dieser Gemeinschaftsschicksale in der großen und echten Dichtung, Kunst, Musik und Metaphysik.

Sachverantwortung ist eine unerläßliche Forderung, in der der wissenschaftliche und der Tatmensch sich berühren: wir wollen uns nichts vormachen; wir wollen nicht mit patriotischen Phrasen beschönigen; wir wollen uns in erster Linie immer und immer wieder die *ungeheuren Gefahren des deutschen Volksschicksals* vor Augen halten. Wir von heute sind nicht minder als alle deutschen Geschlechterfolgen vor uns *gefahrenumdrohte Menschen:* so wollen wir denn *heroische Menschen* sein. Auch aus der Wissenschaft und Erziehung muß der *bürgerliche* Geist der Sicherheit, Behaglichkeit und Kriegsfeindlichkeit weichen; der *heroische* Sinn der Kampfbereitschaft, des ewigen Ringens mit den großen Welt- und Gemeinschaftsfragen muß seinen Einzug halten. Wissenschaft ist weder ein Ruhebett für bürgerliches Sicherheitsbedürfnis, noch eine Tanzfläche für die Unruhe nihilistischer Geister, sondern ein Kriegslager für ringende Lebensmenschen, die zu jedem Einsatz für ihre Volksgemeinschaft bereit sind. Es ist eine grundlegende Erkenntnis, daß der neue Geist der Wissenschaft einen *völlig neuen Menschen verlangt*.

Die Deutschkunde hat damit aufgehört, in die grundsätzliche Trennung des Theoretischen und Praktischen einbezogen zu sein, die der westeuropäische Rationalismus aufgestellt hat und die schon Goethe bekämpfte. Das „Erkennen” im neuen Sinne und seine lebendige Auswirkung sind tiefinnerlich verbunden und letzten Endes untrennbar. *Wissenschaft* und *Erziehung* sind zu einer schöpferischen Einheit geworden. Damit ist auch der Erziehungsstil ein grundsätzlich anderer geworden. Der deutschkundliche Unterricht an den höheren Schulen, an sich schon seit längerer Zeit auf Lebenserziehung statt auf Wissensvermittlung gestellt, muß nun ganz das *Lebensgestalterische des neuen Gemeinschaftsmenschen* als Kernziel setzen. Damit wird etwas völlig

Neues ins Leben gerufen: es gilt ja nicht mehr, Individualerlebnisse, „Persönlichkeits"fragen (im Sinne der alten humanistischen „Persönlichkeit") auf den jungen ringenden Menschen zu übertragen, sondern vielmehr das *heroische Volksschicksal in seiner ungeheuren Kraft und Tiefe zum aufwühlenden Erlebnis werden zu lassen* und aus diesem aufwühlenden Erlebnis den *tatbereiten Gemeinschaftswillen emporwachsen zu lassen.* Der *heroisch-politische Erzieher* — ein „Propagandaminister" im Kleinen — das ist der neue Erziehertyp, den die verwandelten Verhältnisse des deutschen Lebens und die neue Wissenschaftseinstellung fordern.

Die solchermaßen gestaltete, aus deutsch-organischem Geiste geborene, mit dem Politisch-Nationalen und dem Religiösen innerlich tief verbundene Deutschkunde als Einheit von Wissenschaft und Erziehung hat ein großes Recht und einen unwiderleglichen Anspruch: den Anspruch, das *Kerngebiet deutscher Bildung in Schule und Hochschule* zu sein. Zu dem artfremden liberal-rationalistischen Wissenschaftsbegriffe gehörte auch die Anschauung von der demokratischen Gleichberechtigung aller Wissenschaften im Rahmen der Universität: das Eheleben der Fidschiinsulaner und die großen deutschen Volksschicksale standen grundsätzlich auf gleicher Stufe. An die Stelle dieser falschen Gleichberechtigung hat schärfste *Wertung* zu treten. Die Wissenschaft von deutscher Geschichte, deutschem Gottgefühl, deutschem Geistesleben und deutscher Wirtschaft, Gesellschaft und Technik gehört in den Mittelpunkt. Sie ist Kerngebiet, da sie das Arteigene zum Bewußtsein bringt und da sie die beste Möglichkeit bietet, Grundlegendes und Wertvolles in wissenschaftlicher Hinsicht zu schaffen. Die Deutschkunde ist ja das Wissenschaftsgebiet, das unsere *tiefsten Erlebnisse* einschließt, wo Wissenschaft in Wahrheit aus lebendigstem Leben heraus geboren und damit in wahrem und echtem Sinne „Wissenschaft" wird. Damit wird die Deutschkunde zugleich zum *Kerngebiet der Erziehung.* Nicht mehr Verstandesmenschen und Wissenstheoretiker, sondern schöpferische Lebensgestalter, immer *kampfbereite Träger deutscher Geistesart, willensharte und tatentschlossene Verfechter deutscher Volksziele* sollen Hochschule und Schule bilden. Sie sollen nicht ein totes Wissen *um* eine dann tot und leer bleibende Vergangenheit vermitteln, sondern die große, unendlich schicksalsreiche Vergangenheit deutschen Wesens zu neuer lebendiger Wirkung wecken: sie sollen den werdenden Menschen klar und fest in die Gemeinschaftsentwicklung einwurzeln und ihm so die Kraft verleihen, aus dem arteigenen Geiste einer jahrtausendealten germanischen Überlieferung schöpferische Zukunft germanischen Wesens zu erbauen.

Vor allem die neue Hochschule muß werten und unterscheiden. Sie soll nicht einseitig werden – das neue völkische Erleben ist viel zu stark und lebensverbunden und innerlich maßvoll wie alles Lebendige, als daß es sich einer befangenen Einseitigkeit oder gar einer äußerlichen Tendenz auszuliefern brauchte. Die Hochschule soll aber auch nicht vermengen und vermischen, wie es der liberale Rationalismus liebte. Eine große Stunde ist da und verlangt ihre Erfüllung. Die *Deutschkunde im neuen organisch-realistischen Geiste und mit politisch-heroischer Zielsetzung,* als *Wissenschaft von den großen Gemeinschaftsschicksalen unseres Volkes* und als *Erziehung zu einem kampfentschlossenen und opferbereiten Gemeinschaftswillen,* muß als *Kerngebiet lebendiger Bildung* in den Mittelpunkt der Schule und Hochschule gestellt werden!

Lesehinweis zur „Deutschkunde":
Eberhard Lämmert: Germanistik – eine deutsche Wissenschaft. Frankfurt am Main 1967. S. 7 – 41.

Wolfgang Kayser:

Der Gegenstand der Literaturwissenschaft* (1948)

Es gibt Wissenschaften, die eindeutig einen bestimmten Gegenstandsbezirk zugeordnet sind. So gehört alles, was die Welt der Töne ausmacht, zur Musikwissenschaft. Aber es gibt auch Gegenstände, die in
den Herrschaftsbereich mehrerer Wissenschaften fallen. Ein Wand etwa kann Gegenstand für die Botanik, die Geographie, die National-
ökonomie sein; die Einheit der jeweiligen Wissenschaft ist dann durch
eine besondere Blickrichtung gegeben.

Die Wissenschaft von der Literatur scheint mit dem Ausdruck Literatur den ihr eigenen Gegenstand anzugeben. Aber was heißt Literatur?
Dem Wortsinn nach umfaßt sie alles Sprachliche, das durch Schrift fi-
xiert ist. Nun ist unverkennbar, daß es andere Wissenschaften gibt, die
ganz oder überwiegend „Literarisches" zu ihren Gegenständen haben.
Ein juristischer oder religiöser Text, ein Wörterbuch, ein Handelsbrief —,
sie gehören offenbar nicht zu den Gegenständen der Literaturwissenschaft. Wenn diese überhaupt eigene Gegenstände hat und nicht nur
durch eine besondere, einheitliche Blickrichtung konstituiert wird, so
müssen sie eine engere Gruppe innerhalb der „Literatur" bilden. Das
18. Jahrhundert zog eine klare Grenze um einen solchen Bezirk, den
sie „Poesie" nannte: die Grenze bildete der Vers, und wer Verse machte, war ein Poet oder Dichter. Noch Schiller bezeichnete den Roman-
schriftsteller als den „Halbbruder" des Dichters. Aber im 18. Jahrhundert häuften sich nun auch die Zweifel, ob der Vers wirklich ein solches Kriterium darstelle, ob er die Kraft habe, Dichtung und Nicht-
Dichtung zu sondern. Für die deutschen Romantiker sind Märchen und
Romane die „poetischsten" Gattungen, und ein Shelley formuliert den
Satz: "The distinction between poets and prose-writers is a vulgar error."
Tatsächlich stehen für uns heute Prosaisten wie Flaubert, Dickens, Keller,

---

* aus: W. K.: Das sprachliche Kunstwerk. 13. Aufl. Bern u. München 1968.
  (EA 1948). S. 12 – 17.

Stifter u. s. f. wesensgemäß auf einer Stufe mit den Versdichtern. Ob ein Drama in Versen oder in Prosa geschrieben ist, das scheint uns, und mit Recht, irrelevant für sein Wesen als Dichtung. Es wäre absurd, sollten wir erst der letzten Fassung der *Iphigenie* die Eigenschaft als Dichtung zuerkennen oder das namhafteste Drama der portugiesischen Literatur, den *Frei Luiz de Sousa* von Almeida Garrett für immer ausschließen, weil sich sein Autor nach einigem Schwanken doch zur Prosa entschloß. Und sollten wir einen Teil von Molières Komödien zur Dichtung rechnen, weil sie in Versen geschrieben sind, die anderen aber nicht? Seine *Princesse d' Elide* zerreißen, deren erster Akt versifiziert ist, die folgenden aber – aus Zeitmangel, wie Molière anmerkt – nicht mehr? Und schließlich bei Shakespeare die einzelnen Szenen zerstückeln? Ein großer Teil des Theaterpublikums hört nicht einmal mehr, ob ein Drama in Versen oder in Prosa vorgetragen wird (was übrigens ebensosehr Schuld der Hörenden wie der Sprechenden ist). Andererseits sind für uns versifizierte Lehrgedichte in der Art von Lucrez' *De natura,* mittelalterliche gereimte Chroniken, Essais in Versen dadurch noch nicht als echte Dichtung legitimiert. Seit der Romantik sind die Wörter Dichtung und Dichter von einem Bedeutungswandel ergriffen worden, ein Prozeß, der sich in den germanischen Sprachen schneller abspielt als in den romanischen.

So eng Dichtungen in Prosa und in Versen zusammenrücken, so deutlich bleiben sie für unser Empfinden von einem wissenschaftlichen, juristischen Text u. s. f. getrennt. Es reicht nicht zur Grenzziehung aus, wollten wir sagen, daß die einen der Phantasie des Autors entspringen, die andern nicht. Englische Romantiker haben in diesem Sinne in der Phantasie ein Phänomen sehen wollen, das konstituierend für die Dichtung sei. Aber auch der Wissenschaftler braucht Phantasie, und wer wollte entscheiden, ob die eines Historikers, etwa einen Althistorikers, wesensverschieden oder auch nur geringer sei als die eines Dichters, der ein historisches Drama schreibt oder einen schon vielfach behandelten literarischen Stoff von neuem bearbeitet. Auf jeden Fall ist damit kein Kriterium zu gewinnen, das die Absonderung eines engeren „literarischen” Bezirks erlaubte.

Um das zu erreichen, muß man davon ausgehen, daß jeder zur Literatur im weiteren Sinne gehörige Text ein durch Zeichen fixiertes Gefüge aus Sätzen ist. Die aneinandergereihten Sätze in dem Übungstext einer Grammatik, in denen irgendeine Regel geübt werden soll, sind kein Gefüge, ein literarischer Text immer. Die Satzgefüge tragen ein Gefüge von Bedeutungen. Es liegt in dem Wesen der Sprache, daß Wörter und Sätze „bedeuten". Hier aber ist die Stelle erreicht, wo sich die Eigenheit des literarisch-dichterischen Textes gegenüber jedem anderen enthüllt. „Trübe Wolken, Herbstesluft" — diese beiden Sätze könnten wir uns als Teil eines aufgezeichneten Alltagsgespräches denken, etwa zwischen zwei Menschen, die sich über Wetter und Jahreszeit unterhalten. Die Bedeutungen, die von den Sätzen getragen werden, beziehen sich dann auf Sachverhalte, die unabhängig von den Sprechern existieren, die zur Realität gehören. (Realität umfaßt hier nicht nur sinnlich wahrnehmbare Gegenstände, sondern auch „Abstrakte", auch die idealen Gegenstände der mathematischen Sprache wie Punkt, Linie, Dreieck u. s. f.) In unserm Beispiel sind es ganz bestimmte reale Sachverhalte: daß jetzt trübe Wolken am Himmel sind und die Luft herbstlich ist. Lesen wir die Zeile aber an ihrem wirklichen Ort, nämlich als erste Zeile des Gedichtes *Herbstentschluß* von Nikolaus Lenau, so haben wir sie ganz anders zu nehmen, oder wir verfehlen völlig ihren „Sinn". Da beziehen sich die Bedeutungen nicht mehr auf reale Sachverhalte. Die Sachverhalte haben vielmehr ein seltsam irreales, auf jeden Fall ein durchaus eigenes Sein, das von dem der Realität grundsätzlich unterschieden ist. Die Sachverhalte oder, wie wir auch sagen wollen, die Gegenständlichkeit (die natürlich auch Menschen, Gefühle, Vorgänge umfaßt) ist nur als Gegenständlichkeit dieser dichterischen Sätze da. Und umgekehrt: die Sätze der Dichtung schaffen sich ihre eigene Gegenständlichkeit. Über das reale Wetter lassen sich unzählige Feststellungen treffen. Die Gegenständlichkeit in der Gedichtzeile ist nur von den sie tragenden Sätzen konstituiert, und die Bindung ist in diesem Fall so eng, daß die Welt des Gedichtes, daß das Werk ein anderes werden würde, änderten wir auch nur etwas an der Sprache, etwa den Klang, die Betonungen, die Pause, die Länge der Zeile.

So sind zwei Kriterien gewonnen, um aus der Literatur im weiteren Sinne einen engeren Bezirk abzusondern. Das besondere Vermögen solcher literarischen Sprache, eine Gegenständlichkeit eigener Art hervorzurufen, und der Gefügecharakter der Sprache, durch den alles in dem Werk Hervorgerufene zu einer Einheit wird. Was auch noch in dem Gedicht Lenaus an Gegenständlichkeit sichtbar werden mag, es liegt innerhalb des Horizontes, der mit der ersten Zeile gegeben wurde.

Der so herausgehobene Bezirk läßt sich mit dem Ausdruck bezeichnen, der schon von früheren Zeiten verwendet wurde: wir sprechen von ihm als der „Schönen Literatur". Die Grenzziehung mag im einzelnen Falle schwer fallen. Aber selbst wenn ein breiter Streifen Grenzland zugestanden wird oder die Leichtigkeit zugegeben, mit der wir hin- und herüberspringen (indem wir unser Bild einer Landschaft, einer Stadt dem vom Werk hervorgerufenen darüber legen, und wer hätte noch nicht ein Gedicht so gelesen, als sei es für seine augenblickliche Situation gemeint?), so nimmt das nicht die Berechtigung, von der Schönen Literatur als einem Sonderbezirk zu sprechen. Der Vers aber, der eben als äußeres Kriterium entthront werden mußte, kann nun wieder in seiner Würde eingesetzt werden. Denn die Affinität, die die Schöne Literatur zum Verse besitzt und so sehr, daß der Vers gewöhnlich schon zur Zuerkennung des Dichtungscharakters genügt, erklärt sich daraus, daß er besondere Energien enthält, die bei dem Hervorrufen einer eigenen Gegenständlichkeit helfen. Es ließ sich eben an der Zeile aus Lenau erkennen, wie wirksam die Pause, die Betonungen, die Länge und versgerechte Gliederung der Zeile an dem Aufbau und der Artung der dichterischen Welt mitwirken.

So dürfen wir also sagen, daß die Schöne Literatur der eigentliche Gegenstand der Literaturwissenschaft ist und daß dieser Gegenstand von hinreichender Eigenart gegenüber allen anderen Texten ist.

Gegen diese Auffassung haben sich Bedenken erhoben. Der eifrigste Verfechter einer engeren Abgrenzung des Gegenstandes ist der italienische Philosoph Benedetto Croce, der seine Auffassung am übersichtlichsten niedergelegt hat in dem Werk *La Poesia. Introduzione alla Critica e Storia della Poesia e della Letteratura.* Croce sondert die Poesie streng von der Literatur. Die „espressione letteraria" ist ein Phänomen der Zivilisation und der Gesellschaft, ähnlich wie die Höflichkeit. Sie besteht in der Harmonisierung der espressioni non poetiche (wie „le passionali, prosastiche e oratorie o eccitanti") mit der espressione poetica. Die Literatur hat also keine eigene Substanz, sondern ist die schöne Einkleidung des Subjektiv-Gefühlvollen, des Rednerischen, des Unterhaltenden und des Lehrhaften, die Croce als die vier Klassen der Literatur nennt. Man könnte dieser Sonderung an sich zustimmen, wird aber überrascht durch das, was nach Croce alles nicht zur Dichtung gehört, von ihr durch einen Abgrund getrennt ist. Da erscheinen nicht nur Redner, Wissenschaftler, insbesondere Historiker, da erscheinen auch Horaz, Fielding, Manzoni,

Scott, Victor Hugo, da erscheinen Schillers *Wilhelm Tell,* Camoes, Byron, Musset, Molière. An ihnen allen wird also das Phänomen des Dichterischen nicht (oder nur stellenweise) sichtbar, sie bleiben von den Gegenständen der Critica e Storia della Poesia ausgeschlossen.

Damit aber zeigt sich wohl doch, daß Croces Bestimmungen des Literarischen einerseits und des Dichterischen andererseits (Identität von Inhalt und Form, Ausdruck der vollen „Humanitas", Anschauung des Besonderen im Universalen und umgekehrt, Zuordnung zu der einen, unteilbaren Schönheit) nicht ausreichen, um eindeutig über die Zugehörigkeit eines Werkes zu entscheiden. Ein besonders für lyrische Schönheiten aufgeschlossenes Gefühl scheint bei Croce die Urteile zu fällen. Deswegen geraten denn auch alle Stellen eines Werkes, die Angelpunkte der Struktur sind, gleichsam a priori in den Verdacht, unpoetisch zu sein. (Während für uns der Gefüge-Charakter eine wesentliche Eigenschaft der Schönen Literatur war.) Auf jeden Fall sehen wir kein Recht, Horaz, Molière, Byron u. s. f. von den eigentlichen Gegenständen der Wissenschaft von der Dichtung auszuschließen. Um aber die Werke von Wissenschaftlern, Rednern, Journalisten fernhalten zu können, reicht das Kriterium aus, das wir oben nannten: daß die Schöne Literatur ihre eigene Gegenständlichkeit hervorruft.

Der Umkreis der Schönen Literatur ist weit gezogen. Damit wird einmal jene Situation vermieden, in die Croces Auffassung führt: nachdem nun die Bücher über Dante, Ariost, Goethe, die spanische Dichtung u. s. f. geschrieben sind, ist die „Critica und Storia della Poesia" eigentlich an ein Ende gekommen bzw. muß auf das Erscheinen neuer Dichter warten. Aber die Weite des Umkreises der Schönen Literatur besagt andererseits nicht, daß alles von ihm Umfaßte nun auf einer Ebene liegt. Ein Unterschied zwischen Dichtung und Literatur besteht, und Croces Wesensbestimmung und Einteilung der Literatur scheint als Ansatz zu näherer Unterscheidung durchaus geeignet.

Wenn festgestellt wurde, daß die Wörter Dichtung und Dichter nicht mehr in ihrer Bedeutung durch den Vers abgegrenzt werden, so muß jetzt positiv ergänzend hinzugefügt werden, daß ihre neue Bedeutung durch den Horizont des Ranghohen bestimmt wird. Dichter und Dichtung sind wertende Begriffe geworden. Man wird ohne Frage zugeben, daß in der Dichtung das Wesen des Poetischen am reinsten hervortritt. Aber es lassen sich zwischen Dichtung und Schöner Literatur keine scharfen Grenzen ziehen, und es ist keine ontologische Eigenheit angebbar, die die Dichtung als Sonderbezirk abzugrenzen erlaubte.

Auf der anderen Seite scheinen manche Literaturgeschichten der gegebenen Gegenstandsbestimmung der Literaturwissenschaft zu widersprechen. So findet man in der *Histoire de la littérature française* von Lanson Kapitel über Philosophen, Redner, Historiker. Der Grund dafür liegt in dem sprachlichen Rang der behandelten Texte, der sie der „Schönen" Literatur näherte. Noch weiter geht die *Cambridge History of English Literature.* Sie schließt bewußt "the literature of science and philosophy, and that of politics and economics . . . the newspaper and magazine . . . domestic letters and street songs; accounts of travel and records of sport" mit ein. Es mag hier offen bleiben, ob die Herausgeber den Begriff „Literatur" in seinem weitesten Sinne meinten oder ob sie, durchdrungen von der Überzeugung, die Schöne Literatur sei ein soziales und geschichtliches Phänomen, das Erdreich mit aushoben, in dem sie wurzelt. Es handelt sich hier überhaupt in erster Linie um das Problem, wie Literaturgeschichte zu schreiben sei, dessen Erörterung in andere Zusammenhänge gehört. Im Grunde ist der Widerspruch in der Gegenstandsbestimmung nur scheinbar. Denn an dem Sonderbezirk der Schönen Literatur rütteln auch jene Verfasser nicht und werden kaum bezweifeln, daß sie der eigene Gegenstand der Literaturwissenschaft ist. Wir aber erkennen unsererseits, daß es außer dem eigenen Gegenstand der Literaturwissenschaft noch besondere literarhistorische Fragestellungen gibt, die notwendigerweise zur Einbeziehung anderer Gegenstände führen.

Der wichtigste dieser Gegenstände ist die Gestalt des Dichters. Es ist grundsätzlich zu betonen, daß der Dichter einem literarischen Text nicht immanent ist: so als sei das Werk nur verständlich, wenn wir genau den Dichter kennen. Der Dichter ist in dem eigentlichen Gegenstand der Literaturwissenschaft nicht enthalten. Die Literaturwissenschaft braucht ihre Arbeit nicht aufzugeben und die Literaturgeschichte die Feder nicht aus der Hand zu legen, wenn sie an Märchen, Volkslieder und andere Werke anonymer oder kollektiver Herkunft kommt. Diese Trennung ist mit aller Schärfe gegenüber älteren Auffassungen zu betonen. Da wurde beides, Dichter und Text, in einer unzulässigen Weise innerlich gekoppelt. Im äußersten Fall kam man sogar dazu, den Text zu vernachlässigen und als eigentlichen Gegenstand der Literaturwissenschaft nicht das sprachliche und fixierte Werk, sondern „das Werk in der Seele des Autors" hinzustellen, das der Leser in seiner Seele reproduziere und das die theoretische Betrachtung in möglichster Reinheit zu erstellen habe. Diese um die Jahrhundertwende verbreitete Auffassung findet sich noch in Arbeiten jüngeren Datums wie z. B. bei Pierre Audiat; in dessen *La Biographie de l'oeuvre littéraire, Esquisse d'une méthode critique* heißt es: „Elle (l' œuvre) représente une période dans la vie de l'écrivain, periode qu'on pourrait à la rigueur chronométrer . . . L' œuvre est essentiellement un acte de la vie mentale . . . " (S. 39 f.).

Die Befreiung von solcher psychologistischen Auffassung hat auch bei dem vorliegenden Problem die Phänomenologie gebracht. Die beiden wichtigsten Arbeiten aus neuerer Zeit zur Gegenstandsbestimmung der Literaturwissenschaft bzw. zur Erhellung des Seins literarischer Texte sind die von dem polnischen Forscher Roman Ingarden, einem Schüler des Philosophen Husserl, *Das literarische Kunstwerk,* und von Günther Müller *Über die Seinsweise von Dichtung.*

Wenn das dichterische Werk als dichterisches Werk der zentrale Gegenstand der Literaturwissenschaft ist, so dürfen und müssen wir die Frage nach seiner Entstehung, den Quellen, dem Schaffensvorgang, der Wirkung, den Einflüssen, die es ausübte, seine Bedeutung für Strömungen, Epochen u. s. f. und vor allem die Fragen, die zu seinem Dichter leiten und sich mit ihm beschäftigen, als einen weiteren Kreis von Fragen auffassen, der sich um jenes Zentrum der Literaturwissenschaft herumlegt. Wir haben uns damit dem Begriff der Literaturwissenschaft und ihrer Gliederung genähert.

Lesehinweis zu Kayser: W. W. Koshinow: Die Neutralität in der Literaturtheorie. In: Falschmünzer der Literatur. Berlin 1962. S. 194 – 203.

Emil Staiger:

Die Kunst der Interpretation* (1955)

Die Kunst der Interpretation poetischer Werke deutscher Sprache ist keine Leistung, die Literarhistoriker unserer Zeit für sich besonders in Anspruch nehmen dürften. Sie ist so alt, ja älter sogar als die deutsche Literaturwissenschaft. Friedrich und August Wilhelm Schlegel, Schiller in seinen Briefen über „Wilhelm Meisters Lehrjahre", Goethe in vielen Rezensionen, Herder und Lessing in einigen Abhandlungen haben mit zartestem Spürsinn und oft bereits mit Methoden interpretiert, die heute als modern zu preisen, nur eine verzeihliche Schwäche ist. Auch Dilthey, Scherer, Haym und Hehn sind große Meister auf diesem Gebiet, sie mögen vom Sinn ihres Schaffens im übrigen selbst ganz andere Begriffe haben. Es gibt vielleicht überhaupt keinen Literarhistoriker von Bedeutung, dem das Problem, das uns beschäftigt, gar nie vorgekommen wäre. Als wissenschaftliche Richtung freilich, mit allem Zubehör von Polemik und programmatischen Äußerungen, hat sich die Interpretation — die Stilkritik oder immanente Deutung der Texte — erst seit zehn bis fünfzehn Jahren durchgesetzt. Erst jetzt wird erklärt, den Forscher gehe allein das Wort des Dichters an; er habe sich nur um das zu kümmern, was in der Sprache verwirklicht sei. Die Biographie z. B. liege außerhalb seines Arbeitsbereichs. Das Leben hange mit der Kunst nicht so zusammen, wie Goethe glaubte und andere glauben machen wollte. Auf keinen Fall lasse sich ein Gedicht aus biographischen Daten erklären. So sei auch die Persönlichkeit des Dichters für den standesbewußten Philologen uninteressant; mit dem Rätsel der künstlerischen Existenz beschäftige sich die Psychologie. Nicht minder verfehle die Geistesgeschichte das Ziel; sie nämlich gebe das Sprachkunstwerk den Philosophen preis und sehe nur, was jeder Denker viel besser als jeder Dichter versteht. Der Positivist, der sich erkundigt, was ererbt und was erlernt ist, mache vom Kausalitäts-

* aus: E. S.: Die Kunst der Interpretation, Zürich 1955. S. 9 – 13.

gesetz der Naturwissenschaft einen falschen Gebrauch und scheine zu vergessen, daß Schöpferisches, gerade weil es schöpferisch ist, nie abgeleitet werden kann. Überall also komme die Seinsart und die eigentümliche Würde der Welt des Dichterischen zu kurz. Nur wer interpretiere, ohne nach rechts und nach links und besonders ohne *hinter* die Dichtung zu sehen, lasse ihr volle Gerechtigkeit widerfahren und wahre die Souveränität der deutschen Literaturwissenschaft.

Es ist das Glück der freien Forschung, daß jedes Programm sogleich den lebendigsten Widerspruch weckt und so sich selber lebendig hält. Gegen die Interpretation und ihre Behauptung, die einzig richtige Literaturwissenschaft zu sein, ist etwa folgendes vorgebracht worden. Wer nur im Interpretieren das Heil erblickt, mache aus der Not eine Tugend. Denn auf dem Felde der Biographie sei heute wenig mehr zu leisten; das Leben aller bedeutenden Dichter sei gründlich erforscht und dargestellt. Ebenso gründliche habe man untersucht, ,,woher es der Dichter hat". Nach den großen Gelehrten des letzten Jahrhunderts dürfe kein zeitgenössischer hoffen, mit Stoffgeschichte und Quellenstudien einen Namen zu erwerben. Statt dies zuzugeben, erkläre man nun, das Alte tauge nichts, und setze sich ein Ziel, das für die Wissenschaft unerreichbar sei. Man könne nämlich wohl den Gedankengehalt literarischer Werke ergründen; das habe die Geistesgeschichte getan. Das eigentlich Dichterische aber entziehe sich wissenschaftlicher Darstellung. Denn Dichtung sei — so lautet der beliebte Ausdruck — ,,irrational". Das gehe schon deutlich genug aus dem Schaffen der führenden Interpreten hervor. Sie wenden sich mit offensichtlicher Vorliebe ,,schwierigen" Texten zu, gedankenbefrachteter Poesie, den späten Hymnen Hölderlins z. B., Rilkes ,,Sonetten an Orpheus". Doch weit entfernt davon, umfassende Interpretationen zu bieten, die ihrem eigenen Ideal entsprechen würden, beschränken sie sich auf Kommentare im alten Stil und treiben Geschichte der Metaphysik. Versuchen sie aber im Ernst einmal, das schlichte poetische Wunder zu fassen — an ,,leichten", unmittelbar verständlichen Texten, die für die Wissenschaft viel schwerer faßbar sind als ,,schwere" —, bemühen sie sich, an einem kleinen Gedicht zu begreifen, was uns ergreift, so kommen sie selten über die peinlichste Nachdichtung in Prosa, ein impressionistisch vages Gerede hinaus. Es sei denn, sie warten mit den subtilsten metrischen, syntaktischen, motivischen Einzelstudien auf. Auch damit bleiben sie aber angewiesen auf ihr privates Gefühl. Und vor den Impressionisten haben sie nur die Langeweile voraus. Wer mag das lesen? Wer kümmert sich um eine solche fatale Verbindung von künstlerischem Sinn und Pedanterie?

Es wäre leicht, den Streit in uferlosen Gesprächen weiterzuführen. Mit bloßer Theorie ist aber wohl nichts Entscheidendes auszurichten. So will ich versuchen, ein Beispiel zu geben, eine Interpretation, und mir bei jedem Schritt überlegen, wohin er führt und ob er wissenschaftlich verantwortet werden kann.

Bei der Wahl des Gegenstandes fühle ich mich schon nicht mehr frei. Wir haben gehört, die Interpreten ziehen schwierige Texte vor, weil sie da nicht so unmittelbar dem eigentlich Dichterischen ausgesetzt sind und vorerst kommentieren dürfen. Gefordert wird also ein „leichter" Text, der keines Kommentars bedarf. Es wird außerdem ein Gedicht sein müssen, da Bühnenstücke oder Romane allzuviel Zeit beanspruchen würden. Ich wähle Mörikes Gedicht „Auf eine Lampe". Diese Verse bedürfen keines Kommentars. Wer Deutsch kann, erfaßt den Wortlaut des Textes. Der Interpret aber maßt sich an, auf wissenschaftliche Weise etwas über die Dichtung auszusagen, was ihr Geheimnis und ihre Schönheit, ohne sie zu zerstören, erschließt, und mit der Erkenntnis zugleich die Lust am Wert des Sprachkunstwerks vertieft. Ist das möglich? Es fragt sich, was Wissenschaft heißen soll.

Längst hat uns die Hermeneutik gelehrt, daß wir das Ganze aus dem Einzelnen, das Einzelne aus dem Ganzen verstehen. Das ist der hermeneutische Zirkel, von dem wir heute nicht mehr sagen, daß er an sich „vitiosus" sei. Wir wissen aus Heideggers Ontologie, daß alles menschliche Erkennen sich in dieser Weise abspielt. Auch die Physik und die Mathematik vermag nicht anders vorzugehen. Wir haben den Zirkel also nicht zu vermeiden; wir haben uns zu bemühen, richtig in ihn hineinzukommen. Wie vollzieht sich der hermeneutische Zirkel der Literaturwissenschaft?

Wir lesen Verse; sie sprechen uns an. Der Wortlaut mag uns faßlich scheinen. Verstanden haben wir ihn noch nicht. Wir wissen noch kaum was eigentlich dasteht und wie das Ganze zusammenhängt. Aber die Verse sprechen uns an; wir sind geneigt, sie wieder zu lesen, uns ihren Zauber, ihren dunkel gefühlten Gehalt zu eigen zu machen. Nur rationalistische Theoretiker würden bestreiten, daß dem so ist. Zuerst verstehen wir eigentlich nicht. Wir sind nur berührt; aber diese Berührung entscheidet darüber, was uns der Dichter in Zukunft bedeuten soll. Manchmal findet die Berührung nicht gleich beim ersten Lesen statt. Oft geht uns das Herz überhaupt nicht auf. Dann können wir über den Dichter bestenfalls Angelerntes wiederholen. Doch die Erkenntnis seines Schaffens zu erneuern oder gar zu vertiefen, sind wir nicht berufen. Ich habe damit einen weiteren Grund für die Wahl von Mörikes Versen genannt. Ich liebe sie; sie sprechen mich an; und im Vertrauen auf diese Begegnung wage ich es, sie zu interpretieren.

Es ist mir klar, daß ein solches Geständnis im Raum der Wissenschaft Anstoß erregt. Das allersubjektivste Gefühl gilt als Basis der wissenschaftlichen Arbeit! Ich kann und will es nicht leugnen. Ich glaube jedoch, dieses „subjektive" Gefühl vertrage sich mit der Wissenschaft – der Literaturwissenschaft! – sehr wohl, ja sie komme nur so zu ihrem Recht. Wird uns nicht immer wieder versichert, das Dichterische entziehe sich dem Verstand und seinen allgemeingültigen Sätzen und bleibe jenseits kausaler Erklärung? Und ist es nicht peinlich zu sehen, wie literaturwissenschaftliche Forschung mit Rücksicht auf diesen leidigen Tatbestand das nicht Verstandesmäßige, also das Wesentlichste, beiseite schiebt und verlegen, mit einer entschuldigenden Bemerkung, das minder Wesentliche behandelt, oder dann aber, mit schlechtem Gewissen, das Dichterische mehr in den Mittelpunkt rückt und halb die Wissenschaft preisgibt? Das heißt nichts anderes als: Es ist seltsam bestellt um die Literaturwissenschaft. Wer sie betreibt, verfehlt entweder die Wissenschaft oder die Literatur. Sind wir aber bereit, an so etwas wie Literaturwissenschaft zu glauben, dann müssen wir uns entschließen, sie auf einem Grund zu errichten, der dem Wesen des Dichterischen gemäß ist, auf unserer Liebe und Verehrung, auf unserem unmittelbaren Gefühl. Es fragt sich noch immer: Ist dies möglich?

Ich stelle die Antwort noch weiter zurück und mache zunächst auf einige Folen dieser Begründung aufmerksam. Beruht unsere Wissenschaft auf dem Gefühl, dem unmittelbaren Sinn für Dichtung, so heißt das fürs erste: nicht jeder Beliebige kann Literarhistoriker sein. Begabung wird erfordert, außer der wissenschaftlichen Fähigkeit ein reiches und empfängliches Herz, ein Gemüt mit vielen Saiten, das auf die verschiedensten Töne anspricht. Ferner verschwindet so die Kluft, die heute noch immer zwischen dem Liebhaber und dem gelehrten Kenner besteht. Es wird verlangt, daß jeder Gelehrte zugleich ein inniger Liebhaber sei, daß er mit schlichter Liebe beginne und Ehrfurcht all sein Tun begleite. Dann wird er sich keine Taktlosigkeiten mehr zuschulden kommen lassen, und was er leistet, bedrückt oder ärgert die Freunde der Poesie nicht mehr — vorausgesetzt, daß er wirklich begabt ist und sein Gefühl das Richtige trifft. Darauf läuft es nun freilich immer hinaus. Das Kriterium des Gefühls wird auch das Kriterium der Wissenschaftlichkeit sein.

Lesehinweis zu Emil Staiger: Cesare Cases: Rezension v. Emil Staiger: Die Kunst der Interpretation. In: Weimarer Beiträge 6 (1960) S. 158 – 167.

Literaturhinweise

Es werden nur wenige Titel aufgeführt, die zur Einführung in die Methodenge-schichte der Germanistik geeignet sind. Spezialarbeiten sind u. a. in den hier genannten Büchern von *Hermand* und *Maren-Grisebach* verzeichnet.

Conrady, Karl Otto: Einführung in die Neuere deutsche Literaturwissenschaft. Reinbek 1966.

Geißler, Rolf: Prolegomena zu einer Theorie der Literaturdidaktik. Hannover 1970.

Germanistik – eine deutsche Wissenschaft. Beiträge von Eberhard Lämmert, Walther Killy, Karl Otto Conrady und Peter von Polenz. Frankfurt am Main 1967.

Greß, Franz: Germanistik und Politik. Kritische Beiträge zur Geschichte einer nationalen Wissenschaft. Stuttgart 1971.

Hermand, Jost: Synthetisches Interpretieren. Zur Methodik der Literaturwissen-schaft. München 1968.

Jauß, Hans Robert: Literaturgeschichte als Provokation. Frankfurt am Main 1970

Kolbe, Jürgen (Hg.): Ansichten einer künftigen Germanistik. 2. Aufl. München 1969.

Krauss, Werner: Grundprobleme der Literaturwissenschaft. Zur Interpretation literarischer Werke. Mit einem Textanhang. Reinbek 1968.

Maren-Grisebach, Manon: Methoden der Literaturwissenschaft. Bern 1970.

Mayer, Hans: Literaturwissenschaft in Deutschland. In: Wolf-Hartmut Friedrich und Walther Killy (Hg.): Das Fischer Lexikon Literatur II. Tl. 1. Frankfurt am Main 1965. S. 317 – 333.

Völker, Paul-Gerhard; Die inhumane Praxis einer bürgerlichen Wissenschaft. Zur Methodengeschichte der Germanistik. In: Das Argument 10 (1968) S. 431 – 454. S. 431 – 454.

Vogt, Jochen: Germanistik und Germanisten. In: liberal 12 (1969) S. 922 – 932.

Zmegac, Viktor (Hg.): Methoden der deutschen Literaturwissenschaft. Eine Doku-mentation. Frankfurt am Main 1971.

Register

Alker, E. 33

Bartels, A. 32, 33 ff.
Baumgärtner, A. C. 10
Benjamin, W. 12, 16
Brinkmann, R. 67
Brooks, C. 51
Burger, H. O. 64
Burke, K. 51 (Fußn.)

Conrady, K. O. 44, 64

Danzel, Th. W. 29
Dilthey, W. 31, 48, 99 ff.
Doderer, K. 66, 68

Eckermann, J. P. 32
Eichenbaum, B. 52
Eliot, T. S. 50
Engelmann, S. 31
Erlich, V. 52

Friedrich, H. 64

Gail, A. J. 10
Gervinus, G. G. 13, 17, 18 f., 28 f.,
    32, 72 ff.
Goethe, J. W. v. 28, 32, 34 f.
Grimm, J. 27, 32
Grimm, W. 27, 32
Gundolf, Fr. 32

Habermas, J. 48 (Fußn.)
Haym, R. 29, 32
Hegel, G. W. F. 28
Heidegger, M. 49
Heine, H. 34
Hellingrath, N. v. 43
Herder, J. G. 27
Hermand, J. 9, 11, 51, 64
Heselhaus, C. 64, 66
Hettner, H. 12, 17, 21 f., 29, 30, 32,
    82 ff.
Hitler, A. 35, 44
Hofmannsthal, H. v. 28 f.
Hölderlin, F. 43
Huizinga, J. 13

Israel, W. 11, 68

Jakobson, R. 52
Jauß, H. R. 10, 13, 14, 16, 64

Kayser, W. 27, 43, 44, 46 ff., 64 f.,
    121 ff.
Kluckhohn, P. 31
Koberstein, K. A. 29
Koch, M. 33
Kommerell, M. 43
Korff, H. A. 31, 32, 104 f.
Kosık, K. 14
Krauss, W. 64
Kurz, H. 17, 20

Lämmert, E. 67
Lichatschow, D. 15, 65
Linden, W. 115 ff.
Löwenthal, L. 67
Lublinski, S. 17, 25
Lunding, E. 45

Mann, H. 6
Mann, H. u. Th. 34
Martini F. 64
May, K. 44
Mayer, H. 28, 31 f., 33
Minder, R. 6, 15
Muschg, W. 35 f., 64 f.

Nadler, J. 35 f., 106 ff.

Oppel, H. 44

Pfeiffer, J. 43

Rüdiger, H. 30, 45 f., 64

Sanner, R. 9, 10
Sauer, A. 35
Scherer, W. 17, 23 f., 28, 29 f., 32,
    34, 88 ff.
Schiller, F. 13, 69
Schklowskij, V. 52
Schlegel, A. W. 27, 28
Schlegel, F. 27, 32

Schmidt, E. 30, 92 ff.
Sengle, F. 50, 64
Staiger, E. 43, 49 ff., 51, 66,
   128 ff.
Stendhal, H. 6
Storz, G. 43, 46 (Fußn.)
Strich, F. 31

Tober, K. 64
Tomaschewskij, B. 52
Treitschke, H. v. 32
Trunz, E. 64
Tynjanow, J. 52

Unger, R. 31

Viëtor, K. 43, 44 ff.
Vilmar, A. F. C. 29
Vogt, F. 33
Völker, P. G. 64, 69

Walzel, O. 17, 26
Warren, A. 51
Warren, R. P. 51
Wehrli, M. 44
Wellek, R. 51, 52
Wiese, B. v. 64

Literatur in der Gesellschaft

Herausgegeben von Klaus Günther Just, Leo Kreutzer und Jochen Vogt

Band 1 Frithjof Stock
        Kotzebue im literarischen Leben der Goethezeit
        Polemik, Kritik, Publikum

Band 2 Helmuth O. Berg
        Fernsehspiele nach Erzählvorlage

Band 3 Horst Belke
        Autobiographie und Zeitkritik
        Friedrich Fürst zu Schwarzenberg als Schriftsteller

Band 4 Christian Gneuss
        Der späte Tieck als Zeitkritiker

Band 5 Peter Braun (Hrsg.)
        Die neuen Lesebücher – Analyse und Kritik

Band 6 Edelgard Hajek
        Literarischer Jugendstil
        Vergleichende Studien zur Dichtung und Malerei um 1900

Band 7 Klaus Kilian
        Die Komödien Arthur Schnitzlers

Band 8 Winfried Freund
        Die deutsche Verssatire im Zeitalter des Barock

Band 9 Heinz Geiger
        Widerstand und Mitschuld im deutschen Drama von Brecht bis
        Weiss

Bertelsmann Universitätsverlag

Energy for a Habitable World

Energy for a Habitable World
A Call for Action

Edited by
Pierre Elliott Trudeau

Crane Russak
A Member of the Taylor & Francis Group
New York • Philadelphia • Washington, DC • London

ENERGY FOR A HABITABLE WORLD: A Call for Action

1 2 3 4 5 6 7 8 9   B R B R   9 8 7 6 5 4 3 2 1

This book was set in Times Roman by Hemisphere Publishing Corporation. The
editors were Corinne Naden and Deena Williams Newman; the production supervisor
was Peggy M. Rote; and the typesetter was Shirley J. McNett. Cover design by Berg
Design. Printing and binding by Braun-Brumfield, Inc.

A CIP catalog record for this book is available from the British Library.

Library of Congress Cataloging-in-Publication Data

Energy for a habitable world : a call for action / [edited by] Pierre
Elliott Trudeau.
p. cm.
Includes index.
1. Power resources. 2. Energy conservation. 3. Ecology.
I. Trudeau, Pierre Elliott.
TJ163.2.E4754 1991
333.79—dc20   90-26894
                                                                        CIP

ISBN 0-8448-1678-7 (case)
ISSN 0-8448-1713-9 (paper)

Contents

Preface   *vii*

Chapter 1. Energy for a Habitable World: Excerpts from the Final
            Statement Adopted by the InterAction Council at its
            Seventh Session   1

Chapter 2. Ecology and Energy Options   5
            Pierre Elliott Trudeau

            Energy, Growth, and Ecology, 5
            Energy Efficiency and Conservation, 9
            Adjustments in the Energy Supply Mix, 10
            The Need for Rapid Expansion of Renewable
                Resources, 12
            The Challenge in Developing Countries, 13
            Other Measures to Combat Global Warming, 14
            Appendix, 15

Chapter 3. The Environmental Impact of Present and Future
                Energy Consumption   19
            Robert Mabro and Ann Davison

            Patterns of Energy Consumption, 21
            Environmental Impacts of Energy Consumption, 33
            Possible Solutions, 39
            Conclusion, 46
            Notes, 49

Chapter 4.   The Prospects for Renewable Energy on a Large Scale   51
              Robert H. Williams

              Introduction, 51
              Bioenergy, 52
              Biomass for Electricity Generation, 56
              Photovoltaic Electricity, 76
              Photovoltaic Hydrogen, 98
              Design of an a-Si Photovoltaic Electrolytic Hydrogen
                  System, 99
              PV Hydrogen as a Transportation Fuel, 106
              A Possible Path for Commercialization of PV
                  Hydrogen, 108
              Conclusion, 111
              Notes, 112

Chapter 5.   Energy, People, and Industrialization   117
              Amory B. Lovins

              The Secret Success, 118
              The Energy Efficiency Revolution, 121
              Continuing Blunders, 125
              Environmental Bonuses, 129
              International Applicability, 131
              Whose Development Path?, 136
              Conclusion, 142
              Notes, 144

Chapter 6.   Memorandum on Global Warming and Energy Policies   151
              Hans Blix

              Memorandum, 153

Index   163
Contributors   167
InterAction Council   169

Preface

The adoption of a rational energy policy counts among the most challenging and complex tasks faced by governments in the last decade of this century. Beyond its obvious importance for the functioning of any national economy—regardless whether it be an industrialized or a developing country—it has direct implications for the daily life of every citizen and increasing environmental consequences with global dimensions. The choice of a rational energy mix and policy—or the failure to do so—has profound strategic consequences as has once again become so disquietingly evident in the Gulf crisis since August 1990.

In 1989, the InterAction Council, a group of some 30 former heads of government, felt it timely to explore the interrelationship between ecology and energy options and to develop policy recommendations dealing with the multi-faceted problems involved. Founded in 1983, the InterAction Council meets regularly to consider the most burning issues on the global agenda. It adopts proposals that are then presented to current government leaders and other decision-makers in an effort to seek their wide acceptance.

In preparation for the Council's deliberations of energy policy and energy options, I chaired a high-level expert group which met in Montreal in April 1989. The report and recommendations emanating from the work of this out-standing gathering of internationally renowned and highly experienced experts formed the basis of the Council's debate. Its direct result was the adoption of policy proposals entitled "Energy for a Habitable World" which are contained in chapter 1 of this volume. My report to the Council on the discussion and suggestions of the high-level group can be found in chapter 2. Chapters 3 through 6 contain various working papers that were either specifically commissioned for the high-level expert group or were made available to it. Some of the forecasts and scenarios outlined in these chapters may very well be affected by recent developments in Eastern Europe and in the world oil markets, but I believe that the essence of the arguments presented remains valid.

The present consumption and industrialization patterns of our societies are at the core of the energy problem. The indiscriminate use of fossil fuels has led our economies to rely excessively on hydrocarbons, especially oil, and has also brought about the greenhouse effect. The ominous scenarios associated with global warming trends have moved to center stage over the past year as they were discussed at a variety of summit meetings by political leaders across the globe. Very little has been achieved thus far, however, in terms of shaping, putting in place, and pursuing a responsive energy policy at the national level in many countries.

In the short run, energy conservation and efficiency measures hold the best promise of checking the burgeoning consumption of fossil fuels—and thus the aggravation of global warming. In fact, conservation and efficiency will have to be conceived as a *source* of energy just like oil, coal, or falling water.

Over the medium term, a shift in the mix of energy sources from fuels with high carbon dioxide content to those with lower ones, i.e., from coal to oil to gas, appears to be the most sensible course of action.

In the long run, effective measures must be taken to permanently replace fossil with nonfossil fuels. This will necessitate a drastic restructuring of the present energy consumption patterns and, thus, of our lifestyles and industrial and economic processes. A massive promotion of renewable energies will be crucial to such a policy. Consequently, in 1989 the InterAction Council called on the seven industrialized countries to spearhead and fund immediately a substantial 10-year program of cooperative research into the introduction and application of renewable, environmentally sound energy sources on a large scale, in particular solar energy, photovoltaics, hydrogen, nuclear fusion, and geothermal energy. This call remains as valid and urgent as ever.

Some contributions in this volume indicate that some of the new energy sources, especially solar energy and photovoltaics, are already available, technically proven and effective, and competitive in economical terms, albeit generally at small scale and at low conversion efficiency. Since 1989, industrial research and efforts have progressed and made some of these sources more effective and competitive, which will be even more the case if oil prices were to stay high or increase.

The sums required for the proposed cooperative program of research may be high in absolute terms, amounting to several billion U.S. dollars. Yet compared to the staggering costs the Gulf war is estimated to devour, this program would be a prudent investment indeed. We must stop defending the wasteful energy addiction of our societies, which by itself has become an environmental threat to the future of humankind.

Hopefully this book will make a constructive contribution to the discussion of a new sustainable energy future, leading away from obsolete and entrenched positions.

I wish to thank warmly Hans d'Orville, the coordinator of the InterAction Council, who has assisted me greatly in the preparation of this volume and in the drafting of the report of the high-level experts.

Pierre Elliott Trudeau
Montreal, Canada
January 1991

Chapter 1

Energy for a Habitable World

EXCERPTS FROM THE FINAL STATEMENT ADOPTED BY THE INTERACTION COUNCIL

Energy issues have to be addressed in terms of their interrelationship with population growth, economic development, and the environment. Based on the findings of a high-level expert group, chaired by Pierre Elliott Trudeau, the InterAction Council has undertaken a comprehensive assessment of the relationship between energy use and the global environment.

Present patterns of energy consumption—essentially the use of fossil fuels such as coal, oil, and gas—are a central cause of the increasing greenhouse effect, climatic warming, and the deterioration of the global environment. Yet despite governments' increased awareness about their implications, including consequences for the security and survival of entire nations, effective corrective action aimed at curbing carbon dioxide (CO_2) emissions has not been taken.

Undoubtedly, there is a pressing need for further research in many fields as set out below. Nevertheless, a great deal of research has already been done and results have been achieved. Some new scientific and technical solutions have already emerged. The need for further research must not be used as an excuse for political inaction. The long lead time for remedial efforts to show effects calls for immediate action by all countries, both individually and collectively. No country can escape the risks of global warming. The cost of inaction now will be staggering in a few years. As an immediate first step, countries must commit themselves to realistic, but substantive goals for reducing the use of fossil fuels and their emissions. The transition to a world without excessive reliance on fossil fuels requires that countries continuously adjust their mix of

This chapter includes excerpts from the final statement adopted by the InterActionCouncil at its seventh session, Washington, DC/Westfields, VA, 25–28 May 1989.

energy use. During the period of transition, nuclear energy will play a role. The United States, Japan, Western Europe, the other OECD nations, and the Soviet Union as major energy consumers carry a special responsibility to instigate a general policy leading to a reduction of greenhouse gas emissions.

The industrialized countries (OECD) should jointly agree on targets for the reduction of fossil fuels and the emission of greenhouse gases, should adopt legislation implementing such agreements, and should empower the International Energy Agency to monitor and report regularly on adherence. Similar monitoring systems should be set up for countries in other regions.

Population growth and the need for economic growth in developing countries pose a dilemma as they result in a steadily rising energy demand, which is essentially satisfied from fossil fuel sources, which increases the threat to the global climate. Industrialized countries should therefore follow the commendable lead of the Netherlands and earmark funds for a new global fund that should help developing countries obtain and introduce technologies to improve energy-use efficiency and reduce environmental risks. Likewise, international financial institutions and bilateral aid agencies should adapt their lending programs toward the promotion of technological leapfrogging in developing countries.

Short, medium, and long-term measures are required. In the short run, considerable amounts of energy can be saved through conservation measures and efficient production and use, which would also bring about financial savings. As technology has already advanced enormously, even very ambitious commitments could be implemented.

Prices have proved an effective tool in influencing energy consumption. Their level should reflect the need to reduce ecological risks. The demand for fossil fuels could be lowered through levies and changes in energy subsidies. Adjustments in pricing will be effective if all countries act in concert, thereby avoiding interference with their competitive positions. Research and development funds and energy subsidies should be reviewed to ensure that they favor efficiency measures as well as environmentally sound energy production.

In the medium term, a shift in the mix of fossil fuels from coal and oil to gas can contribute to a reduction in the level of greenhouse emissions.

In the long run, all countries should drastically change their research and development priorities toward a massive promotion of renewable energies. The InterAction Council calls upon the industrialized countries, in particular, the Summit Seven at their meeting in Paris, to spearhead and fund a substantial, 10-year program of cooperative research into the economical use and introduction of solar energy and photovoltaics on a large scale. Funding should begin at once. Renewable energies, and in particular hydropower, if produced in the right conditions, must remain an important source of energy.

Leaders of all countries must personally address the immense dangers to our future resulting from indiscriminate energy use and must initiate the required policy adjustments. The InterAction Council calls on the leaders of the industrialized countries, the Soviet Union, and China to take the lead in speedily convening a global conference aimed at the early adoption of a convention on the stabilization of the composition of the atmosphere and the establishment of effective and innovative institutions.

The 1970s could be characterized as a decade devoted to energy security, when even coal production was promoted for the sake of reducing dependency on other energies. The 1990s must become the decade of reconciling energy policies with both security and environmental requirements—implying the massive promotion and introduction of environmentally sound nonfossil energies.

At its future sessions, the InterAction Council will continue to assess developments in this area. Specifically it will publicly identify those countries that have realized the goals set by the international community in the environmental area and those that have fallen short of these standards.

This statement was adopted unanimously by the following participants representing all regions and all economic and political systems of the world.

Helmut Schmidt, Germany—Chairman
Takeo Fukuda, Japan—Honorary Chairman
Maria de Lourdes Pintasilgo, Portugal—Deputy Chairperson
Andries van Agt, Netherlands
Kirti Nidhi Bista, Nepal
Miguel de la Madrid Hurtado, Mexico
Jenoe Fock, Hungary
Malcolm Fraser, Australia
Kurt Furgler, Switzerland
Daniel Lisulo, Zambia
Olusegun Obasanjo, Nigeria
Misael Pastrana Borrero, Colombia
Mitja Ribicic, Yugoslavia
Shin Hyon Hwak, Republic of Korea
Pierre Elliott Trudeau, Canada
Manuel Ulloa, Peru
Ola Ullsten, Sweden

Bradford Morse, United States of America—Honorary Member
Huang Hua, China
Emile van Lennep, Netherlands
Isamu Miyazaki, Japan
Viktor I. Popov, Union of Soviet Socialist Republics
Mario Schimberni, Italy
Jesus Silva Herzog, Mexico

Chapter 2

Ecology and Energy Options

Pierre Elliott Trudeau

ENERGY, GROWTH, AND ECOLOGY

1. *Global warming is with us.* If present trends continue unchecked, rapid and continuous shifts in climate—including possible droughts in midcontinents and increases in frequency and intensity of tropical hurricanes—accompanied by increases in sea level will occur over the next decades. These changes are bound to endanger the well-being, perhaps the survival, of humanity as well as the security and physical integrity of entire countries—and they are already beginning to create anxiety among the people in many countries. All scientific phenomena may not yet be fully understood, but the long lead time for remedial measures to show effects calls for *immediate action by all countries, individually and collectively.* The world cannot afford the risk of being complacent: no country will be able to escape the risks of global warming. *The cost of inaction now will become staggering a few years hence, triggering political tensions and conflicts hitherto unknown.*

2. The *greenhouse effect*—the increasing accumulation of a variety of gases in the atmosphere, which trap heat and reflect it back to the earth's surface—*is the principal cause of the evolving global climate change.* Carbon dioxide (CO_2) alone accounts for more than half of the gas build-up—*largely caused by energy consumption patterns and by deforestation.* Other gases, including methane, nitrous oxide, chlorofluorocarbons (CFCs), and tropospheric ozone are responsible for the remainder. The present pattern of use of fossil fuels is also

---

This chapter reports on recommendations and conclusions of a high-level expert group that met in Montreal, Canada, 29–30 April 1989, to discuss "Energy, Growth, and Ecology—The Challenge to Our Future." (See Appendix for list of those who attended the meeting.)

responsible for local air pollution and acid deposition. CFCs are responsible for destruction of stratospheric ozone.

3. *Energy is basic to any economic growth, and developing countries in particular must pursue economic growth policies to develop.* Population growth, especially in the Third World, the quest to raise standards of living, an expansion in economic activity, and wasteful attitudes in energy consumption will be key determinants for future energy demand. Although the experience of OECD countries suggests that growth in GNP is not necessarily coupled to similar growth rates in energy demand, *all scenarios about energy requirements until well into the next century—despite their differences—agree that considerable increases in fossil fuel use will happen unless effective corrective active is taken* (for examples, see Appendix).

4. *All governments must therefore adopt the stabilization of the composition of the atmosphere as an imperative universal goal.* A reduction in emissions of CO_2 will be critical to reach such a goal and there is general agreement that a scientific and technical solution to the CO_2 problem is possible given the political will to initiate and manage the process. Various proposals call for the adoption of benchmarks for CO_2 emission reductions within specific timeframes. The 1988 Toronto Conference on Global Climate Change, for example, called for a global reduction of emissions by 20 percent by the year 2005. However, most experts consider such a reduction as insufficient to stop global warming. To this end, a much higher reduction target would be more appropriate. Accordingly, other targets suggest more significant CO_2 reductions to produce a stabilization of the CO_2 content of the atmosphere at the 1985 level within a decade. Such a step would require a major global shift away from fossil fuels starting immediately. Given their past pattern of energy use, industrialized countries have a special obligation to decrease their CO_2 emissions drastically to show the way for the transition period.

5. Targets must be adopted as an initial point of departure by the national parliaments of OECD countries, the OECD and IEA, the summits of the industrialized countries, the European Communities, the Council for Mutual Economic Assistance, the Movement of Non-Aligned Countries, the Organization of African Unity, the ASEAN countries, the Organization of American States, and other similar groups. *In the age of interdependence, all leaders have a political and moral obligation to go beyond a verbal commitment to these targets so as to avoid encumbering future generations with the consequences of global warming. The public expects them to be more specific as to the policies required to reach those quantitative reductions and to launch and manage the necessary action.* The industrialized countries must immediately take the lead in order to induce complementary action by the developing countries. A safe and

sustainable energy future must rely on new thinking and new approaches in all countries. Thus special advocacy and education campaigns will have to reach out, with the support of the media, to all strata of society.

6. *Developing countries have a special responsibility to adopt vigorous plans to control population growth.* An unabated population explosion coupled with anticipated economic growth will substantially increase energy demand worldwide canceling out any savings accomplished in developed countries. As most of the energy needs of developing countries are satisfied at present through deforestation and the use of fossil fuels, the detrimental impact on global climate is inevitable.

7. To foster openness and accountability and to stimulate public pressure, the International Energy Agency should incorporate in its annual reviews of the energy policies of member countries *a system of monitoring performances in reducing CO_2 emissions and in the effectiveness of relevant policy measures.* Such systems should subsequently be established for other regions, and eventually be consolidated within the framework of the United Nations.

8. An *effective CO_2 abatement strategy* must comprise a mix of short, medium, and long-term policies to be adopted by all countries to realize any agreed target.

- In the short term, conservation and increases in the efficiency of energy use (demand) and production (supply) must become the cutting edge of national energy and environmental policies.
- In the medium term, a shift in the fossil fuel mix from coal and oil to gas, taking advantage of their different carbon contents, will help to reduce CO_2 emissions.
- In the long term, there must be a massive promotion and aggressive introduction of renewable sources of energy on a large scale.

9. Time, capital, and institutional innovations will be critical determinants for the *policies of transition toward a new energy era. There can be no universally applicable prescription to accomplish a decreasing use of fossil fuels. Each country must make its own choice, but it must contribute—individually, regionally, and globally.*

10. *Prices have proved to be an effective tool in influencing energy consumption.* Between 1973 and 1985, high energy prices drove the significant gains made by most OECD countries in energy productivity. In the medium term, the price elasticity of demand for all energy sources has been substantial. To help bring about the desired reduction in the demand for fossil fuels, *governments should therefore introduce "conservation pricing" of energy* (as recommended

by the World Commission on Environment and Development), reflecting external costs to the environment. This could be accomplished through a well-devised system of subsidies, taxes, levies, and incentives, although public opinion must be convinced that such instruments are appropriate for the purpose. All or part of the revenues obtained could be earmarked for the support of policies by developing countries in the energy sector (see no. 36 below).

- Levies could stabilize relative energy prices or, at least, prevent a decline, although the level and technical feasibility of each levy would have to be established.
- Levies could deliberately increase relative energy prices or, at least, the prices of fuels with CO_2 emissions to induce steady annual gains in energy productivity or switches to other energy carriers. (The global target for energy productivity improvement should be at least comparable to the rate of global economic growth so that overall energy use would stay roughly constant. Industrialized countries might have to attain a higher target so as to reduce their currently high per capita levels of energy use.)
- In the present structure of energy subsidies, incentives for the use of fossil fuels should be removed and incentives to accelerate the coming on stream of bio- and renewable energy technologies should be introduced.

11. *Massive research and development (R&D) programs need to be funded by governments and the private sector* in all areas of energy use and supply, ranging from improvements in energy efficiency and the efficiency of end-use technologies, to the development of new and renewable sources of energy and, where applicable, to the problems of the safety, waste disposal, and diversion-resistance of nuclear power technology. Research should equally be accelerated in order to gain a better understanding of the process underlying climatic change.

12. International agreements and assistance may help accelerate the overall process. Thus, *all nations should immediately start negotiations leading to the early adoption of a global convention* on the global warming issue. Such a convention should, among others, provide for

- A control of the emissions of all greenhouse gases.
- Agreed levies on the carbon content of all carbon fuels.
- The establishment of an international fund to support developing countries with measures to prevent and adapt to the consequences of global warming (see no. 36 below).
- The formal creation of a global monitoring system (see no. 7 above).

13. *Energy policies must henceforth be harmonized with environmental objectives and concerns,* fully integrated into the overall decision-making process of a nation and oriented toward sustainable development. Human and natural resources should be able to support the development and welfare of the world's people now and in future. In that respect, the United Nations should build on the 1972 Stockholm Declaration and elaborate *a code for the protection of the environment* defining each nation's responsibilities and rights in preserving and improving the global environment.

14. If the proposed policies are implemented, *consumption and production patterns will change and may have a positive impact on global quality of life, changing in the process our culture.* Even if the greenhouse effect should turn out to be less dramatic in its consequences than currently predicted, a better global energy structure would have emerged, leaving more room for decisions by future generations.

ENERGY EFFICIENCY AND CONSERVATION

15. In the short run, energy efficiency and conservation measures will be crucial in reducing demand for and supply of fossil fuels and, thus, their emissions. In the 1970s and 1980s, the OECD countries pursued conservation in a quest for energy security without regard to environmental issues. In the future, *increased use efficiency, conservation, and energy waste reduction by all countries will hold a significant potential for reducing energy demand—and thereby CO_2 emissions.* Moreover, energy-saving technologies and efficiency policies can bring about real economic benefits and help to preserve the limited and increasingly costly fossil fuels for alternative uses, e.g., in chemistry, and for use by future generations. *Although small by themselves, energy use improvements can cumulatively help maintain globally current levels of energy consumption for several decades without impinging on the economic growth prospects of nations.* In their research and investment policies, regulatory and other efforts, countries should therefore accord top priority to energy efficiency improvements and the development of environmentally sound technologies. As energy efficiencies in various industries, transportation, and home use vary from country to country by a factor 3, there is a potential for greater global reduction if a mechanism can be devised for the transfer of advanced technologies.

16. *Regulatory policies, in particular, should be modified to mandate a steady improvement in the efficiency of energy use appliances, lighting, transportation, and production technologies.* Governments should be encouraged to

take unilateral measures following the commendable lead taken by Sweden or the Southern California region.

17. Specific *practical measures could be:*

- Mandatory thermostat adjustments for public and government buildings.
- Expansion of public transport systems and promotion of ride-share arrangements.
- Cooperative global targets for increases in automotive fuel economy (to the range of 40–50 miles per gallon (mpg) by the year 2000 and 80–100 mpg by 2010), to be agreed upon by the auto industry (this would also reduce the pollutant tropospheric ozone).
- Reduction in paper use and increased recycling of waste paper.
- Increased bio-control schemes to reduce the use of pesticides.

18. *Price and nonprice incentives need to be devised that will encourage conservation across the board and nurture the development of an industry that sells energy services. The price of each energy source must reflect its full production costs* (including, to the extent possible, environmental costs). *Subsidies stimulating energy use must be eliminated* in order to induce efficiency. In preparing for 1992, the countries of the European Community will bear a special responsibility in that regard.

19. Whereas initial savings from efficiency and conservation measures may be considerable, the problem becomes more complex in the long run, when substantial shares of energy will have to be saved. How much can reasonably be saved and what is a reasonable level?

20. On the *supply side,* adequate technologies should be developed to reduce the fossil fuel components, especially in the generation of electricity, where promising opportunities for improving efficiency in fuel-based power generators involve shifting from steam to gas turbines.

21. At the national level, the establishment of a new mechanism bringing together the private sector, labor, governments, and environmental groups may foster the emergence of new strategies and stimulate innovative corporate responses to the problem.

ADJUSTMENTS IN THE ENERGY SUPPLY MIX

22. If the use of fossil fuels is to be significantly reduced, savings and gains in energy efficiency alone will not suffice. New and cleaner ways of producing energy will have to be developed on the supply side. *Each country will have to*

tailor its own solution in the light of its specific circumstances. The available options are:

- A substitution between hydrocarbons toward the use of fossil fuels with a lower carbon content (more gas for oil and coal).
- The development and introduction of renewable energy resources, such as biomass and solar, to substitute for hydrocarbons.
- The use of nuclear energy.

23. *In the medium term, a shift in the fossil fuel mix from coal and oil to gas should be encouraged,* because gas emits 43 percent less CO_2 per unit energy produced than coal. Further, gas installations are usually considerably more efficient and burning gas emits almost no sulfur dioxide and, thus, creates less acid rain. There is an enormous potential of natural gas to be tapped in centrally planned economies, in Europe, the Middle and Far East, and North America. It takes, however, time to build the expensive infrastructure including necessary transport facilities.

24. In developing countries and in some developed countries, there is a strong momentum to use more fossil fuel products. The announced plans of developing countries such as China and India to expand greatly the number of their coal power plants causes concern as their emissions would offset any savings in CO_2 emissions by other countries. National interests and the global dangers associated with a growing greenhouse effect must be reconciled and developing countries should be vigorously assisted in finding ways to do so.

25. *The nuclear option will remain a part of the picture. Nuclear energy is one of those energies that avoids CO_2 emissions.* It is one of the most advanced, industrialized of all energies, but is also seen as inefficient and uneconomic if one includes the cost of permanent disposal of spent fuel rods and decommissioning of plants. Because of its high risks and proliferation potential, it cannot be considered as *the* solution to the climate warming problem. However, a shutoff of nuclear reactors would at present lead to increased use of coal and gas.

26. *Decisions about nuclear energy must rest with each individual country.* Given widespread public opposition, however, there are currently no new nuclear plants in the pipeline. Owing to the cross-frontier risks of nuclear power generation, *more effective internationally binding rules and regulations governing the management of nuclear energy and standards of operation will have to be developed and made mandatory.*

27. The establishment of nuclear energy centers may offer a practical solution, also in view of the nonproliferation aspects. In general, more research funds may have to be allocated to scrutinize more intensively safety and waste

disposal problems and to explore the potential of nuclear fusion and superconductivity.

28. *The least cost option should be the guiding principle for all decisions* comparing costs of actions on the demand side with the different options for supply—with a full reflection of environmental costs. In institutional terms, the energy sector, which is vertically organized in strong competition (i.e., oil, gas, coal, and nuclear power), may have to be reorganized into horizontal industries so as to market energy services to satisfy end-uses on a least-cost basis. The private sector in OECD countries will have to play a major role in the transition period, in particular in developing technological solutions and initiating joint ventures with Eastern European and developing countries.

THE NEED FOR RAPID EXPANSION
OF RENEWABLE RESOURCES

29. In order to stabilize the present composition of the atmosphere and subsequently reduce CO_2 and other greenhouse gases, *there must be a policy commitment to the rapid development and deployment of renewable energy resources such as biomass, photovoltaics, wind power, hydroelectric power, and others* in lieu of fossil fuels. Hydrogen as a new clean fuel should also be promoted as a secondary fuel. In the long run, *these energies represent the best hope for a safe and secure energy supply. They have a particular potential for developing countries if used efficiently and for urban areas with big pollution problems.* Certain types of renewable energies, however, may not be apt for certain countries, e.g., biomass dependent on sufficient water supplies is unlikely to succeed in arid countries.

30. *Substantially increased research and development is urgently required to develop renewables in all countries and to achieve a quantum leap.* The private sector will have to play a special role. The initial focus should be on bioenergy—both biomass production and bioenergy conversion-technology and science. In developing countries, particular attention should be paid to the development of substitutes for fuelwood to slow down deforestation. The supply of inexpensive cooking stoves will decrease by several times the amount of wood now used for cooking on open fires.

31. It should be borne in mind, however, *that the large-scale uses of biomass and other renewables will have an impact on land-use patterns, life-style, and innovations,* that is, ultimately, culture.

THE CHALLENGE IN DEVELOPING COUNTRIES

32. Developing countries are trapped in the traditional paradigm that GNP growth must lead to energy growth. This has led to a pattern of consumption and growth that aggravates the greenhouse effect and is ecologically unsustainable. If adjustments are requested on account of global warming, developing countries may interpret this as an effort to impede their development. This greenhouse-development dilemma must be overcome through a new approach. Energy services must replace energy consumption as a true indicator of development with priority assigned to energy services for basic needs on a incremental least-cost basis.

33. *In developing countries "technological leapfrogging" of the present pattern of development should be promoted.* To this end:

- Energy efficiency should be made a major design feature of development planning and become a decision factor for all investments in new plant and equipment and should not only be limited to "retrofitting" of existing capacities.
- Bilateral and multilateral development assistance agencies should reorient their approaches and eliminate any bias against investment in new technologies in spite of powerful commercial and institutional vested interests that may push "wrong" technologies for energy supply, industry, agriculture, and transport not scrutinized under the least-cost approach. Loans for energy projects should only be approved if they demonstrably will not cause undue environmental damage beyond the project completion period. Furthermore, the international financial institutions should begin to support energy-saving ventures from the demand side instead of concentrating exclusively on the energy supply projects.
- R&D centers should be established in developing countries to promote energy-intensive basic industries to serve as "engines of growth" during the period of infrastructure-building (e.g., in the steel, cement, fertilizer, and glass industries).

34. As most options, including the introduction of renewable energy sources, will have to be purchased or developed and will therefore require capital, this will be a major constraint for the developing countries, especially the highly indebted ones.

35. Within the framework of the United Nations, a tripartite *commission* comprising OECD, the Council for Mutual Economic Assistance (CMEA) and

developing countries should be established *to study and recommend cooperation measures to enable developing countries to implement CO_2-reducing policies.*

36. There is a strong case for *the establishment of an international fund to finance domestic and international programs designed to promote an efficient energy future and the transition to a stable climate.* This fund could be financed both from the proceeds of a national or an international system of greenhouse gas (particularly CO_2) emission levies (see no. 10 above) and from direct government contributions. The decision of the government of the Netherlands to pledge unilaterally funds for action by developing countries to stabilize the global climate is most encouraging and should be emulated by many other industrialized countries. Alternatively, countries could be asked to make contributions in accordance with their annual CO_2 emissions, which are known (see no. 7). Developing countries should use the available resources to: obtain specialized technology for environmental risk reduction; accelerate the transfer of energy efficient methods for their industries; stimulate the development of new needs-oriented technologies with a view to promoting environmentally sustainable development and energy efficiency, halting deforestation and facilitating the transition to energy paths without excessive reliance on fossil fuel use.

37. In developing countries, there is need for the emergence of credible nongovernmental organizations (NGOs) that could increase internal pressure on decision makers to take into account their global responsibilities. In most cases, external pressures through donor governments, agencies, and international NGOs are already applied, but they may not have the same impact as that from domestic organizations. New mechanisms or prizes may have to be established to confer recognition to heads of state adopting policies to counter global warming trends. Such symbolic acts may be particularly important in situations where a country has sacrificed its immediate welfare for global interests and where international commendation may bolster further leadership and resolve.

OTHER MEASURES TO COMBAT GLOBAL WARMING

38. *Intensified research must urgently be undertaken into possibilities to reduce the emissions of other greenhouse gases* besides CO_2, namely methane, nitrous oxide, CFCs or their substitutes, tropospheric ozone (a pollution product).

39. *A determined global effort is required to stop deforestation and the decline of forests in all continents—tropical and temperate countries alike—and to launch effective and large-scale programs of afforestation and reafforestation that will help to recapture CO_2 from the atmosphere,* to prevent soil erosion, to

improve the soil water balance, and to preserve species. All such programs should seek to work with communities in order to ensure greater success than has been recorded by experts who endeavored to reafforest countries for or on behalf of the natives. One additional intriguing feature of new forests would be that they would open the way to efficient methods of biomass burning for electricity generation, such as gasification and the use of aeroderivative gas turbines. The InterAction Council in 1988 made detailed proposals on this issue and the urgency of their implementation is again underlined.

APPENDIX

Facts and Figures

The total consumption in primary energy consumption will have more than doubled by the year 2000 even if present growth rates in consumption are only slightly reduced.

The overall growth in energy consumption averaged 2.85 percent per annum since 1968. The pattern of growth was much faster prior to 1974 (4.47 percent), followed by relatively slow growth until 1984 (1.97 percent) and a strengthened growth since then (2.59 percent).

Average Annual Growth Rates in Primary Energy Consumption
(percent)

	1968–74	1974–84	1984–87	1987–2000
OECD	3.57	0.47	1.40	1.40
CPEs	6.62	3.22	3.59	2.89
LDCs	6.52	5.73	4.23	3.74
World	4.47	1.97	2.59	2.34

The worldwide consumption of oil has fallen over the last 10 years both in absolute and relative terms, while the shares of other fuels have steadily increased worldwide with coal and nuclear taking the major part of this increase.

During 1974–84 there was negative annual growth (− 1.45 percent) in oil consumption by OECD countries.

With the fall in oil prices since 1984, consumption has picked up again in OECD countries, but growth has continued to decline in developing countries.

Distribution of Oil Consumption by Region (percent)

	1968	1974	1984	1987	2000
OECD	71.1	66.9	57.0	56.4	52.4
CPEs	15.6	18.9	23.1	23.1	22.0
LDCs	13.3	14.1	19.1	20.5	24.6
World	100.0	100.0	100.0	100.0	100.0

Over the past several years, nuclear energy consumption grew at more than 10 percent annually, and accounts now for 8.4 percent consumed in OECD countries.

The centrally planned economies (including China) realized both a decrease in oil and coal consumption, due to the increase in natural gas (now 23 percent) and nuclear energy.

In China, coal grew to take a larger share and natural gas was reduced.

In the developing world, noncommercial sources (fuelwood) make for an important contribution and are also the cause of environmental degradation. Whereas no authoritative statistics exist for this sector, it is estimated that these fuels account for more than 10 percent of world primary energy consumption.

On the basis of present trends, coal consumption will grow at 3 percent annually, i.e., the world will consume 86 percent more coal by the year 2000 than it did in 1977. More than two-thirds of the consumption will take place in developing countries and centrally planned economies.

In the past, a population growth of 2 percent was associated with an increase of 3 percent in energy consumption per capita.

The industrialized countries—a mere 1/6 of the world population—account for 50 percent of the total world consumption; the developing countries—2/3 of the world population—consume 1/6 of total energy.

If present trends continue, the concentration of CO_2 in the atmosphere would double by the year 2065. With the simultaneous increase in other greenhouse gases, the effective doubling date will be 2030.

Participants in High-Level Expert Group

Chairman: Pierre Elliott Trudeau (Canada), former prime minister of Canada.

Invited Experts: Jamshid Amouzegar (Iran), former prime minister and president of OPEC; Remy Carle (France), deputy director-general, Electricité de France; Charles Caccia (Canada), member of House of Commons, former minister for the environment; Jose Goldemberg (Brazil), rector of the University of Sao Paulo; Georgij S. Golitsyn (USSR), Academician; Wolf Haefele (Germany), professor and chairman of the board, Nuclear Research Facility, Jülich; Abd-El Rahman Khane (Algeria), former UNIDO executive director and former OPEC secretary general; Emile van Lennep (Netherlands), former OECD secretary general and minister of state; Wangari Maathai (Kenya), coordinator, Green Belt Movement; Robert Mabro (United Kingdom), director, Oxford Institute for Energy Studies; Jim MacNeill (Canada), director, Environment and Sustainable Development Program; Nabiel Makarim (Indonesia), assistant minister for population and environment; Maria de Lourdes Pintasilgo (Portugal), former prime minister; Amulya Reddy (India), professor, Department of Management Studies, Indian Institute of Science; Joseph A. Stanislaw (United States), managing director and coordinator for Europe and Middle East, Cambridge Energy Research Associates, Paris; Gus Speth (United States), president, World Resources Institute; Ola Ullsten (Sweden), former prime minister; Alberto Vasquez Restrepo (Colombia), former minister of mines and energy; Robert Williams (United States), Centre for Energy and Environment Studies, Princeton University; George Woodwell (United States), climatologist, director, Woods Hole Institute.

Secretariat: Hans d'Orville, Jens Fischer, Dragoljub Najman.

Chapter 3

The Environmental Impact of Present and Future Energy Consumption

Robert Mabro and Ann Davison

Energy consumption is intimately bound up with the environment, and as "green" issues are becoming increasingly politically important, future energy consumption patterns are liable to be more or less affected by debate over the environmental impacts of energy use. The extent and nature of these changes is, however, open to enormous variation and will depend on the speed with which policymakers take on board the potential environmental damage that will result from current trends remaining unchecked.

This chapter presents a picture of worldwide consumption of commercial energy in 1987 and projects the likely pattern of energy use in 2000. This forecast for the year 2000 has been drawn up at the Oxford Institute for Energy Studies (OIES) on the basis of figures quoted by several different oil companies and a 1987 U.S. Department of Energy forecast for the "Free World," and forecasts for the whole world prepared by the EEC Commission and the World Energy Conference (WEC) in 1983. Figure 3.1 compares our forecast with those made by WEC and the EEC in 1983: it will be seen that our total for primary commercial energy consumption is on the high side compared with these two sources. This is largely due to the intervening collapse in oil prices, which has led most observers to revise upward their forecasts for the year 2000.

Our forecast is conventional and somewhat pessimistic, in the sense that it incorporates only minor changes to energy consumption habits in response to environmental problems (a minor shift toward more natural gas and less coal for instance). In the absence of very rapid and dramatic political initiatives it seems unlikely (although not impossible) that these higher forecasts will prove very wide of the mark. This is not to deny, however, that a concerted effort to conserve energy could considerably reduce the total energy consumed; and a

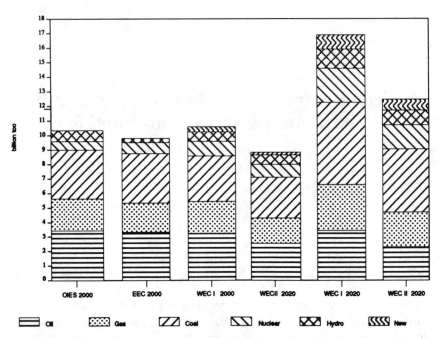

Figure 3.1 Estimates of energy consumption (2000, 2020).

massive promotion of new energy sources could capture a sizeable segment of the market for renewable energy. Neither of these is likely to occur, however, without a great effort being put into overcoming the inertia of established behavior.

Beyond the year 2000 there is much more room for debate. Not least, public perceptions of environmental damage may have reached the point that, despite lack of leadership from those in power, policy initiatives are introduced to encourage increased energy conservation and more environmentally benign forms of energy, and these may begin to have an important effect. We have not therefore attempted to draw up new forecasts for energy use into the next century. Rather, we present two scenarios for 2020 prepared by the WEC, both of which predict continued growth in energy consumption, but at a relatively high or low rate. We also consider a putative scenario described by Goldemberg and colleagues,[1] which does not pretend to predict what will happen but which demonstrates the rather low levels of energy use that could prevail in 2020 if all the currently available and economic conservation measures were employed, without sacrificing projected economic growth.

We then look briefly at the environmental problems associated with the use of various energy sources in order to assess the probable impact of the levels of energy consumption that are assumed by these various scenarios. One major cause for concern is the greenhouse effect, in which CO_2 emissions from the burning of fossil fuels play a leading role. Meanwhile, SO_2 and NO_x, also emitted by fossil fuel burning, contribute to acid rain and to air pollution. Nuclear power is associated with health risks to nuclear industry workers and to the populations surrounding power stations, as well as with the long-lasting problem of waste disposal and the hazard of disastrous accidents. Hydropower can cause enormous disruption to the natural environment and is by no means an altogether benign form of energy. The burning of traditional biomass fuels— wood, crop residues, and dung—are major contributors along with coal and oil to air pollution, especially in Third World cities.

To add to all these direct effects of energy use, there are numerous indirect effects, ranging from the desertification of land cleared of trees, through to the potential problems of disposing of vast amounts of gypsum produced from flue desulfurization in coal-fired power stations.

Finally, therefore we look at the scope for using less energy and at the costs involved in such a strategy, as well as at the means by which conservation can be encouraged/enforced in a world that has grown used to profligate and ever-increasing energy consumption, and where energy is still a relatively cheap commodity.

PATTERNS OF ENERGY CONSUMPTION

The current pattern of commercial energy consumption in the world is presented in Table 3.1 and Figure 3.2, along with OIES projections for the year 2000. Table 3.2 translates these figures into average annual growth rates. Gross commercial energy consumption over the last 20 years has grown at an average annual rate of 2.85 percent, from a total of 4,580 mtoe in 1968 to 7,811 mtoe in 1987—equivalent to a 70 percent overall increase.

The rate of growth from 1987 to 2000 is expected to be slightly lower, at 2.3 percent per annum, to give a total consumption figure of 10,545 mtoe in 2000. This would represent more than a doubling of primary energy consumed by the world, in just 32 years. As Table 3.2 shows, historical growth rates have varied significantly between different groups of countries and have also varied for each of the fuels. If these differential growth rates are projected forward for another 30 years, the shares of each fuel in the overall energy mix will be quite different to the current picture, and the relative consumption of the various world regions will also have changed markedly. In order to set the overall picture, however, the total consumption figures for the world as it is now are

Table 3.1
Primary Commercial Energy Consumption, 1977, 1987, 2000 (mtoe)

	Oil	Gas	Coal	Nuclear	Hydro	Total
1977						
OECD	1,929.3	730.4	689.1	117.3	238.7	3,704.8
CPEs	525.9	337.2	644.8	13.6	54.6	1,576.1
China	82.0	10.9	354.4	—	12.3	459.6
LDCs	448.5	89.2	141.6	1.2	67.7	748.3
World	2,985.8	1,167.7	1,829.9	132.1	373.3	6,488.8
1987						
OECD	1,658.9	734.3	855.6	326.0	280.5	3,855.3
CPEs[1]	575.1	619.3	713.2	53.9	78.8	2,040.3
China	103.9	12.8	553.4	—	30.0	700.1
LDCs	602.8	189.4	264.3	24.2	134.6	1,215.3
World	2,940.7	1,555.8	2,386.5	404.1	523.9	7,811.0
2000						
OECD	1,888	836	1,107	467	319	4,617
CPEs	824	989	1,860	116	181	3,970
LDCs	885	357	440	52	224	1,958
World	3,597	2,182	3,407	635	724	10,545

[1]Includes China for 2000.

Source: All figures up to 1987 are taken from British Petroleum, and for 2000 are OIES estimates, unless otherwise stated.

first analyzed. We then discuss the role of the various fuels and the patterns for each fuel within each world region. Projections of energy demand in 2000 and 2020 can then be discussed within this context.

Energy Consumption to 1987

As stated above, the overall growth in world energy consumption has averaged 2.85 percent per annum since 1968. This average conceals an important pattern, however, of much faster growth prior to 1974 (4.47), followed by a period of relatively slow growth (1.97), but which has once again speeded up since 1984 (2.59). Both the OECD and Centrally Planned Economies (CPE) countries have followed this pattern. The Third World, in contrast, has shown a gradual but steady decline in growth, but nevertheless its growth rates are a great deal higher than in the industrialized world.

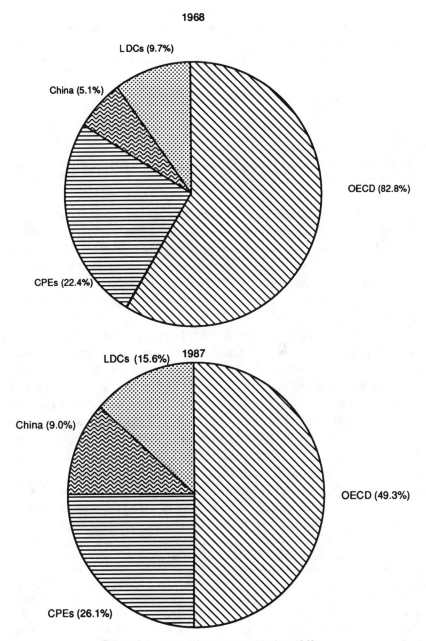

Figure 3.2 Shares of energy consumption (1968).

Table 3.2
Average Annual Growth Rates in Primary Energy Consumption (percent)

	1968–74	1974–84	1984–87	1987–2000
OECD	3.57	0.47	1.40	1.40
CPEs	6.62	3.22	3.59	2.89
LDCs	6.52	5.73	4.23	3.74
World	4.47	1.97	2.59	2.34

Source: All figures up to 1987 are taken from BP, and for 2000 are OIES estimates, unless otherwise stated.

The consequence of these varied growth rates has been a marked shift in the regional distribution of energy consumption, as shown in Figure 3.2 and in Table 3.3. The share of the OECD had fallen significantly, from 63 percent to 49 percent, whereas that of the developing countries had risen to 15.6 percent of world energy consumption in 1987 (24.6 percent if China is included), an enormous increase from the 9.7 percent (14.8 percent with China) consumed by those same countries in 1968.

Looking in detail at each of the different fuels expands further on this picture. One of the most noteworthy features is that consumption of oil has fallen over the last 10 years, in both absolute and relative terms; 1979 represented the year of highest world oil consumption, at 3,124.5 million toe. After that year consumption fell steadily to just 2,816.1 mtoe in 1985; since then it has once again risen slightly, to reach 2,940.7 mtoe in 1987, but this is still below the 1979 figure. From 1968 to 1977 the share of oil in total energy consumption increased from 42 to 46 percent, but since then it has fallen to just 37.6 percent.

The actual decrease in oil consumption occurred in OECD countries, where there was negative annual growth of 1.45 percent in the years 1974–84, but the previously high rates of growth in other parts of the world were also greatly

Table 3.3
Shares of Total Primary Commercial Energy Consumption (percent)

	1968	1974	1984	1987	2000
OECD	62.7	59.5	51.1	49.3	44.0
CPEs	22.4	23.1	26.0	26.1	38.0
China	5.1	6.5	8.1	9.0	
LDCs	9.7	10.9	14.8	15.6	19.0
World	100.0	100.0	100.0	100.0	100.0

reduced in that period (see Table 3.4.). In oil-importing developing countries, growth in oil consumption fell from 9.5 percent in the years 1970–73 to just 0.5 percent in 1982–85, and for oil-exporting developing countries from 8.2 percent to 3.4 percent for the same periods (OIES). With the fall in oil prices since 1984, consumption has picked up again, however, with even the OECD once again showing a positive growth rate of nearly 1 percent per annum.

The only exception to this trend is the Third World, where growth has continued to decline. The beneficial impact of lower oil prices on the economies of the developing countries is graphically illustrated in Table 3.5, which shows the proportion of export earnings that developing countries needed to spend on energy imports in 1983 and in 1986, whereas the figures are still extremely high for many countries lower oil prices have afforded considerable relief.

As a result of these differential growth rates, the distribution of oil consumption through the world has dramatically changed over the last 20 years, as shown in Table 3.6.

The absolute decrease in oil consumption over the last decade, of course, implies that other fuels have increased their shares, as shown in Figure 3.3. Indeed all the other fuels have increased in both absolute and relative terms, with each fuel showing steady growth on a worldwide basis. As Table 3.7 shows, the average annual percentage growth rates were: 2.91 for natural gas, 2.69 for coal, 3.46 for hydro, and 11.84 for nuclear. The higher rates for hydro and nuclear reflect their rather low base levels in 1977; it is also noteworthy that both fuels showed reduced growth rates in very recent years, from 1984–87, whereas both natural gas and coal were showing increasing rates of growth over that period, with coal showing especially strong growth (3.10 percent a year) considering its large base.

Figure 3.4 shows the relative growth in consumption between the different regions of the world, and also the shares of each fuel within the regions. The OECD has seen oil consumption fall from 1929 mtoe in 1977 to 1658 mtoe in

Table 3.4

Average Annual Growth in Oil Consumption (percent)

	1968–87[1]	1968–74	1974–84	1984–87	1987–2000
OECD	1.02	5.11	−1.45	0.84	1.00
CPEs	4.39	9.71	2.53	1.21	1.50
LDCs	4.61	7.31	4.15	2.25	3.00
World	2.26	6.18	0.31	1.22	1.56

[1]World annual growth rate for 1958–68 was 7.5 percent.

Table 3.5
Energy Imports as a Percentage of Merchandise Exports

	1983	1986
Latin America		
Argentina	9	3
Brazil	56	19
Chile	24	7
Colombia	21	4
Costa Rica	22	18
Dominican Republic	71	28
Guatemala	67	10
Nicaragua	46	20
Uruguay	28	13
Africa		
Burkina Faso	50	7
Egypt	12	8
Ivory Coast	16	5
Madagascar	32	12
Morocco	57	22
Senegal	58	25
Asia		
Bangladesh	20	17
Indonesia	20	14
Korea, Republic of	28	14
Malaysia	16	4
Pakistan	49	23
Philippines	44	17
Singapore	40	22
Thailand	39	13

Source: World Bank, World Development Report 1985 and 1988.

Table 3.6
Distribution of Oil Consumption by Region (percent)

	1968	1974	1984	1987	2000
OECD	71.1	66.9	57.0	56.4	52.5
CPEs	15.6	18.9	23.1	23.1	22.9
LDCs	13.3	14.1	19.9	20.5	24.6
World	100.0	100.0	100.0	100.0	100.0

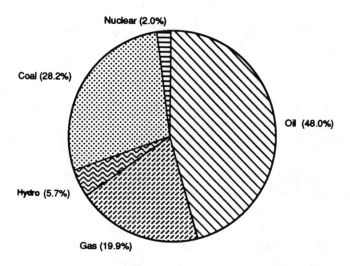

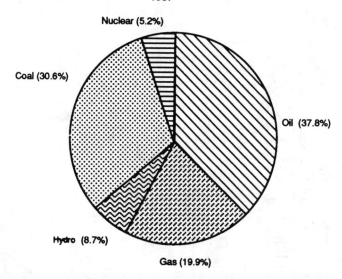

Figure 3.3 Fuel mix (1977, 1987).

Table 3.7
Annual Average Percentage Growth Rates Worldwide

	1977–87	1977–84	1984–87	1987–2000
Natural gas	2.91	2.88	2.97	2.64
Coal	2.69	2.52	3.10	2.78
Nuclear	11.84	12.28	10.80	3.54
Hydro	3.46	4.25	1.64	2.52

1987. This translates into a 9 percent fall in the share of oil in the energy mix of the OECD, from 52 percent of energy consumption in 1977 to 43 percent in 1987. All the other fuels have increased their shares, with coal and nuclear taking the major part of the increment. Nuclear has consistently grown at more than 10 percent per annum, albeit slackening slightly since 1984, and now accounts for 8.45 percent of energy consumed in the OECD countries, compared to just 3.17 percent 10 years ago. Interestingly, most of the change in the energy mix had already occurred by 1984, although the same trend has continued since that year (see Table 3.8).

The Centrally Planned Economies (Table 3.9) have also seen a decrease in

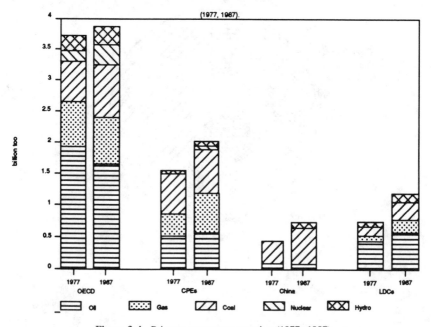

Figure 3.4 Primary energy consumption (1977, 1987).

Table 3.8
Energy Mix in the OECD (percent shares for each fuel)

	1977	1984	1987	2000
Oil	52.07	43.74	43.03	40.89
Gas	19.71	20.22	19.04	18.11
Coal	18.60	21.78	22.19	23.97
Nuclear	3.17	7.71	8.45	10.11
Hydro	6.44	7.70	7.27	6.90

the share of oil in the energy mix, from nearly 30 percent in 1977 to just under 25 percent in 1987, although unlike the OECD there was an increase in absolute terms. Unlike the OECD there was also a reduction in the share of coal from the very high base of 49 percent to 46 percent. These lost shares were largely taken by natural gas, which increased from 17 to 23 percent of the total over the 10 years. There was also a very large increase in nuclear generation over the decade, from 13.6 mtoe to 53.9 mtoe, although this still represents a much smaller total than that obtaining for nuclear power in OECD countries (404.1 mtoe).

It is important to distinguish between rather different trends in the various CPE countries, however. In particular, Table 3.10 shows that coal grew to take a larger share in China, compared to its reduction in CPEs as a whole (an average annual growth rate of 4.56 percent, as opposed to 2.4 percent for CPEs as a whole); and natural gas reduced its share in China compared to a very large gain in the CPEs as a whole.

The Third World once again shows a much smaller share for oil in 1987 compared to 1977 (Table 3.11). Half of the share lost by oil has gone to natural gas (often indigenous), for which consumption in Southeast Asia has shown

Table 3.9
Energy Mix in the CPE Countries Including China (percent)

	1977	1984	1987	2000
Oil	29.86	26.56	24.78	20.76
Gas	17.10	21.31	23.06	24.91
Coal	49.08	46.58	46.22	46.85
Nuclear	0.67	1.68	1.97	2.92
Hydro	3.29	3.86	3.97	4.56

Table 3.10
Energy Mix in China (percent)

	1977	1984	1987
Oil	17.84	14.87	14.84
Gas	2.37	1.84	1.83
Coal	77.11	79.27	79.05
Nuclear	—	—	—
Hydro	2.68	4.03	4.29

especially rapid growth, by an average of 13.5 percent over the decade 1977–87 (compared to 7.8 percent for the Third World as a whole).

When considering energy consumption in the Third World, it is extremely important to remember that noncommercial sources make an important contribution and are, of course, also the cause of severe environmental degradation. Unfortunately statistics are extremely difficult to compile for this sector, since by definition such fuels are either not traded or are only informally traded. However, the World Energy Conference provided some estimates of both current and projected consumption of noncommercial fuels (see Table 3.12). In 1978 it was estimated that the developing countries accounted for 84 percent of world consumption of such fuels and that at 735 mtoe noncommercial fuels amounted to 10.78 percent of total world primary energy consumption—a significant quantity! The WEC forecasts for 2000 predict that between 8 and 10 percent of world consumption will still be provided by noncommercial fuels.

Energy Consumption by the Year 2000

Forecasting energy consumption is always a hazardous occupation. Forecasts produced as recently as 1983 already seem to be understated, due to the 1986 collapse in oil prices, and subsequent surge in consumption. We have therefore produced a scenario for the year 2000 based on major studies published over the past few years, but modified in the light of recent events.

In broad terms we expect the major trends of the last decade to continue, at least until 2000. This is reflected in the pattern of growth rates shown in Table 3.13. Our forecast is conventional and somewhat pessimistic in ecological terms, in the sense that it incorporates only rather minor changes to energy consumption habits in response to environmental problems. Already public opinion is leading politicians toward different attitudes (the referenda against nuclear power in a number of countries being the prime example), but dramatic

Table 3.11
Energy Mix in the LCDs (percent)

	1977	1984	1987	2000
Oil	59.95	52.57	49.60	45.20
Gas	11.92	14.18	15.58	18.23
Coal	18.92	20.94	21.75	22.47
Nuclear	0.16	1.23	1.99	2.66
Hydro	9.05	11.10	11.08	11.44

changes are unlikely without considerably greater pressure being exerted, as discussed below.

Low fuel prices mean that OECD growth in energy consumption is unlikely to fall back to the 1974–84 level, but the total share of OECD will nevertheless continue to decline, to just 44 percent by the year 2000. The developing countries will be constrained by debt problems and lack of capital, but will still see a continued increase on their relatively low base level of energy consumption per capita. Continuing low oil prices will be especially important in contributing to this trend as discussed below. The Centrally Planned Economies will more or less maintain their current overall growth rates in energy consumption.

By 2000 we predict that oil will hold just 34 percent of total world energy consumption, but this represents a rather higher growth rate than was expected prior to the 1986 collapse in oil prices. (For example, WEC predicted a 30–31 percent share for oil by the end of the century.) Consumption of oil immediately increased in all areas of the world, and the current glut is unlikely to be superseded by a supply crisis before the end of the century, with the result that high growth is likely to continue. Several oil companies are now predicting that oil will constitute 40 percent or more of the total energy mix in 2000.

Continued fast growth in Third World oil consumption will, however, cause

Table 3.12
World Noncommercial Energy Consumption (mtoe)

	1978	2000–I	2000–II
Fuel wood	486	608	711
Vegetable and animal wastes	249	316	340
Total	735	924	1051

Source: World Energy Conference. *Energy 2000–2020. World Prospects and Regional Stresses,* ed. J. R. Frisch (Graham and Trotman, 1983).

Table 3.13
OIES Estimates of Growth in Energy Consumption to 2000 (percent growth per annum)

	Coal	Oil	Gas	Nuclear	Hydro	Total
OECD	2.0	1.0	1.1	2.8	1.0	1.40
CPEs	3.0	1.5	3.5	6.1	4.0	2.89
LDCs	4.0	3.0	5.0	6.1	4.0	3.74
World	2.78	1.56	2.64	3.54	2.52	2.34

a further shift in world distribution of oil consumption. The OECD share will have fallen to 52.5 percent by 2000, with the Centrally Planned Economies consuming nearly 23 percent, and developing countries as much as 24.6 percent. The slightly decreased share for the CPEs reflects a rather slow growth rate in both the USSR and China, both of which will try to maintain their oil exports in order to earn foreign exchange, using a relatively larger share of their indigenous gas and coal in place of oil.

Both gas and coal are likely to continue to grow at fast rates, but competition from cheap oil and increased environmental worries about coal use will somewhat slacken its rate of increase. This is especially reflected in the growth rates for the OECD, where we have kept coal growth at 2 percent a year (compared to 2.2 percent over the decade 1977–87), whereas gas consumption is predicted to grow at 1.1 percent compared to 0.05 percent over the earlier decade. Gas consumption is also forecast to grow rather fast in the Third World, reflecting the size of reserves in the area and rather low base figures, and also in the USSR.

It is important to note that coal consumption is still predicted to grow at 3 percent per annum in CPEs and 4 percent per annum in developing countries. In absolute terms the world is forecast to consume 86 percent more coal in 2000 than it did in 1977, with 67 percent of total consumption in 2000 taking place in Third World and communist countries. For example China has the world's largest reserves of anthracite and bituminous coal, at 156,400 million tonnes, and plans to double its coal consumption by the year 2000.[2] The quantity of coal consumed has clear environmental implications, and its geographical distribution may cause problems in the sense that most "clean" coal technologies require considerably more capital investment than traditional uses.

The rate of growth for nuclear power meanwhile is enormously reduced, reflecting the dearth of newly commissioned nuclear power stations. A combination of very high capital costs, consumer fears over nuclear safety, and the low prices of competing fuels makes more rapid growth extremely unlikely—a significant change since the energy consumption forecasts made in 1983. A growth rate of 6 percent is still shown for developing countries, reflecting the very small number of extant nuclear power stations; a similar 6 percent growth rate for CPEs is considerably lower than earlier forecasts would have suggested and reflects decommissioning of a number of plants in Lithuania and the effect of Chernobyl on future plans.

The potential role for nuclear power in alleviating the problems of pollution caused by fossil fuels is discussed later, but whatever the outcome of this debate it is unlikely that a major impact will be felt before 2000. The growth in hydro power is also forecast to decline from the 3.5 percent of the previous decade, as environmental protests begin to affect the over-ambitious plans of organizations such as the World Bank.

Energy Consumption by the Year 2020

Looking into the next century, the high and low scenarios forecast by the World Energy Conference are displayed in Table 3.14 and Figure 3.1. It should be remembered that these in turn are projected from figures for 2000, which already look on the low side, given the collapse in oil prices and actual energy consumption figures for 1987.

It is therefore perhaps realistic to look at the high scenario as the "base case" prediction in the absence of any major policy changes. The two cases would give a total primary energy consumption of either 12,674 or 17,067 mtoe in 2020, representing a trebling or even quadrupling from the 4,580 mtoe consumed just 50 years earlier in 1968.

What would be the environmental implications of such a scenario—bearing in mind that the energy mix is likely to consist of relatively more coal and oil and less nuclear energy than the proportions given by WEC?

ENVIRONMENTAL IMPACTS OF ENERGY CONSUMPTION

The three major environmental problems caused by commercial energy use are all the result of burning fossil fuels, namely, air pollution, acid rain, and the greenhouse effect, in increasing order of seriousness. For each of these problems, coal is the worst offender and gas the least noxious fuel.

Air pollution, caused by emissions of toxic gases such as SO_2, NO_x, and carbon monoxide together with fly ash and suspended particles, can pose a

Table 3.14
WEC Forecasts for 2000 and 2020 (mtoe)

	Oil	Gas	Coal	Nuclear	Hydro	New	Total
2000-I							
OECD	1406	903	1575	640	348	181	5053
CPEs	794	847	1225	247	120	31	3264
LDCs	1203	405	441	90	240	124	2503
World	3403	2155	3241	977	708	336	10,820
2020-I							
OECD	865	928	2794	1299	410	469	6765
CPEs	820	1260	1630	630	280	110	4730
LDCs	1891	969	1255	369	669	419	5572
World	3576	3157	5679	2298	1359	998	17,067
2000-II							
OECD	1310	807	1421	566	334	148	4586
CPEs	673	698	1010	183	94	23	2681
LDCs	805	276	357	55	194	99	1786
World	2788	1781	2788	804	622	270	9053
2020-II							
OECD	787	776	2341	1033	389	415	5741
CPEs	616	1030	1260	460	160	60	3586
LDCs	1025	595	788	160	454	325	3347
World	2428	2401	4389	1653	1003	800	12,674

Source: World Energy Conference. *Energy 2000–2020. World Prospects and Regional Stresses,* ed. J. R. Frisch (Graham and Trotman, 1983).

serious threat to health and cause a high incidence of respiratory problems. In principle, these problems are soluble through the enforcement of clean air regulations. There is, however, a cost associated with such measures, and a program of cleaning up the air requires concerted action by governments if it is to succeed. In particular, Japan and North America have made great strides in this direction. For example, SO_2 emissions in eastern Canada were reduced by 45 percent between 1970 and 1985, and the eastern United States achieved a 20 percent reduction over the same period. But it is thought that these gains have now bottomed out, and it is predicted that SO_2 emissions will once again increase from 24.1 million tons in 1980 to 26.8 million tons in 2000 unless further restrictions are imposed.[3]

NO_x emissions meanwhile have not shown any decrease and are set to increase further over coming decades. Europe has lagged behind in clean air standards but has belatedly brought in targets for reductions of SO_2 and the introduction of catalytic converters for cars. Meanwhile cities in the Third World often sit under a pall of smog that far exceeds the worst cases of the 1950s in Western industrialized countries. São Paulo, Rio de Janeiro, Buenos Aires, Lagos, New Delhi, Bangkok, Seoul, and Mexico City are some of the worst cases.[4]

The simplest way of alleviating localized air pollution is to build high chimney stacks, so that the fumes are transported elsewhere. The pollutants do not simply vanish in the sky, however, and this practice in North America and Europe merely led to the more intractable problem of acid rain.

By the 1970s Sweden was already reporting that a number of lakes had become so acidified that they had ceased to support any living organisms. "Dead" lakes are now to be found throughout Europe and the northeast corner of North America, and there is little doubt that acid rain is the cause of this phenomenon. Meanwhile some 22 percent of the total forest area of Europe (excluding the USSR) was reported as damaged in 1986, an area of 30.7 million hectares. Similar problems are reported from other areas of the world.[5] These effects are difficult to assess in economic terms, but it should be remembered that other growing things, including food crops, are inevitably affected as well. Japanese laboratory studies indicate that air pollution and acid rain can reduce some wheat and rice crop production by up to 30 percent.[6]

A major problem with acid rain is that its effects are diffuse and often found in a different country from its source. This makes it extraordinarily difficult to apply the principle that the polluter pays, and it has already led to some acrimony between governments, for example, between the Canadian and U.S. governments and between Scandinavian and UK governments. The costs of such damage are very considerable, however. Corrosion damage alone in the 17 eastern U.S. states has been estimated at $7 billion a year.[7] Technologies do exist to remove SO_2 and NO_x from smokestacks, but they can increase the cost of a new power plant by 20 percent and add 20–25 percent to electricity generating costs.[8] Retrofitting old plants is even more expensive. Considerably research is underway to develop techniques to clean coal before combustion and to burn it more cleanly, such as fluidized bed combustion.

The cost of "clean coal" is a very important dimension, however, given that in 1987 34 percent of all coal consumption was in China and other developing countries, all of which suffer from severe capital constraints. The share of coal in the energy mix of these countries is forecast to increase, along with the total amount of energy consumed by them. China alone is likely to become the world's largest source of SO_2 and carbon emissions by the year 2000. As yet very few measures have been taken in China to alleviate the effects of pollution from coal burning, and localized effects are already apparent. For example, a formerly forested section of Sichuan province has lost 90 percent of its pines due to air pollution.[9]

Coal is not the only culprit in air pollution and acid rain, of course. In particular, vehicle exhausts are already a major contributor to pollution, and the number of vehicles worldwide is forecast to reach over 500 million by 2000 compared to just 250 million in 1975.[10] Three-way catalytic converters can reduce emissions of some pollutants, but unfortunately they increase the amount of carbon dioxide released to the atmosphere and increase the quantity of fuel consumed. The effective solution is to limit the number of vehicles through promoting efficient public transport and to enforce the use of more fuel-efficient vehicles. Prototype passenger cars such as the Toyota AVX already exist that can achieve 98 mpg, compared to the world average of 24 mpg and the U.S. average of 19 mpg.[11]

The third major environmental problem caused by fossil fuels is global warming, or the "greenhouse effect." The increasing concentration of carbon dioxide, methane, chlorofluorocarbons (CFCs), nitrous oxide, and ozone in the atmosphere is acting to trap heat radiated from the earth's surface and is raising the surface temperature of the earth.

Carbon dioxide constitutes about 50 percent of the greenhouse gases, and most of the CO_2 is released by fossil fuel combustion. Figure 3.5 shows British Coal estimates of the contribution of different fuels toward total CO_2 emissions in 1984. Other contributors to the greenhouse effect are also the product of energy consumption, however: leakages from natural gas wells and pipelines release significant amounts of methane, NO_x is produced from fossil fuel combustion, and ozone results from the combination of fossil fuel pollutants and biomass burning. Incomplete combustion produces carbon monoxide and a range of hydrocarbon gases including methane. Photochemical oxidation of the hydrocarbons leads to the formation of more CO_2, CO, peroxides, aldehydes, and ketones.[12]

The level of CO_2 in the atmosphere increased from about 280 ppm in the second half of the nineteenth century to 315 ppm in 1958 and over 345 ppm in the late 1980s. If present trends in energy consumption continue, as suggested by the WEC forecasts, then the concentration of CO_2 alone would double by 2065 to 600 ppm.

The "natural sinks" for CO_2, forests and the ocean, simply cannot handle this level of excess. The world's forest cover is currently being massively reduced, with an area about the size of Wales destroyed each month, and damage to other forests amounting to about 80 percent as much again.[13] The oceans absorb CO_2 but at a very slow rate. Conversion of about 80 percent of dissolved

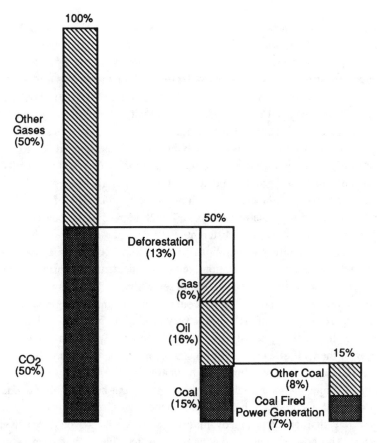

Figure 3.5 Estimated contribution to the greenhouse effect 1984. *Source:* British Coal Memorandum to the UK House of Commons Select Committee on Energy, HMSO, February 1989.

CO_2 to carbonate and its removal from the fast track of the carbon cycle is dependent on the slow mixing of the ocean surface with the deep water where the acids associated with dissolved CO_2 can be neutralized. It seems probable that the other 20 percent of dissolved CO_2 is converted by phytoplankton at a relatively faster turnover. The precise rates of conversion are still uncertain, but overall, about 36 percent of the excess CO_2 released into the atmosphere is absorbed by the ocean. A further 4 percent is converted back into biomass and 60 percent remains in the atmosphere.[14] Warming of the sea surface as a result of the greenhouse effect is expected to be about 10–12 °C in the near-polar regions and this in itself will reduce the physicochemical uptake of CO_2 by the oceans.[15]

The simultaneous increase in other greenhouse gases means that the effective doubling date for carbon dioxide will be about 2030. The current scientific consensus is that this will bring about an average increase of global temperature of 3 °C (plus or minus 1.5 degrees). (By comparison, average temperatures during the last Ice Age were about 4 degrees colder than today.)

The impact of such a global warming is the subject of scientific debate. But given its unprecedented nature and the complexity of the interactions between different factors, it is agreed that no certain predictions can be made. Nevertheless it is likely that many areas of low-lying land will be flooded due to thermal expansion of water in the oceans and the melting of ice caps and glaciers adding to water volume. Widespread climatic disturbance is also expected. The average 3-degree rise in temperature by 2030 is likely to consist of a rise of only about 1 degree at the equator and up to 7 or 8 degrees at the poles.

The increased temperature differential between the regions of the world is likely to cause significant alterations to wind and ocean current patterns, to levels and frequency of precipitation, and to the incidence of storms. It is likely that more of the world will experience desert climates, including areas that are currently very heavily populated. Of course, some countries might benefit from improved growing conditions, but it is very difficult to predict which ones these might be. It is not necessarily true that all climates will even get warmer; a shifting of the Gulf Stream may, for instance, make the climate of the UK more like the colder and wetter climate of Iceland today.[16]

Some commentators are relatively optimistic about human ability to adapt to such changed conditions,[17] but it is undeniable that the world economy would be severely disrupted, and many millions of individuals would be adversely affected. The cost of adaptation is almost incalculable: it has been estimated that adjustments to existing irrigation systems alone might require some $200 billion.[18] The cost of additional flood protection just for East Anglia in the UK has been estimated as $5–6 billion.[19] Massive sea defense measures would be required by countries such as Bangladesh and Egypt, and it is hard to see where such capital sums could be found.

Two major conferences on global warming were held in 1988, in June in Toronto and in November in Hamburg. The conclusions of both meetings were that it was essential for CO_2 emissions to be reduced, with more than a 50 percent reduction being needed to stabilize the climate. The Toronto conference called for a 20 percent cut from 1988 levels by 2005 as an initial global goal. Hamburg called for 30 percent reductions by the major wealthy CO_2 producing nations by 2000.

This reflects a likely topic for future political debate, with the Third World arguing strongly that the costs of pollution abatement should fall largely on those nations more able to pay for it. There is an obvious equity argument at present, in that the LDCs and China accounted for only 24 percent of total energy consumption in 1987, but this is forecast to change in the future. Moreover, China is already one of the major sources of CO_2, as shown in Table 3.15, and coal and oil consumption in the Third World as a whole are forecast to grow strongly.

Unfortunately, unlike SO_2 and NO_x there is no known method of eliminating CO_2 emissions when fossil fuels are burned. What the scientific community is therefore calling for is either a massive change in energy sources or a large reduction in energy consumption.

POSSIBLE SOLUTIONS

Fuel Substitution

There is a clear hierarchy among fossil fuels in the environmental destruction they wreak, as shown in Table 3.16. The ratio of CO_2 emitted per unit of energy is approximately 10:8:6 for coal, oil, and gas, respectively.

Natural gas is also much preferable to coal or oil in terms of SO_2 and particulate matter. There is therefore some interest in substituting natural gas for coal in power generation, especially as an increasing share of future energy demand will be for electricity.

Table 3.15
Carbon Emissions from Fossil Fuel Use in Selected Countries, 1985

Country	Carbon emissions (million tons)	Carbon per capita (tons)
U.S.	1186	5.0
USSR	958	3.5
China	508	0.5
Japan	244	2.0
West Germany	181	3.0
UK	148	2.6
Poland	120	3.2
France	107	1.9
Italy	101	1.8
East Germany	89	5.2

Source: L. Brown and C. Flavin, "The Earth's Vital Signs," in L. Brown et al., *State of the World 1988* (Worldwatch, 1988).

The American Gas Association has produced a comparison of emissions from coal-fired power stations and 100 new 240,000 kw gas combined cycle power plants, reproduced in Table 3.17. This table demonstrates clear advantages in shifting away from coal burning and toward natural gas. "NSPS" coal plant refers to the U.S. Environmental Protection Agency's new source performance standards. (Ironically, it has been suggested that because NSPS standards substantially increase the cost of new plants, the economically useful life of existing more polluting equipment may be prolonged.[20])

Gas has thus acquired the image of a "clean fuel," and pressure is mounting in the European Community to revoke the directive limiting its burning in power stations. The efficiency of combined cycle plants and their relatively low capital cost also make them very suitable for use in developing countries—many of which have substantial gas reserves.[21]

However, it should be noted that natural gas still produces significant quantities of the greenhouse gases, NO_x and CO_2; the leaks of methane during gas production, transportation, and burning also pose a considerable threat to the environment. It is thought that straight methane is an even more potent ingredient in the greenhouse cocktail than carbon dioxide, because it is 30 times as effective as absorbing infrared radiation.[22]

Moreover, even though our energy scenario for 2000 includes a phenomenal 40 percent increase in worldwide gas consumption, there will still be 3,407 mtoe of coal consumed in that year. It is not credible that natural gas could take a much larger share of the energy mix by that time, especially in view of the long lead time (8–10 years) needed to develop gas infrastructure to bring the fuel to market. British Coal has calculated that a 90 percent increase in gas

Table 3.16
Carbon Release in the Production and Combustion of Fuels

Fuel	Carbon, g/MJ
Shale oil mining	27.9
Coal	23.8
Oil	19.2
Gas	13.7
Solar	0.0
Hydro	0.0
Nuclear	0.0

Source: Edmonds and Reilly, "A Long-Term Global Energy-Economic Model of Carbon Dioxide Release from Fossil Fuel Use," *Energy Economics,* vol. 15, no. 2 (1983).

Table 3.17
Emissions by Power Plants, Tons/Year

	Gas combined cycle[1]	NSPS coal	Uncontrolled coal
Sulfur dioxide	0.3	410	3,900
Particulate matter	0.9	21	1,700
Nitrogen oxides	135	240	680
Carbon dioxide	51,000	143,000	143,000

[1]Gas input 1.08 quadrillion BTU/year.
Source: Oil and Gas Journal, 29 August 1988, p. 14.

usage would be required worldwide to produce a 10 percent reduction in CO_2 emissions, even at present levels of energy demand.[23]

A postponement of the greenhouse effect is worthwhile, however, if only because it will provide a "breathing space" during which better solutions may be found. Nevertheless attention should not be directed only at coal. It should be remembered that oil is also a major contributor to CO_2 emissions. This poses special problems since widespread substitution of fuels in the fast-growing transport sector is very unlikely in the short term. Moreover, whereas there is already government involvement in power sector planning in many countries, enabling policy changes to be implemented fairly rapidly, the market for oil products, and especially transport fuels, is more fragmented and market-led. New strategies are therefore more difficult to introduce.

What is the potential for replacement of fossil fuels by those that do not emit any CO_2 at all?

The possible role of new sources such as solar and wind power is discussed in a separate chapter. Whereas there may be considerable scope for the introduction of large-scale renewable energy sources, the current political climate is not overencouraging. Few, if any, governments are committed to their widespread use; whereas research and development programs in general have tended to decline in the past few years, the percentage of research funds devoted to renewable energy has declined disproportionately (see Table 3.18).

Hydro power is set to double from 1987 levels by 2020 in the WEC forecasts. Whereas it used to be seen as a clean, renewable energy source with enormous potential, it has now become clear that hydroelectricity brings its own problems. In theory there remains enormous unused capacity, with the largest opportunities lying in China (378,532 MW), Brazil (213,140 MW), Zaire (120,000 MW), and India (100,000 MW).[24] However the ecological damage associated with large hydro schemes has already made them extremely

Table 3.18

Expenditure on Research and Development in IEA Countries 1987 US$ (millions)

	Total R&D	Renewables	Renewables as % of total
1977	8321.1	572.6	6.8
1979	10,542.8	1236.4	11.7
1980	11,299.7	1443.6	12.8
1981	10,751.3	1427.5	13.3
1982	9750.6	965.5	9.9
1983	9201.4	823.6	8.9
1984	8863.7	780.4	8.8
1985	8698.1	634.6	7.3
1986	7878.2	493.1	6.2
1987	6922.7	461.1	6.7

Source: IEA *Energy Policies and Programs of IEA Countries* (Paris: OECD, 1987).

unpopular in Scandinavian countries. In tropical climates the creation of large lakes is associated with increases in water-borne diseases such as bilharzia.

The flooding of large areas of land inevitably means the destruction of agricultural land and/or tropical rainforest in most places, and often the displacement of very large populations. For example, the Narmada dams project in India, involving up to 3,200 dams, would displace over 1 million people (who would not be compensated), flood 350,000 hectares of forest, and 200,000 hectares of farming land.[25] The Xingu River Basin project in Brazil has recently hit the headlines, with well-organized opposition from local tribes gaining them support from the pope and the UK government among unlikely sources. This project would create the world's largest artificial lake at Babaquara; the Babaquara and Kararo dams would flood an estimated 7,200-square-miles of rainforest, including the lands of 70,000 people.[26]

Increasing political pressure from environmentally concerned groups on funding organizations such as the commercial banks and World Bank makes it unlikely that large hydro schemes will continue to receive the unquestioning support of the past. There does, however, remain considerable scope throughout the world for very small hydro plants.

In some quarters it has been suggested that the greenhouse effect of burning fossil fuels, together with acid rain and air pollution, provide a new opportunity for nuclear power. Even some environmentalists have begun to view nuclear power in a more favorable light. Leaving to one side the question of nuclear pollution and the problem of nuclear weapons proliferation, it is still highly doubtful how great a contribution nuclear power could make to delaying global warming. A study by Keepin and Kats has shown that even if a large nuclear plant of 1,000 MW was built every three days from now until 2025, global CO_2 emissions would still continue to grow.[27]

Keepin's model includes the complete displacement of coal by nuclear energy within 40 years, based on a "typical middle-of-the-road" energy scenario that predicts total energy consumption of 21.3 TW by the year 2025 (WEC's figures for 2020 in its high and low scenarios are 19.1 and 24.6 TW, respectively). To achieve this goal by 2025, the global installed capacity of nuclear power would need to reach 5,200 GW, an 18-fold increase over today's capacity. CO_2 emissions would still increase from today's value of about 5.2 Gt/year to 6.48 Gt/year at the turn of the century, and then decline to 5.27 Gt/year by 2025. Thus, although the acceleration is somewhat slowed, global warming continues to grow, thanks to oil and gas consumption.

Such an enormous number of nuclear plants would, of course, increase both the probability and the number of nuclear accidents. This would have a devastating effect on the environment and would also be likely to cause severe political disruptions. Moreover such a program would involve quite prohibitive capital costs, put conservatively at $5.3 trillion (1987 $), or an average of $144 billion annually, of which LDCs would be responsible for $64 billion a year. In addition total electricity generation costs would average $525 billion a year, of which LDCs would have to pay $170 billion annually. Given this scale of capital required, the authors justifiably say that "large-scale nuclear investment by developing countries can perhaps be more accurately viewed as an alternative to—rather than as a prerequisite for—economic development.[28]

They show that such investments would not only be difficult but misguided, both for the developing and industrialized countries. A much better use of funds would be to implement a wide-ranging energy conservation program, which would simultaneously alleviate the feared environmental disaster and prolong the lifetime of known reserves of fossil fuels.

Most important, a strategy that delays the effect of global warming also allows time in which possible solutions can be arrived at. The figure quoted earlier of a doubling of CO_2 levels by 2075 assumes a 1 percent annual energy efficiency improvement. A 2 percent annual improvement in energy efficiency would keep carbon dioxide concentrations to 463 parts per million in 2075, rather than 600 ppm.[29]

Conservation

Conservation has been called "the fifth fuel." The advantage of conservation is that it not only postpones shortages of fossil fuels and reduces environmental damage, but it can also save considerable amounts of money, even when energy costs are low. This message, however, is only slowly reaching a wide audience.

There is undoubtedly enormous potential for energy conservation, which could considerably decrease total world energy consumption, and thereby the effects of such consumption on the environment. Already between 1973 and 1985 energy intensity in OECD countries fell by as much as 20 percent—partly reflecting a structural change toward low energy-using service industries, but mostly in response to high oil prices. In that period energy demand rose by just 5 percent in the OECD, whereas GDP increased by 20 percent. High energy prices then prompted consumers to switch to less intensive energy use, but the IEA estimated in 1987 that conservation measures economically viable at that time could provide as much as a further 30 percent increase in energy efficiency. They found scope for improvement in energy use in buildings, transport, industry, and power generation.[30] The 1986 oil price collapse had not substantially affected the scope for conservation measures since the high rate of return on energy efficiency investments meant that they were will cost effective, but low fuel prices did slow the momentum toward conservation.

The cumulative effect of apparently small measures can bring remarkable fuel savings. For example, the increase in average fuel efficiency of U.S. cars between 1973 and 1985, from 13.1 to 17.9 mpg, cut U.S. gasoline consumption by 20 billion gallons a year, lowering oil imports by 1.3 mbd.[31] New compact fluorescent light bulbs use 18 watts of power compared to 75 watts for traditional incandescent bulbs and last 10 times as long; over their useful life each bulb saves 180 kg of coal and keeps 130 kg of carbon out of the atmosphere. Electric lighting accounts for 20 percent of U.S. electricity consumption.[32] An important point is that many of these simple efficiency measures could be implemented in a relatively short time, since there is a rapid stock turnover for lightbulbs, cars, and refrigerators—unlike power stations.

A number of analysts have all reached the important conclusion that despite the high capital costs of some efficiency measures, they can result in considerable net savings of cash as well as energy. This is true for individual consumers and is even more true for economies as a whole, where one can, for example, count into the equation the savings on power stations that no longer need to be built, or on energy distribution infrastructure that is not required.

It is worth remembering that as much energy leaks through American windows every year as flows through the Alaskan pipeline.[33] In the United States several utility companies have begun to pursue a path of "least-cost planning." Six of the largest utilities have offset the need for 7,240 MW of generating capacity, by investing in energy efficiency measures in the homes and businesses of their customers, at less than a fifth of the price of new plant construction.[34] Others are beginning to buy "saved energy" from consumers, offering companies a fixed return on every kilowatt-hour saved.

Keepin estimated that in the United States each dollar invested in energy efficiency can displace nearly seven times more carbon than a dollar invested in nuclear power.[35] The European Commission has argued that even a 10 percent improvement in efficiency of electricity use up to the year 2000 would mean reduction in EEC primary energy requirements of 45 mtoe, avoided investment in over 40,000 MW of new capacity, and avoided atmosphere emissions of 125,000 tons a year of SO_2, 200,000 tons a year of NO_x and 160 million tons of CO_2 (if just half of the new plants were burning coal).[36]

Such savings are of worth to any economy but may be particularly attractive to developing countries that suffer from acute shortages of capital. The projected growth in energy demand in developing countries will require enormous amounts of foreign exchange, both to invest in power stations and infrastructure and to buy imported fuels. This in itself will have an environmental impact, because one way of earning foreign exchange is for increasing shares of good agricultural land to be turned over to cash export crops. This in turn leads to cultivation of increasingly marginal land in order to grow staple food supplies and to progressive erosion of soils and eventual desertification.

It is clearly in the interest of developing country governments, as for all others, to ensure that investments reap full value for money. Although more energy-efficient devices tend to be more costly than conventional units, the extra investment is typically much less than would be required for an equivalent amount of energy supply expansion. Lower electricity and energy demand growth will mean reduced borrowing, less environmental degradation, and more resources to invest in other infrastructure, education, agriculture, and so on. Few aid institutions put any emphasis on promoting energy efficiency, however.

Goldemberg et al. developed a hypothetical scenario in which all economic conservation measures are implemented worldwide.[37] By 2020 total world energy consumption could amount to only 11.2 TW, compared to 19.1 or 24.6 TW under the two WEC scenarios (1980 consumption was already as much as 10.3 TW). Per capita energy use would have fallen from 6.3 kW to just 3.2 kW in industrialized countries (compared to levels of 8.1 or 9.7 in the WEC forecasts), and would have risen from 1.0 to 1.3 kW in developing countries (1.1 or 1.6 kW in WEC).

"Any living standard up to that of Western Europe in the mid-1970s could be obtained with about the same per capita energy use as that prevailing today in developing countries. This result is achieved by shifting from traditional, inefficiently used noncommercial (biomass) fuels . . . to modern energy forms . . . and by emphasizing efficiency improvements in energy-using equipment as economic development proceeds."[38] For example, to provide efficient cooking stoves to all 400 million rural households of developing countries would call for an annual investment of about $1 billion and would save enough fuelwood to produce electricity in biomass-fired power plants equal to the output of about 80 large nuclear power plants costing $160 billion.[39]

Goldemberg envisages a development path for the Third World that concentrates on satisfying the basic human needs of the majority of the populations (clean water, food, education, and health) as opposed to production for export markets with the forlorn hope of trickledown of wealth. Similarly, energy-intensive low-labor industrial processes would be eschewed in favor of more appropriate labor-intensive low-energy processes: he cites the success of the charcoal-fired steel industry in Brazil as an example.[40] A study in Brazil by H. S. Geller has also shown that a total investment of less than $10 billion between 1985 and 2000 in more efficient electricity use could eliminate the need to construct 22 GW(e) of electricity capacity costing some $44 billion.[41]

Altogether in Goldemberg's scenario, fossil fuel use would not increase by the year 2020 and coal use would be reduced by about 20 percent. CO_2 in the atmosphere would rise to 1.3 times the preindustrial level.[42]

CONCLUSION

As the Brundtland Commission concluded in 1987, "Choices must be made, but in the certain knowledge that choosing an energy strategy inevitably means choosing an environmental strategy."[43]

More or less expensive equipment can minimize the environmental effects of pollutants such as SO_2, but combustion of all fossil fuels produces carbon dioxide, and no means exist to prevent this. A massive reafforestation program is called for, but this alone will not be able to absorb the projected increase in CO_2. Consequently any increase in world consumption of fossil fuels will add to the already measured climatic effects of greenhouse warming of the earth's atmosphere.

In the absence of a concerted campaign to restrict energy demand, it is very likely that worldwide energy demand will in fact lead to very rapid global warming within the next three decades. A certain amount of fuel substitution will help but can at best postpone events by a few decades. In contrast, a universal drive toward better fuel efficiency already makes economic sense, and in tandem with a substitution program can forestall the worst effects of global warming by an appreciable period.

During this time a determined research effort should be able to commercialize renewable energy sources to the point where they can take over a very large part of world energy consumption. Research on traditional fuels may in the meantime produce new ways of using fossil fuels without producing such intractable pollution problems.

The encouraging feature of conservation is that it makes sense for each consumer and for each government and does not require international conferences and agreements before it can start.

Observers such as Schelling (1988) are pessimistic about slowing global warming, because the action of any individual government would have only a minor impact: he argues that if the United States unilaterally were to phase out fossil fuels, this would only gain five years on the doubling of atmospheric CO_2 levels. Consequently he argues that there is no point in any individual government taking action without there being an enforceable international agreement on CO_2 reductions, and this is a somewhat unlikely outcome in the near future. If, however, the U.S. economy could be shown to benefit from an increased energy efficiency program, as many analysts suggest, then this in itself can become a motivator. For example, it has been suggested that the United States is at a $200 billion disadvantage to Japan as a result of a poorer energy efficiency performance, and the UK suffers in a similar way in comparison with West Germany, Sweden, or Japan.

Far from investments in energy efficiency putting countries at a competitive disadvantage, they would improve economic performance. The environment will benefit from a strategy adopted for purely economic reasons.

There is, however, a problem in translating the arguments of overall economic efficiency into clear cash benefits to those making investments. Consumers typically require much shorter payback periods for their investments than do planners of power stations. Similarly, fuel prices do not reflect the external social costs associated with their use; nor do they account for the welfare of future generations. Meanwhile there are signs that, far from encouraging conservation programs, some governments are losing interest in energy efficiency. For example, the UK government has recently halved its allocation to the Energy Efficiency Office.[44]

In order to tackle the problem of environmental damage resulting from energy use, governments need to act on three fronts:

1. A number of measures can be implemented immediately to foster energy efficiency and conservation, without unduly interfering with market mechanisms. Some are extremely simple and cheap, and others require more wholesale reordering of energy markets. But the net effect on energy consumption could be dramatic. Some of these include:
   - the labeling of consumer goods, vehicles, and houses, to enable consumers to make an informed choice.
   - the setting of stringent efficiency standards for manufacturers.
   - providing facilities for energy audits to both private and commercial consumers, together with grants and fiscal incentives to encourage the take-up of efficiency measures.
   - setting energy prices at their true market value. This requires the removal of overt subsidies in many developing and centrally planned economies, and the indirect subsidies found in so-called market economies in the form of depletion allowances, tax breaks, and support to nuclear programs.
   - requiring power authorities to apply rigorously the principles of least-cost planning, where the cost of any new supply investment is compared to the cost of an electricity conservation program.
   - strict application of energy efficiency standards to government-owned buildings and vehicles (a large share of the total in many countries).
   - the imposition of a carbon/climate protection tax on all fuels.
   - a new emphasis on energy efficiency in aid programs for developing countries.
2. There remains scope for a great deal more research into methods of energy conservation.
3. A considerable increase is required in research and development expenditure for renewable energy sources.

The major problem lies in overcoming the inertia of old habits. The attitudes of those with political power need to change; so do those of leaders within the energy industries—at present various energy utilities still advertise in an attempt to encourage greater consumption; and finally consumers will need to think anew. The signs in most European countries are that consumers are well ahead of their "leaders," but are hampered by lack of information and thoughtless planning by governments and utilities.

The task is not impossible but will require a great deal of political will and determination. Already politicians are finding it necessary to present a "green" image. What is needed is statements such as the following by President George Bush to be translated into action: "Those who think we're powerless to do anything about the 'greenhouse effect' are forgetting the 'White House effect'. As President, I intend to do something about it."[45]

NOTES

1. J. Goldemberg et al., *Energy for a Sustainable World* (World Resources Institute, 1987).

2. World Bank, China, *The Energy Sector* (Washington, DC, 1985).

3. W. Harrington, "Breaking the deadlock on acid rain control," *Resources.* no. 93 (Fall 1988).

4. World Commission on Environment and Development (WCED), *Our Common Future* (New York: Oxford Univ. Press, 1987).

5. L. Brown and C. Flavin, "The earth's vital signs," in L. Brown et al., *State of the World 1988* (Washington, DC: Worldwatch Institute, 1988).

6. WCED, p. 181.

7. Ibid.

8. IEA, *Clean Coal Technology* (Paris: OECD, 1987), p. 8.

9. Brown and Flavin, *Earth,* p. 15.

10. Goldemberg et al., *Energy,* p. 62.

11. Ibid., p. 8.

12. J. Berreen, *Change in an Uncertain Atmosphere. The Impact of Global Warming and Climate Change.* Green Party, London, British Petroleum, *Statistical Review of World Energy,* 1988.

13. Ibid., p. 12.

14. Ibid., p. 9.

15. UK House of Commons, *Energy Policy Implications of the Greenhouse Effect.* Memoranda of Evidence to the Select Committee on Energy, HMSO, February, 1989, p. 84.

16. Association for the Conservation of Energy (ACE), *Solutions to Global Warming* (London: ACE, 1989).

17. T. Schelling, "Global environmental forces," E-88-10, Energy and Environmental Policy Center, Harvard University, November 1988.

18. Brown and Flavin, *Earth,* p. 17.

19. ACE, *Solutions.*

20. Harrington, "Breaking the Deadlock."

21. A. Davison, C. Hurst, and R. Mabro, *Natural Gas: Governments and Oil Companies in the Third World* (New York: Oxford Univ. Press for OIES, 1988).

22. UK, p. 4.

23. Ibid., p. 17.

24. World Bank, *The Energy Transition in Developing Countries* (Washington, DC, 1983).

25. *New Internationalist,* March 1988.

26. Friends of the Earth (FOE). *Earth Matters* (Spring 1989).

27. B. Keepin and G. Kats, "Greenhouse warming. Comparative analysis of nuclear and efficiency abatement strategies," *Energy Policy* (December 1988).

28. Ibid., p. 546.

29. C. Flavin, "Creating a sustainable energy future," in Brown et al., *State* (1988).

30. IEA, *Energy Conservation in IEA Countries* (Paris: OECD, 1987).

31. Goldemberg et al., *Energy,* p. 57.

32. Ibid., p. 48.

33. C. Flavin and A. Durning, "Raising energy efficiency," in Brown et al., *State* (1988).

34. Flavin, "Creating," p. 34.

35. Keepin and Kats, "Greenhouse," p. 552.

36. UK, p. 7.

37. Goldemberg et al., *Energy.*

38. Ibid., p. 31.

39. Ibid., p. 44.

40. Ibid., p. 70.

41. Ibid., p. 58.

42. Ibid., p. 32.

43. WCED, p. 168.

44. *The Fifth Fuel,* Newsletter of the Association for Conservation of Energy, no. 23 (Spring 1989).

45. UK, p. 55.

Chapter 4

The Prospects for Renewable Energy on a Large Scale

Robert H. Williams

INTRODUCTION

Global environmental and security risks are becoming major factors in shaping the course of global energy development. With over 40 percent of the world's remaining oil resources (including most of the least costly resources) concentrated in the politically volatile Middle East, the world faces global security risks by being overdependent on oil. Fossil fuel resources generally are much more abundant and more widely distributed than oil, but overdependence on fossil fuels will give rise to a significant change in the global climate in a matter of decades—a time scale that is probably too short for the human race and the biosphere generally to make adjustments without incurring great economic and ecological costs. Whereas a major shift to nuclear power would avoid such risks, it would also dramatically increase the risk of nuclear weapons proliferation, in light of the facts that (1) nuclear weapons-usable materials are produced in nuclear power plant operations, and (2) at high levels of nuclear dependency uranium constraints would dictate the recovery of these materials from spent nuclear fuel and their use in fresh reactor fuel on a wide scale, making inevitable the occasional diversion of some of these materials from the civilian nuclear fuel cycle to weapons purposes by national, terrorist, or criminal groups.

Such considerations highlight the desirability of shifting to renewable energy technologies that are not characterized by such serious intrinsic (irreducible) risks. (Intrinsic—irreducible—risks are risks that are not readily amenable to technical fixes without greatly increasing the costs of providing useful energy. The use of each of the conventional energy technologies considered here also involves other risks (reducible risks) that are much more amenable to technical fixes, the adoption of which would only modestly affect the cost of energy, e.g., the adoption of various control technologies for reducing the oxides of sulfur and nitrogen created in the combustion of fossil fuels and design strategies for making "inherently safe" reactors.) In this chapter the prospects for renewable energy are discussed by showing what might be accomplished with some bioenergy and photovoltaic technologies. No attempt at a complete treatment of renewable energy is made here. Rather, especially promising technologies in the selected categories are discussed to give an indication of the overall prospects for renewable energy and to highlight the conditions required to realize the potential.

BIOENERGY

Biomass (green plant matter) is already being used as an energy source, accounting for more than 1/3 of total energy use in developing countries at present (as much as oil, gas, hydro, and nuclear energy combined, see Table 4.1). But in its dominant applications in developing countries today, biomass is

Table 4.1
Distribution of Global Primary Energy Use in 1987[1]

	Industrialized countries		Developing countries		World	
	MTOE	EJ	MTOE	EJ	MTOE	EJ
Coal	1502	62.9	884	37.0	2386	99.9
Oil	2211	92.6	730	30.6	2941	123.1
Gas	1333	55.8	222	9.3	1555	65.1
Hydro	355	14.9	169	7.1	524	21.9
Nuclear	377	15.8	27	1.1	404	16.9
Biomass	169[2]	7	1147	48[3]	1316	55
TOTALS	5947	249	3179	133.1	9126	381.9

[1]All estimates except for biomass are from: British Petroleum Co., *BP Statistical Review of World Energy,* 1988; 1 TOE is assumed to contain 10^7 kilocalories—41.86 GJ.

[2]Based on an extrapolation of IEA data (International Energy Agency, *Renewable Sources of Energy,* OECD, Paris, 1987).

[3]Estimate due to David O. Hall, King's College, London, Private communication, 1988. Hall estimates that on average biomass is consumed for energy purposes at an average rate of 1.0 (air-dry) tonne per capita per year in rural areas and 0.5 tonnes per capita per year in urban areas in developing countries.

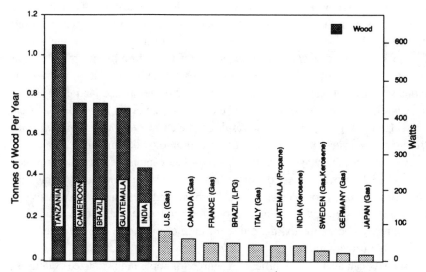

Figure 4.1 Per capita energy use rates for cooking with fuelwood and high-quality energy carriers. For both wood stoves and stoves using high-quality energy carriers, the per capita energy use rate is expressed in Watts (an abbreviation of Watt-years per year). For wood it is also given in tonnes of dry wood per year. *Source:* J. Goldemberg, T. B. Johansson, A. K. N. Reddy, and R. H. Williams, *Energy for Development,* World Resources Institute (Washington, DC: September 1987).

the "poor man's oil" and is used very inefficiently. As a result, little useful energy is obtained. One indicator of this inefficiency is that per capita energy use for cooking is several times as large as with fuelwood in rural areas of developing countries as with gaseous or liquid fuels in either developing or industrial countries (Fig. 4.1) and is comparable to per capita energy use for automobiles in Western Europe in the mid-1970s.

If bioenergy could be modernized by transforming biomass into modern energy forms (processed solid, liquid, or gaseous fuels, electricity), it could play a much more significant role as an energy source.

Biomass has various attractions as an energy source. Unlike fossil fuels, it is a widely available resource. With the exception of China, most developing countries have negligible coal resources, but many have significant biomass resources.

As a means of harnessing the sun, biomass has some appealing features. One is that in biomass production the "solar collector" required to harness the sun is cheap—it is just the land required to grow plants. Also, in biomass nature has provided an intrinsic mechanism for storing solar energy for use when the sun is not shining.

The use of biomass for energy purposes can help mitigate the greenhouse problem, in part because there is no net build-up of carbon dioxide in the atmosphere from the combustion of biomass, if biomass is produced and used renewably. Thus biomass grown renewably and substituted for fossil fuel would lead to a *net reduction in carbon dioxide emissions* to the atmosphere. Also, the steady-state inventory of biomass associated with the renewable production of biomass in plantations on previously unforested or deforested land can seques- ter significant quantities of carbon, if the biomass involved is wood from fast- growing but long-lived trees. The result can be an *extraction of carbon dioxide from the atmosphere* associated with past carbon dioxide emissions.

Because bioenergy systems are inherently labor-intensive, emphasis on bio- energy would provide direct opportunities for rural employment in developing countries. Emphasis on bioenergy could provide indirect rural employment op- portunities as well by providing energy for rural industrialization. And thus both directly and indirectly, the modernization of bioenergy can help stem un- sustainable urban migration.[1]

Biomass can also be a significant resource for some industrialized countries. For example, presently unused wood resources potentially available for energy in the United States amount to some 11 EJ per year (Table 4.2), equivalent to

Table 4.2

Estimated Unused Wood Potentially Available for Energy in the United States

Source	Mass of dry wood[1] (million tonnes/yr)	Energy content of wood[2] (exajoules/yr)
Commercial forest land		
Excess growing stock	195	3.90
Mortality	86	1.73
Harvested forest sites		
Logging residues	145	2.91
Standing live & dead trees	18	0.36
Forest products industrial waste	18	0.36
Waste wood from land clearing	18	0.36
Urban tree removals & wood waste	64	1.27
Totals	544	10.9

[1]*Source:* J. T. Zerbe, "Forest Service Response to the National Energy Situation," pp. 33–58, in U.S. Dept. of Agriculture, Sixth Annual Solar, Biomass, and Wind Energy Workshop, Atlanta, GA, 25–27 February 1986.

[2]Assuming a heating value of 20 GJ/tonne.

about 1/7 of total U.S. primary energy use. And surplus agricultural land in many industrialized countries could be put into the production of biomass for energy purposes, thereby using this land productively while providing the opportunity to reduce or eliminate the government subsidies that are responsible for the agricultural surpluses.[2]

But there are problems with biomass as an energy source. First, in some parts of the developing world, biomass (mainly in the forms of firewood and crop residues used in the domestic sector for cooking) is not produced renewably and is instead contributing to deforestation and the global warming through the build-up of carbon dioxide in the atmosphere.

Second, biomass cannot support worldwide per capita levels of energy use comparable to those in the industrialized countries today because of land use constraints dictated by the low efficiency of photosynthesis. Even biomass energy plantations producing some 20 tonnes of (dry) biomass per hectare per year (about twice what is currently achievable on bioenergy plantations in the United States) the efficiency of converting solar energy into biomass energy is only about 1/2 of 1 percent. If energy derived from biomass produced on such plantations were used to support a developing country population in the middle of the next century at the average per capita rate of energy use in industrialized countries in 1985, nearly 5 billion hectares of land would be required— equivalent to more than 1/2 of all the land area of developing countries today and 1 1/2 times the land area in cropland and forests!

But biomass can be produced renewably with proper management and it can play a major role as an energy source if it is modernized and used efficiently.

Efforts aimed at modernizing bioenergy should begin with applications that economic analyses indicate are the most favorable prospects for rapid market development. At present the most fully developed bioenergy technology involves the production of ethanol from sugar cane. But whereas this technology was economical at the time of the peak world oil price in the early 1980s, sugar cane-based alcohol production is not economic at today's world oil price, which resulted in an average wholesale gasoline price in the United States of just $4.5 per GJ (0.59) a gallon) in 1987. The near-term prospects for making methanol or ethanol from wood are even less favorable (Fig. 4.2), although recent developments relating to ethanol production via enzymatic hydrolysis of wood indicate favorable economics of period of about a decade with continued research and development.[3]

But even at today's depressed world oil price, the prospects are favorable for introducing biomass gasification/gas turbine electric generating technologies that could compete with conventional electric power technologies.

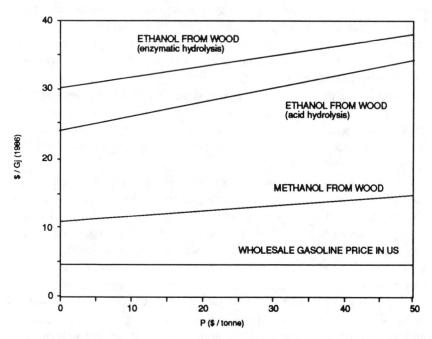

Figure 4.2 Costs for alcohol production from wood. The cost of producing liquid fuels from wood using alternative conversion technologies, in relation to the 1987 wholesale price of gasoline in the United States. Here P is the wood feedstock price, in dollars per dry tonne. All capital and operating cost estimates are for U.S. conditions, for a plant operating at a 90 percent capacity factor, assuming a 10 percent real discount rate, a 20-year plant life, and neglecting all taxes and subsidies. A 29 million liter per year methanol plant is assumed to cost $22 million; a 57 million liter per year acid hydrolysis ethanol plant is assumed to cost $147 million; and a 57 million liter per year enzymatic hydrolysis plant is assumed to cost $4,151 million. *Sources:* Stone and Webster Engineering Corporation, "Economic Feasibility Study of a Wood Gasification-Based Methanol Plant," a report prepared for the Solar Energy Research Institute, SERI/STR-231-3141, April 1987; Stone and Webster Engineering Corporation, "Economic Feasibility Study of an Acid-Based Ethanol Plant," a report prepared for the Solar Energy Research Institute, SERI/STR-231-3139, April 1987; Stone and Webster Engineering Corporation, "Economic Feasibility Study of an Enzyme-Based Ethanol Plant," a report prepared for the Solar Energy Research Institute, February 1985.

BIOMASS FOR ELECTRICITY GENERATION

Getting Good Performance at Modest Scale

In order to make bioenergy interesting for electricity generation and globally significant as a strategy for coping with the greenhouse problem, one needs an electric generating device that offers high efficiency and low capital cost at modest scales ranging from less than 0.1 MW to about 100 MW. This scale limitation is dictated by the dispersed nature of the biomass supplies, which must be gathered from the countryside and transported to the power plant. If bioelectric plants were as large as 500 to 1,000 MW, which is typical for coal and nuclear power stations, the cost of delivering fuel to the plant would be prohibitive.

Traditional steam-electric power generating technology is not an especially promising candidate for generating electricity with biomass, in part because its unit capital cost ($/kW) is strongly scale-dependent, which is the main reason fossil and nuclear steam-electric plants are built big. But the unit capital cost of the gas turbine is relatively insensitive to scale, so that from a capital cost perspective the gas turbine is an interesting candidate for biomass-based power generation.

For biomass applications, the most promising gas turbines are aeroderivative gas turbines, i.e., gas turbines derived from aircraft engines. Aeroderivative turbines offer high efficiency and low unit capital costs at modest scales, for both cogeneration and power only applications. Moreover, the compact, modular nature of aeroderivative turbines facilitates maintenance. When an aeroderivative engine fails, it can be replaced quickly by a spare that is trucked or flown in from a centralized lease pool maintenance facility, at which the failed engine would be repaired. This feature should make aeroderivatives especially attractive for developing countries, where sophisticated on-site maintenance is often not readily available. In fact, the required maintenance infrastructure is already in place in developing countries that have their own commercial airlines.

Steam-injected gas turbines. One commercially available aeroderivative turbine cycle is the steam-injected gas turbine (STIG). In this cycle (Fig. 4.3) steam is produced from the gas turbine exhaust heat using a heat recovery steam generator (HRSG). This steam can be used either for industrial process applications, or it can be injected into the gas turbine combustor, where it is heated up to the turbine inlet temperature and then passed through the turbine. As steam injection increases, the gas turbine produces more power at higher electrical efficiency.

At present there are 31 STIG units in the United States, operating, under construction, or on order, that can burn high quality gaseous and liquid fuels.[4] The largest STIG unit commercially available is based on the GE LM5000 turbine (derived from the jet engine used in the Boeing 747, the DC 10 Series 30, and the Airbus 300). As a simple cycle it produces 33 MW at 33 percent efficiency when operated on natural gas fuel. (In this chapter all efficiencies are based on higher heating values—HHV—for fuel, the U.S. convention. The

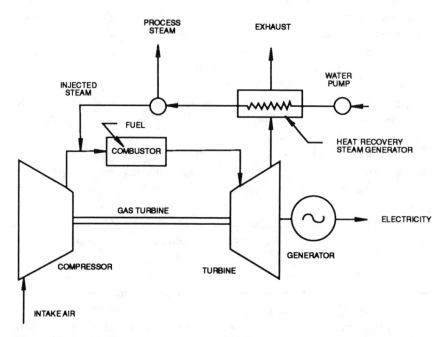

Figure 4.3 Steam-injected gas turbine (STIG). Fuel burns in air pressurized by compressor, combustion product gases drive turbine, turbine exhaust gases are used to raise steam in a heat recovery steam generator (HRSG), and steam not needed for process applications is injected into the combustor for increased power output and higher electrical efficiency.

HHV counts the latent heat that could be recovered by condensing out the water vapor from the flue gases. Most of the rest of the world uses the lower heating value—LHV—convention.) With full steam injection this engine produces 51 MW at 40 percent efficiency; the installed cost of this STIG unit is about $30 million ($600 per kW).[5]

Intercooled Steam-Injected Gas Turbine. An advanced version of STIG is the intercooled, steam-injected gas turbine (ISTIG, Fig. 4.4). The installed cost of a 47 percent efficient, natural gas-fired 114 MW ISTIG (essentially the 51 MW STIG unit described above modified for intercooling) would be about $400 per kW.[6]

Although ISTIG is not commercially available, it could be brought to market in three to five years if there were sufficient commercial interest.[5] Despite its favorable prospective economics, ISTIG is not likely to be commercialized soon by market forces acting alone. However, because a high degree of NO_x control is inherent in this technology, the adoption of tough NO_x emissions standards could provide a powerful incentive for bringing ISTIG to market quickly. Recently the staff of the California Energy Commission recommended that the Southern California Edison Company make a substantial purchase of this technology as an economically efficient way to meet the tough NO_x standards proposed in a new plan to bring Southern California into compliance with U.S. ambient air quality standards established under the Clean Air Act.[8]

Firing Gas Turbines with Biomass

Gas turbines that can be fired with biomass fuel are not commercially available. At present, commercial gas turbine power generating units throughout the world are fired with high quality fuels—mainly distillate and natural gas—because the use of low quality fuels like biomass would damage the engine. However, the high performance inherent in the gas turbine as a power generating system has motivated power planners to seek ways of marrying the gas turbine to coal, which is far more abundant than oil or natural gas. As a result of hundreds of millions of dollars of public and private sector expenditures in the United States, Western Europe, and Japan, major advances have been made in the technology of firing high-efficiency, low-cost gas turbines with gas de-

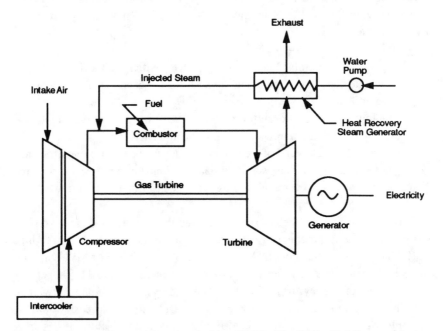

Figure 4.4 Intercooled steam-injected gas turbine (ISTIG). Like STIG with full steam injection except that an intercooler between compressor stages allows for operation at much higher turbine inlet temperature because of improved air cooling of turbine blades.

rived from coal. Much of this coal gasification/gas turbine research and development is directly relevant to biomass.

One noteworthy development has been the successful construction and operation of a 94 MW gas turbine/steam turbine combined cycle power plant coupled to an entrained bed oxygen-blown coal gasifier, at Cool Water, California, operated by the Southern California Edison Company as part of a joint industrial effort involving the Electric Power Research Institute (EPRI), the Bechtel Corporation, the General Electric Company, Texaco, and a Japanese consortium, the Japan Cool Water Program. The Cool Water Project has demonstrated that it is technically feasible to operate a gas turbine on gasified coal with very low pollutant emissions. Moreover, a commercial-scale (600 MW) plant using this gasifier and the best available combined cycle would be cleaner than and roughly competitive with a conventional coal-fired steam-electric power plant equipped with flue gas desulfurization.[9]

A 1986 study for the U.S. Department of Energy (DOE) by the General Electric Corporate R&D Center analyzed various alternative gasifier/gas turbine combinations to find out how the economics of coal gasifier/gas turbine technology could be improved over that demonstrated at Cool Water.[10] This study identified three strategies as the most promising for reducing capital costs and improving the coal-to-electricity conversion efficiency, thereby reducing overall costs:

- Replacing the entrained-bed, oxygen-blown gasifier with a fixed-bed, air-blown gasifier, thus eliminating the need for the costly and scale-sensitive oxygen plant.
- Employing hot-gas desulfurization instead of a scrubber (cold-gas cleanup) for sulfur removal, thus improving efficiency.
- Using an ISTIG instead of a combined cycle, further improving efficiency and eliminating the scale-sensitive steam-turbine bottoming cycle required for the combined cycle, as well as the condenser and cooling tower.

With these strategies, the GE study estimated that the installed capital cost of the resulting coal-integrated gasifier/intercooled steam-injected gas turbine (CIG/ISTIG) would be about $990 per kW (Table 4.3) in a 110 MW unit with an overall coal-to-busbar efficiency of 42 percent (compared to $1,500 per kW @ 38 percent efficiency for a 600 MW combined cycle plant equipped with an entrained-bed, oxygen-blown gasifier.[11] The resulting busbar cost would be one-fifth less than that of either a coal-fired steam plant with flue gas desulfurization or a combined cycle plant fired by coal gas derived from an oxygen-blown gasifier.[12] The CIG/ISTIG technology would offer the environmental

Table 4.3

Installed Capital Cost for CIG/ISTIG System[1]

	Jan 1986$/kW
I. Process capital cost	
Fuel handling	36.7
Blast air system	9.6
Gasification plant	83.1
Raw gas physical cleanup	7.7
Raw gas chemical cleanup	150.9
Gas turbine/HRSC	256.4
Balance of plant	
mechanical	33.0
electrical	48.4
civil	60.7
Subtotal	686.5
II. Total plant cost	
Process plant cost	686.5
Engineering home office (10%)	68.6
Process contingency (6.2%)	42.5
Project contingency (17.4%)	119.6
Subtotal	917.2
III. Total plant investment	
Total plant cost	917.2
AFDC (1.8%, 2-yr construction)	16.5
Subtotal	933.7
IV. Total capital requirement	
Total plant investment	933.7
Preproduction costs (2.8%)	26.2
Inventory capital (2.8%)	26.5
Initial chemicals and catalysts	2.3
Land	1.3
Total[2]	990

[1]This is the estimated unit capital cost for a 42.1 percent efficient 110 MW Coal-fueled Integrated Gasification/Intercooled Steam-Injected Gas Turbine (CIG/ISTIG) system, which involves coupling a fixed-bed, airblow, Lurgi gasifier with chemical hot-gas clean-up to an ISTIG unit. From J. C. Corman, "System Analysis of Simplified ICCC Plants," report prepared for the U.S. Dept. of Energy at the Corporate Research and Development Center, General Electric Company, Schenectady, NY, ET-14928-13, September 1986. This cost estimate was obtained using the cost estimation procedures recommended by the Electric Power Research Institute (EPRI) in its 1986 *Technical Assessment Guide,* to facilitate comparisons with costs for alternative technologies.

[2]For comparison a conventional new 34.6 percent efficient 500 MW coal-fired steam-electric plant is estimated to cost $1,360 per kW, and a 37.9 percent efficient 600 MW gas turbine/steam turbine combined cycle fired with gas derived from a Texaco gasifier (the technology demonstrated at Cool Water) is estimated to cost $1,500 per kW (Electric Power Research Institute, *Technical Assessment Guide,* Palo Alto, CA 1986).

benefits of coal gasification in a power plant one-fifth as large as a commercial-scale version of the technology demonstrated at Cool Water, thus bringing to coal-based power technology the advantages of small-scale units.

The outstanding performance of CIG/ISTIG at modest scale makes the basic technology involved interesting for biomass applications.[13] *With modest incremental R&D effort, this and similar emerging coal gasification/gas turbine technologies could be adapted to biomass.* Indeed, biomass gasification/gas turbine technologies could be commercialized more quickly than the corresponding coal technologies, since biomass is inherently easier to gasify than coal and since biomass contains negligible quantities of sulfur, the cost-effective removal of which is the major technological challenge in ongoing coal gasification/gas turbine development efforts. The fact that sulfur clean-up technology would generally not be needed with biomass implies that the biomass-fired integrated gasification/intercooled steam-injected gas turbine system (BIG/ISTIG, the biomass version of CIG/ISTIG) would be 1/5 less costly per kW (Table 4.4).

BIG/ISTIG Applications for Developing Countries

One attraction of BIG/ISTIG for developing countries is that its adoption would help cope with the rising capital costs of new electricity supplies, which are making continued expansion of the electric power sector unaffordable in developing countries[14]: the unit capital cost of BIG/ISTIG (Table 4.4) is expected to be just one-half the average capital cost for new generating capacity in developing countries in 1980 (Table 4.5).

How much of a role could BIG/ISTIG play in providing the electricity needed for development? Any biomass-based energy technology will eventually be limited by land-use constraints, because of the low efficiency of photosynthesis. However, with emphasis on energy end-use efficiency, BIT/ISTIG technology could play a major role in the development process over the next several decades, even without major expansions in primary bioenergy supplies.

Importance of using energy efficiently. It has been shown that a living standard in developing countries up to that of Western Europe in 1974 could be achieved with an average rate of final energy use of only "1 kW" per capita, which is slightly more than the developing country average in 1980 of 0.9 kW, if emphasis is given to (1) improved efficiency of energy use and (2) modern energy carriers.[15] Key features of this energy-efficient "1 kW scenario" are a phasing out of inefficient noncommercial energy and an emphasis on electricity. Electricity production per capita would have to increase from the 1980 develop-

Table 4.4
Installed Capital Cost for BIG/ISTIG System[1]

	Jan 1986$/kW
I. Process capital cost	
Fuel handling	36.7
Blast air system	9.6
Gasification plant	83.1
Raw gas physical cleanup	7.7
Raw gas chemical cleanup	0.0
Gas turbine/HRSG	256.4
Balance of plant	
mechanical	33.0
electrical	48.4
civil	60.7
Subtotal	535.6
II. Total plant cost	
Process plant cost	535.6
Engineering home office (10%)	53.6
Process contingency (6.2%)	33.2
Project contingency (17.4%)	93.2
Subtotal	715.6
III. Total plant investment	
Total plant cost	715.6
AFDC (1.8%, 2-yr construction)	12.9
Subtotal	728.5
IV. Total capital requirement	
Total plant investment	728.5
Preproduction costs (2.8%)	20.4
Inventory capital (2.8%)	20.4
Initial chemicals and catalysts	0.0
Land	1.3
Total	770

[1]This is the estimated unit capital cost for a 110 MW Biomass-fueled Integrated Gasification/Intercooled Steam-Injected Gas Turbine (BIG/ISTIG) system, which involves coupling a fixed-bed, airblown, Lurgi gasifier without chemical hot-gas clean-up to an ISTIG unit. The cost equals that for CIG/ISTIG (Table 4.3) less the costs required for the chemical hot gas removal system (not needed because biomass contains negligible quantities of sulfur). For many biomass applications 110 MW may be too large an installed capacity. Assuming the same scaling law for the capital cost of BIG/ISTIG as for BIG/STIG, the unit capital cost at other capacities is: $2167 (MW)^{-0.22}$, so that at 40 MW, for example, the capital cost would be $960 per kW.

Table 4.5
Capital for Electricity[1]

	1980	2000L[2]	2000H[3]
Cost for new generating capacity (Jan 1986 $/kW)			
Hydroelectric	2630	3220	3940
Nuclear	1970	2430	2950
Fossil fuel, thermal	990	1180	1450
Average capital requirements by region (Jan 1986 $/kW)			
Industrial countries			
Generation	1420	1920	2290
T&D	2630	2660	2900
Developing countries			
Generation	1620	1980	2380
T&D	780	1630	2380
Centrally planned economies			
Generation	1310	1740	2220
T&D	1310	1880	2510
Overall capital requirements for electricity [10^9 $/year (% of CDP)]			
Industrial countries	217 (2.2)	290 (2.0)	468 (2.7)
Developing countries	42 (1.5)	142 (2.6)	365 (5.5)
Centrally planned economies	58	141	223

Average growth rates (%/year)		
	1980–2000L[2]	1980–2000H[3]
For CDP		
Industrial countries	2.0	3.0
Developing countries	3.5	4.5
For primary energy consumption		
Industrial countries	0.15	1.3
Developing countries	2.5	4.7
Centrally planned economies	1.8	2.3
For electricity generation		
Industrial countries	1.3	2.5
Developing countries	4.5	6.8
Centrally planned economies	2.7	3.2

[1]*Source:* H. K. Schneider and W. Schulz, *Investment Requirements of the World Energy Industries 1980–2000,* report prepared for the World Energy Conference WEC) Study Group on Long-Term Investment Requirements, Needs, Constraints, and Proposals, World Energy Conference, London, September 1987.

[2]2000L (2000H) is for the WEC low (high) growth scenario.

ing country average of 400 kWh per year to 2,100 kWh per year, about half of the actual average for Western Europe in 1975 (Table 4.6).

The extent to which biomass could be used in generating the electricity needed for the "1 kW scenario" is suggested by considering what might be achieved if the biomass now consumed were used much more efficiently. If

Table 4.6
Alternative Electricity Production Rates (kWh per capita per year)

Actual average for WE/JANZ region in 1975[1]		4030
Electricity required for "1 kW" scenario[2]		2090

	Electricity production in developing countries	
	Actual average from all sources in 1980[3]	Potential with biomass at 2/3 present level of bioenergy use[4]
Nepal	16.0	1050
Ethiopia	16.4	910
Somalia	23.7	1180
Niger	37.6	610
Sudan	51.2	1550
Tanzania	55.2	1990
India	162	470
Bolivia	280	640
China	302	790
Thailand	314	1270
Average, all countries	400	1030

[1]The WE/JANZ region consists of Western Europe, Japan, Australia, New Zealand, S. Africa, and Israel. *Source:* V. C. Chant, *Two Global Scenarios: the Evolution of Energy Use and the Economy to 2030*, RR-81-35, International Institute for Applied Systems Analysis, Laxenburg, Austria, 1981.

[2]The "1 kW" scenario is for a hypothetical developing country to have the energy-using activity levels of the WE/JANZ region in 1975 but supplied with energy using energy end-use technologies that are either the best available on the market at present or, in a few instances, advanced technologies that could be commercialized over the next decade. (For a detailed description of the "1 kW" scenario see J. Goldemberg, T. B. Johansson, A. K. N. Reddy, R. H. Williams, *Energy for Development*, World Resources Institute, Washington, DC, 1987.)

[3]*Source:* World Bank, *The Energy Transition in Developing Countries* (Washington, DC, 1983).

[4]Here it is assumed that 2/3 of the biomass presently consumed for energy (D. O. Hall, G. W. Barnard, P. A. Moss, *Biomass for Energy in Developing Countries*, Pergamon, Oxford, 1983) is used for electricity production using BIG/ISTIG technology, converting 42 percent of the energy contained in the raw biomass into electric energy.

cooking, which now dominates biomass use, were based not on the direct use of fuelwood and other forms of biomass but rather on gas derived from biomass (e.g., producer gas, like the "town gas" derived from coal and widely used in the world before the availability of natural gas and LPG), the biomass feedstock requirements for cooking could probably be reduced by 2/3, because the savings from the use of gas burners instead of stoves burning solid biomass would greatly offset the losses in gasification. Suppose, hypothetically, that (1) 2/3 of the biomass now used could be freed up for other purposes through the substitution of efficient end-use technologies for existing equipment and (2) this freed-up biomass could be gathered and used to produce electricity in BIG/ISTIG units. If so, the electricity produced, on average, would be about 1/2 of the amount needed for the "1 kW scenario" (Table 4.6).

At this rate of per capita biomass-based electricity generation for the 1987 developing country population of 3.8 billion, with the biomass grown renewably, about 1 gigatonne per year less carbon would be added to the atmosphere as carbon dioxide than if the same amount of electricity were produced in coal-fired steam-electric power plants—equivalent to about 1/5 of the level of global fossil fuel emissions rate at present. Further, if this biomass were produced on bioenergy farms or plantations at an average productivity of 10 (oven-dry) tonnes per hectare per year, some 167 million hectares of farms or plantations would be required. This much land in managed plantations could make a significant contribution to offsetting ongoing deforestation, which has been estimated to range, for closed, primary tropical forests, from 4.5 to 11.9 million hectares per year in 1980.[16] Further, if the rotation period of the trees involved were 15 years, the amount of carbon that could be extracted from the atmosphere and sequestered in the steady-state biomass inventory of such plantations would be about 5.8 gigatonnes. (Assuming the carbon accounts for 1/2 of the mass of dry wood, the amount of carbon C that can be sequestered per hectare in the steady-state carbon inventory of a plantation that produces biomass at a constant rate of Y tonnes per hectare per year for R years (the rotation length) is given by: $C = (1/2)*(1/2)*Y*(R-1)$ tonnes per hectare).

Getting started with residues. Biomass-based power generation will probably be initiated in applications where biomass feedstocks are readily available as residues of food- or fiber-processing facilities. Significant fractions of these wastes are already being used for energy and other purposes, so that one might think that the potential offered by wastes for new energy applications is quite limited. However, even wastes now fully utilized might be more effectively utilized in modern bioenergy systems.

The prospects for using BIG/STIG technology (Fig. 4.5) for cogeneration

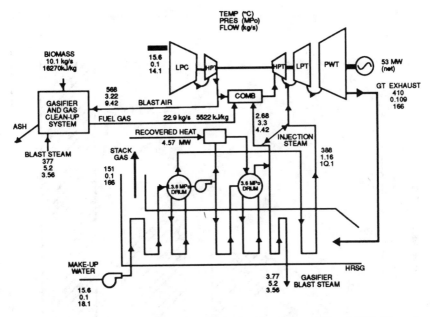

Figure 4.5 Biomass-fired integrated gasification/steam-injected gas turbine (BIG/STIG) cycle. The estimated energy and mass balances shown are for a system based on the GE LM5000 aero-derivative gas turbine. *Source:* Private communication from M. R. Erbes, General Electric Corporate Research and Development Center, Schenectady, New York, 1987.

have been investigated in detail for the cane sugar industry. In the industry, the residues of sugar cane production and processing would be used as fuel. (Bagasse is the residue left after sugar cane is crushed and the sugar juice extracted, and barbojo is the tops and leaves of the sugar cane plant, typically burned off the cane just prior to harvesting in most parts of the world.) The residues from the crushing of cane are now typically used as fuel at sugar factories, but these residues are used very inefficiently, and it would be cost-effective to adopt steam-conserving retrofits and install BIG/STIG cogeneration units. The amount of electricity that could be produced from cane residues with BIG/STIG (460 kWh per tonne of cane) is more than 20 times the amount now produced at typical sugar factories (20 kWh per tonne, the amount needed for on-site needs) and roughly twice the amount that could be produced with modern, commercially available condensing/extraction steam turbine (CEST) cogeneration technology (Fig. 4.6). Moreover, the unit capital cost for BIG/STIG is expected to be both lower and less scale-sensitive than for CEST (Fig. 4.7), and the total cost of producing electricity this way would be less than for electricity produced in typical new, conventional, central-station power plants in developing countries. Employing BIG/STIG technology would make it possi-

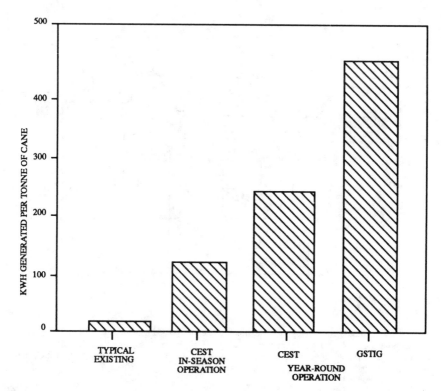

Figure 4.6 Potential cogeneration of electricity at cane sugar factories using sugar cane residues as fuel. The left bar shows a typical existing situation at a sugar factory during the milling season (assumed to be seven months out of the year), using bagasse as fuel. The next bar shows the improvement that could be achieved by installing a modern, commercially available condensing/extraction steam turbine (CEST) cogeneration unit and introducing steam-saving equipment (already widely used in the beet sugar industry), again using bagasse as fuel. The third bar shows what could be achieved by operating the CEST unit year-round, using some barbojo as fuel in the off-season. The bar on the right shows what could be achieved using a biomass-fired integrated gasification/steam-injected gas turbine (BIG/STIG) unit operated year-round. *Source:* E. D. Larson, J. M. Ogden, R. H. Williams, and M. G. Hylton, "Biomass-Fired Steam-Injected Gas-Turbine Cogeneration for the Cane Sugar Industry," Proceedings of an International Conference on Research in Thermochemical Biomass Conversion, Elsevier Applied Science, May 1988.

ble for cane sugar producers to become major exporters of electricity to the electric utilities. For the 70 sugar-producing developing countries the total electricity production potential at the present level of cane production is about 50 GW or 1/4 as much as all the utility-generated electricity in these countries at present.[17]

This analysis is now being extended to the sugar cane-based alcohol industry, taking into account BIG/ISTIG as well as BIG/STIG technologies and exploring the extent to which the coproduction of alcohol and electricity from sugar cane residues can be used to improve the economics of alcohol production. This analysis is showing that for each liter of alcohol produced, the BIG/ISTIG unit would be able to produce more than 11 kWh of electricity in excess of the distillery's needs (about 820 kWh per tonne of cane). So much electricity would be generated that an alcohol/electricity coproduction facility would produce electricity as the primary product and alcohol as a byproduct.

It is instructive to examine the land-use implications of this technology in an energy-efficient developing country. As cane plantations can produce about 55 tonnes of cane per hectare per year, net exportable energy would amount to 45,100 kWh of electricity plus (@ 73 liters per tonne of cane) 4,015 liters of ethanol per hectare per year. Considering that the energy supply requirements for the energy-efficient "1 kW scenario" described above are about 2,100 kWh/year per capita for electricity and the energy equivalent of 365 liters/year of alcohol for fluid transport fuel,[18] it is seen that 1 hectare of sugar cane could provide the electricity for 21 people and the transport fuel requirements for 11

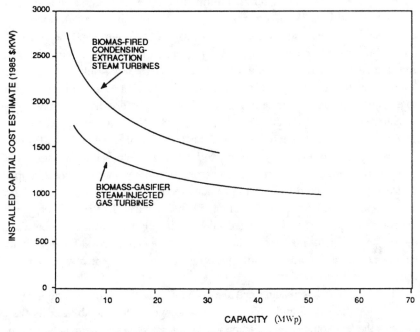

Figure 4.7 Estimated unit installed capital costs for biomass-fired condensing/extraction steam turbine (CEST) and biomass-fired integrated gasification/steam-injected gas turbine (BIG/STIG) units in cogeneration applications. *Source:* E. D. Larson, J. M. Ogden, and R. H. Williams, "Steam-Injected Gas Turbine Cogeneration for the Cane Sugar Industry: Optimization Through Improvements in Sugar Processing Efficiencies," PU/CEES 217, Center for Energy and Environmental Studies, Princeton University, Princeton, NJ, September 1987.

people, on average. Or, put another way, the amount of land needed for sugar cane to provide all the electricity plus half the transport fuel required to support a Western-European living standard in an energy-efficient society would be less than 0.05 hectares per capita, or less than 25 percent of the amount of land required to provide food with modern agricultural practices (about 0.20 hectares per capita).[19]

The production of fuel alcohol from sugar cane is now well established in Brazil, with smaller alcohol industries in several other countries. Whereas alcohol produced this way is no longer competitive with gasoline, it could become competitive even at today's depressed world oil price if alcohol and BIG/ISTIG-derived electricity were coproducts of sugar cane.

To show how the economics of alcohol production might be improved through coproduction, consider the situation where the distiller sells the residues of sugar cane production and processing as fuel to a utility operating a BIG/ISTIG unit, charging a price for these residues what the market will bear—the cost (for transport, storage, and processing) plus a "rent." And suppose the distiller buys from this utility all the steam and electricity needed to run the distillery. With zero rent the cost of producing alcohol is about 20 cents per liter, equivalent on an energy basis to gasoline @ $1.10 per U.S. gallon—too high to be economic at the present world oil price. But with zero rent the cost of electricity would be extraordinarily low—only 2.8 cents per kWh. Since the residue quantity is large, a relatively modest fuel rent can lead to a major reduction in the selling price of alcohol, before driving up the price of electricity to noncompetitive levels (Fig. 4.8). Note, for example, that the credit from a rent that would reduce the net cost of alcohol in half would increase the cost of electricity to only 3.7 cents per kWh, which would still be competitive with the cost of electricity from most other sources. For example, hydroelectricity would be able to provide electricity more competitively only if the capital cost were less than about $1,300 per kW. In Brazil, where new hydroelectric resources are located in Amazon regions that are remote from the major electricity markets in the Southeast, the capital costs for new hydro supplies (generation plus long-distance transmission) are typically higher than this.

The sugar cane-based sugar and alcohol industries thus represent good initial markets for BIG/STIG and BIG/ISTIG technologies. Once established in these markets the technology could be applied to other residues (e.g., residues of the forest products industry or even urban refuse) and eventually to bioenergy plantation feedstocks.

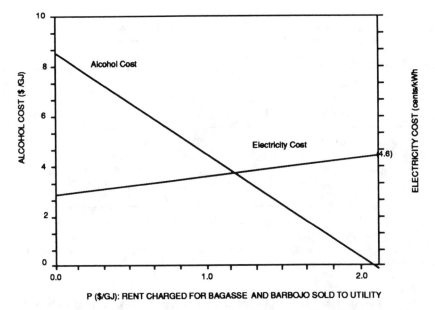

Figure 4.8 Cost of alcohol from sugar cane and electricity produced in a BIG/ISTIG unit from sugar cane residues, as a function of the rent P charged for these residues to the purchasing electric utility. For a 114 MW BIG/ISTIG unit expected to last 30 years, costing $770 per kW (Table 4.4) and operated at an 84 percent annual capacity factor. During the 160-day milling season the unit produces both steam for plant process use and electricity. During the rest of the year the unit produces electricity only, using barbojo that is harvested, dried, and stored during the milling season. For a 120,000 liter per day Brazilian distillery expected to last 15 years, costing $7.6 million and operated 160 days per year (see J. Goldemberg, J. R. Moreira, P. U. M. Dos Santos, and G. E. Sera, "Ethanol Fuel: A Use of Biomass Energy in Brazil," *Ambio,* 14(nos. 4–5), 293–297, 1985) at 90 percent availability. Here it is assumed that the distillery purchases all the electricity and steam it needs from the neighboring BIG/ISTIG power plant, which produces electricity from the bagasse and bargojo it purchases from the distillery. *Source:* For details see R. H. Williams, "Biomass Gasifier/Gas Turbine Power and the Greenhouse Warming," presented at the IEA/OECD Expert Seminar on Energy Technologies for Reducing Emissions of Greenhouse Gases," OECD Headquarters, Paris, 13 April 1989.

BIG/ISTIG Applications for the United States and Europe

Building BIG/STIG plants instead of new coal plants or as replacements for existing coal plants when they should be retired could be an effective strategy for reducing CO_2 emission in industrialized countries. In the United States, coal-fired power plants account for 85 percent of the carbon dioxide emissions of the power sector and 28 percent of total U.S. carbon dioxide emissions (Table 4.7); for the EEC the corresponding values are 75 percent and 20 percent, respectively (Table 4.8). Replacing coal with biomass this way could also offer major benefits as part of a broad effort to cope with the problem of acid rain, as emissions of sulfur dioxide would be negligible (because biomass gen-

Table 4.7
U.S. Fossil Fuel Use and Carbon Dioxide Emissions for 1987

	Electric utilities			Entire U.S. economy	
	Electricity produced (TWh)	Fuel input[1] (EJ)	CO_2 emissions[2] (teragrams)	Fuel use[1] (EJ)	CO_2 emissions[2] (teragrams)
Coal	1,464	16.03	393.4	18.96	465.4
Oil	118	1.33	26.5	34.42	685.2
Natural gas	273	3.10	41.7	18.12	244.0
Totals	1,855	20.46	461.6	71.50	1394.6

[1]Energy Information Administration, "Monthly Energy Review, December 1987" (Washington, DC, March 25, 1988).
[2]The carbon emissions rates (as carbon dioxide) are assumed to be, on average, 13.5 Tg per EJ for natural gas, 19.9 Tg for EJ for oil, and 24.5 Tg per EJ for coal.

erally contains little sulfur), and the oxides of nitrogen would tend to be much lower than for coal. (Both steam injection and the low heating value of the fuel-gas lead to low thermal NO_x emissions because of the lower flame temperatures in the combustor.[20] NO_x from fuel-bound nitrogen would tend to be much less than with coal because the nitrogen content of biomass tends to be much less than for coal.[21]

Firing BIG/ISTIG with unused wood supplies. Would potential biomass supplies be large enough in industrialized countries to have much of an impact? One possible source of biomass would be presently unused wood supplies, such

Table 4.8a
Trends in Electricity Production in the EEC (in TWh/year)

Energy source	1983	2000
Coal, lignite, peat	530	733
Oil	158	71
Natural gas	96	56
Derived gas	16	16
Nuclear energy	275	792
Hydroelectric/geothermal	147	165
Other	7	14
Totals	1,229	1,847

Table 4.8b

Trends in Fossil Fuel-Based Electricity, Total Primary Energy Consumption, and Carbon Emissions as CO_2, in the EEC

	Electric utilities					Entire EEC economy			
	Electricity produced[1] (TWh)		Fuel input[1] (EJ)		CO_2 emissions[2] (teragrams)		Fuel use[1] (EJ)		CO_2 emissions[2] (teragrams)	
	1983	2000	1983	2000	1983	2000	1983	2000	1983	2000
Coal	530	733	5.6	7.5	137	182	8.9	11.1	218	271
Oil	158	71	1.5	0.8	31	15	18.3	18.4	365	366
Gas	112	72	1.1	0.6	15	8	6.9	8.2	93	111
Totals	800	876	8.2	8.9	183	205	34.1	37.7	676	748

[1] J.-F. Guilmot, D. McClue, P. Valette, and C. Waeterloos, *Energy 2000, a Reference Projection and Alternative Outlooks for the European Community and the World to the Year 2000,* Commission of the European Communities (Cambridge: Cambridge University Press, 1986).
[2] The carbon emissions rates (as carbon dioxide) are assumed to be, on average, 13.5 Tg per EJ for natural gas, 19.9 Tg per EJ for oil, and 24.5 Tg per EJ for coal.

as the excess growing stock and mortality of commercial forests, logging and wood-processing residues, urban wood removals, etc. These unused biomass resources in the United States (Table 4.2) would be able to support an amount of BIG/ISTIG power generation equivalent to 5/6 of all coal-based power generation in the United States in 1987 (Table 4.7). Some of these supplies would be quite competitive sources of biomass fuel—especially the residues from the processing of forest products. Logging residues could also become competitive if they were recovered at the same time as the commercial timber involved. Harvesting the large excess growing stock and mortality on existing commercial forestlands might be economical where the wood densities (tonnes/hectare) are reasonably high and the resources reasonably close to markets.

Firing with wood from biomass plantations. An alternative source of biomass would be energy plantations, using fast-growing, short-rotation trees such as hybrid poplar, black locust, sycamore, black cottonwood, and eucalyptus. The U.S. Department of Energy's Short Rotation Woody Crops Program has made major strides over the last decade, increasing productivities for short-rotation intensive culture (SRIC) from 9 to 13 tonnes per hectare per year and reducing the average cost of dry wood chips delivered to the user from $5.3 to

$4.0 per GJ (average for five well-documented research sites, with one coppice cut) between 1978 and 1987.[22]

If simultaneous efforts were launched now to commercialize natural gas-based ISTIG and BIG/STIG technologies, BIG/ISTIG technology could be commercially ready by the mid-1990s—probably several years in advance of the commercial availability of CIG/ISTIG technology, in light of the fact that chemical hot gas cleanup technology is required for the latter but not the former. Because of its low capital cost and high efficiency, BIG/ISTIG technology could compete with conventional coal-fired steam-electric power generation in the United States in this timeframe, even if the price of biomass were much higher than the price of coal, on an energy-equivalent basis. For a utility coal price of $50 per metric tonne ($1.76/GJ, the average U.S. price projected for 2000 by the Department of Energy), BIG/ISTIG would be competitive up to a price of biomass delivered to the power plant in suitable form (e.g., chipped and dried enough to be suitable for gasification) that is 2.2 times as large in energy terms (Fig. 4.9). Even with the present embryonic state of SRIC technology, there are likely to be significant biomass supplies available at such prices, and BIG/ISTIG-based electricity generated with biomass grown on such plantations would be roughly competitive with electricity generated with coal in conventional steam-electric power stations in the Pacific Northwest, South Florida, and the Northeast, and nearly competitive in the Great Plains region (Fig. 4.9).

If hot gas cleanup technology is successfully demonstrated, BIG/ISTIG would eventually have to compete with CIG/ISTIG as well as with conventional coal-fired, steam-electric power systems. However, on a per unit energy basis biomass would still enjoy a cost advantage in relation to coal (Fig. 4.9). Moreover, with expected future SRIC cost reductions and productivity improvements, the prospects are good for making BIG/ISTIG power roughly competitive with CIG/ISTIG power and strongly competitive with coal-based, steam-electric power in a wide range of applications by the turn of the century (Fig. 4.9). This prospect would, of course, be enhanced by government initiatives to tax carbon emissions from fossil fuels or otherwise limit coal use and by adequate R&D support for SRIC.

Growing wood on excess agricultural land. Where would wood plantations be located? One candidate is excess agricultural land. One study estimates that if agriculture in the EEC continues to be dominated by food crops, some 12 to 14 million hectares will be producing crop surpluses in the period 1990–95.[23] If such land were committed to SRIC at an average biomass productivity of 10 dry tonnes per hectare per year (comparable to what has already been achieved on

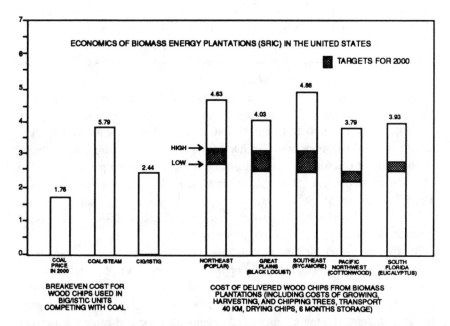

Figure 4.9 The estimated cost of delivered wood chips from biomass plantations in various parts of the United States (the five bars on the right) compared to the average cost of coal in the United States in the year 2000, as projected by the U.S. Department of Energy (bar on left) and the breakeven price for biomass when a BIG/ISTIG power unit competes with a coal-fired steam-electric plant in the United States in the year 2000 (second bar from the left) and a coal-fired CIG/ISTIG unit in the year 2000 (third bar from the left). For the biomass plantations both present costs and a range of cost targets for the year 2000 are indicated. The present and targeted costs for plantations are based on research carried out under the U.S. Department of Energy's Short Rotation Woody Crops Program and are from Robert D. Perlack and J. Warren Ranney, "Economics of Short-Rotation Intensive Culture for the Production of Wood Energy Feedstocks," *Energy,* 12(no. 12), 1217–26, 1987, except that a cost of $0.76 per GJ was added to the Perlack/Ranney costs of delivered fuelwood to take into account drying and 6 months storage (from Table 3–4, pp. 3–18, of P. R. Blankenhorn et al., "Net Financial and Energy Analyses for Producing Populus Hybrid Under Four Management Strategies First Rotation," ORNL/Sub/79-07928/1, June 1985)—items not included in the Perlack/Ranney cost estimates. *Source:* For details see R. H. Williams, "Biomass Gasifier/Gas Turbine Power and the Greenhouse Warming," presented at the IEA/OECD Expert Seminar on Energy Technologies for Reducing Emissions of Greenhouse Gases," OECD Headquarters, Paris, 13 April 1989.

well-documented experimental plots and considerably less than what SRIC researchers in the United States thinks is achievable by 2000), and if all the produced biomass were used in BIG/ISTIG plants, some 300 TWh of electricity could be produced annually, equivalent to more than half of coal-based electricity production in the ECC in 1983 (Table 4.8).

Growing wood on highly erodable cropland. Another related candidate for SRIC is highly erodable cropland. Planting trees on highly erodable cropland has been proposed for the United States as a strategy for offsetting carbon dioxide from new fossil-fuel fired power plants.[24] The produced biomass could also be used as a substitute for coal in new power plants. In the United States 48 million hectares is generally regarded as highly erodable, and 34 million hectares is characterized by an erodability index of 8 or more (Table 4.9). (For comparison the total amount of U.S. cropland is 190 million hectares.) Concern about the erodability of U.S. cropland led to the Conservation Reserve Program (CRP), created by the U.S. Congress under the Food Security Act of 1985. The CRP put a 10-year moratorium on harvesting from conservation land included in this program. Under the CRP farmers offer to convert targeted cropland to noncrop vegetative uses in exchange for an annual government payment. The Food Security Act of 1985 targeted putting 16–18 million hectares into the CRP by 1990, and Senate Bill S.1521 (introduced by July 22, 1987) sought to extend program coverage to 26 million hectares by 1990.

Putting such erodable land in SRIC plantations characterized by rotations of 6–10 years or more (and perhaps 3 coppices—harvests—per planting) would be a good way to promote soil conservation while simultaneously generating significant income for the farmer. SRIC analysts point out that after the first year, the root systems, litter formation, and canopy stabilize and protect soils very well.[25]

How much electricity could be produced on such plantations in the United States? If SRIC trees were grown on 40 million hectares of highly erodable cropland (roughly the amount of unused agricultural land in the United States at an average productivity of 10 tonnes per hectare per year, some 935 TWh of electricity could be produced annually with BIG/ISTIG plants, equivalent to about 3/5 of total coal-based power generation in the United States in 1987 (Table 4.7). If this much biomass-based electricity generation were to displace coal-based power generation, total annual emissions of carbon as carbon dioxide in the United States would be reduced by about 0.25 gigatonnes per year—equivalent to 18 percent of total U.S. carbon dioxide emissions from all fossil fuel sources in 1987 (Table 4.7). Moreover, if the plantations were to involve trees with rotations of 15 years, the amount of carbon sequestered in the steady-state situation would be equivalent to the total carbon in the carbon dioxide emissions from the burning of all fossil fuels in the United States in 1987.

PHOTOVOLTAIC ELECTRICITY

Progress has been rapid for photovoltaic (PV) technology, in which solar energy is converted directly into electricity. In the early 1970s crystalline silicon

Table 4.9

Potential SRIC-Based Electricity Production on Highly Erodable Cropland

Region	Area of highly erodable land (million hectares)	Electric production potential with BIG/ISTIG[1] (TWh per year)
Northeast	1.5	35.1
Appalachia	2.4	55.9
Southeast	1.0	23.4
Delta	0.9	21.8
Corn Belt	7.7	180.9
Lake States	1.6	36.9
Northern Plains	5.6	130.7
Southern Plains	5.6	130.7
Mountain	6.0	139.2
Pacific	1.4	32.2
Subtotal[2]	33.6	786.9
Additional[3]	14.2	331.4
Total U.S.[3]	47.8	1,118.3

[1]Here it is assumed that (1) SRIC plantations are installed on all highly erodable farmland, with an average productivity of 10 tonnes per hectare per year, and (2) this wood is used to generate electricity in 42 percent efficient BIG/ISTIG power plants.

[2]Land under cultivation of an annually produced commodity with an erodability index of 8 or greater. This is the definition of highly erodable land according to the Highly Erodable Land (HEL) Subtitle of the 1985 Food Security Act. The soil conservation compliance provisions of this subtitle requires soil conservation plans to be implemented on highly erodable cropland so defined as a provision for access to government commodity program benefits. Tolerable erosion rates have been established for each soil type. (This is the rate that can be allowed to continue indefinitely without damage to the soil. Typical tolerable erosion rate values are in the range 2 to 11 tonnes per hectare per year). The erodability index, which describes the relative susceptibility of a soil to erosion damage, is the following ratio: a measure of the physical attributes of a soil's erodability divided by the soil loss tolerance level. The greater the erodability index, the more susceptible the soil to erosion damage.

[3]Altogether some 48 million hectares (118 million acres) are considered to be highly erodable cropland. However, 14 million hectares (35 million acres) are considered to be in compliance with the HEL Subtitle or are not considered cropland according to this subtitle.

solar cells cost about $120 per peak watt (Wp). Since then the selling price of PV modules fell to $14.50/Wp by 1980 and to $3.8/Wp in 1988. Despite these impressive gains, the selling price must be reduced much more before significant electric utility market penetration can occur. However, rapid progress being made in the laboratory (Fig. 4.10) virtually assures that this will happen. To understand future prospects it is useful to distinguish between single-crystal cells, concentrator cells, and thin-film cells. (This set of categories does not exhaust the possibilities, but it covers the most important options.)

Single Crystal Cells Used in Fixed Flat-Plate Arrays

Today the commercial production and sales of PV modules are dominated by thick-silicon technology (Table 4.10a, b), where cells are made from single-crystal silicon wafers, 100 to 250 microns thick. These commercial crystalline silicon solar cells typically have efficiencies of the order fo 13–15 percent. Efficiencies being achieved in the laboratory are much higher. Between 1976 and 1988 the efficiency of laboratory cells of this variety increased from 14.2 to 22.8 percent (Fig. 4.10). The highest efficiency to date has been realized with the so-called point-contact PV cell (Fig. 4.11) being developed at Stanford University with the support of the Electric Power Research Institute (EPRI). The key to the high efficiency of this 1 cm^2 experimental cell is an array of 73,000 microscopic points (occupying 5 percent of the back area of the cell) of

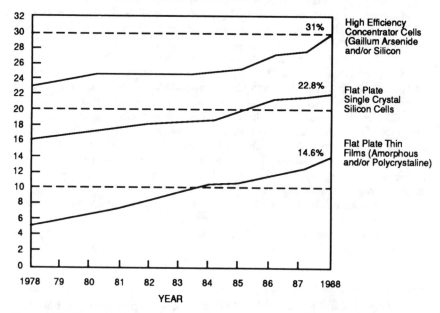

Figure 4.10 The trend in maximum efficiencies attained in alternative laboratory-scale PV devices. *Source:* "Steady Efficiency Improvements for Three Major Cell Technologies Over Decade," *Photovoltaic Insider's Report,* vol. VII (no. 11), 1988.

Table 4.10a
PV Module Shipments in the U.S. in 1987[1]

Module type	Amount shipped (MWp)
Crystalline silicon	
Single-crystal	3.674
Cast and ribbon	2.132
Concentrator silicon	0.012
Subtotal	5.818
Amorphous silicon	0.516
Total	6.333

Table 4.10b
Worldwide PV Manufacturing Activity in 1987 (MWp)[2]

Country	a-Si modules	Other materials	Totals
Japan	9	3	12
U.S.	2.5	7.9	10.4
Europe	0.2	4.1	4.3
Other	0.2	2.2	2.4
Totals	11.9	17.2	29.1

Table 4.10c
Worldwide Trend in Manufacturing of a-Si Modules (MWp)[2]

1980	0.3	(Japan)
1981	0.6	(Japan)
1982	1.0	(Japan)
1983	3.0	(Japan)
1984	5.5	(Japan)
1985	8.5	(Japan 8, U.S. 0.5)
1986	9.7	(Japan 8.5, U.S. 1, Europe 0.2)
1987	11.9	(Japan 9, U.S. 2.5, Europe 0.2, Other 0.2)

[1]*Source:* Energy Information Administration, "Annual Photovoltaic Module Manufacturers Survey," Form CE-63B, 1986–87. Excludes shipments of modules for space satellite applications.

[2]*Photovoltaic Insider's Report* (February 1988).

alternating positively and negatively charged contacts that efficiently sweep electrons and holes created by incident photons out of the photoactive region of the cell before they can recombine (and thus can no longer provide current).[26]

To date the highest efficiency realized in the laboratory with single crystal cells of all kinds is 24.3 percent, achieved with GaAs cells by Spire Corporation in 1988,[27] a value that is approaching the calculated theoretical limit of 27.5 percent for single crystal GaAs cells.

Single-crystal cells can be very efficient, but they are costly to manufacture. The prospects are not good for reducing the costs of single-crystal cells below about $2/Wp, so that these cells will probably not be widely used for power generation using fixed flat-plate arrays to collect the solar energy.[29]

Crystalline Cells with Concentrating Collectors

One way to overcome the problem of high capital cost for high-efficiency crystalline cells is to concentrate the incident solar energy using a lens (e.g., fresnel lens—Fig. 4.12), so that the intensity of sunlight "seen" by the cell is perhaps several hundred times the intensity of ordinary direct sunlight ($= 1$ sun). Whereas about 10 percent of the incident sunlight is lost in the concentrating lens,[30] these concentrating collectors are far cheaper per unit area than the high-efficiency cells involved, whose cost per kW in concentrating arrays is reduced by a factor almost as large as the concentration ratio. Table 4.11 shows U.S. DOE R&D targets for concentrator systems in the year 2000.

In May 1988 Varian Corp. in California announced an efficiency of 28.1 percent for a concentrator GaAs cell under 400 suns.[31] This was followed in September with an efficiency of 31 percent realized with a stacked junction cell combining a GaAs cell with one of Stanford's point contact cells, operating under 350 to 500 suns in an effort carried out by scientists at Sandia National Laboratory in the United States.[32] (A stacked junction consists of two or more cells stacked atop one another. The top cell of a two-junction absorbs high energy—bluelike—photons and transmits low energy—redlike—photons, which are absorbed in the bottom cell.)

But the concentrating collectors with high concentration ratios required for this approach are more complicated than flat-plate collectors. They will not collect diffuse solar radiation and must move during the course of the day so as always to be normal to the incident sunlight. Perhaps the largest uncertainties regarding concentrating cell technology are (1) the extent to which the manufacture of this equipment is amenable to cost-cutting, automated production, and (2) the reliability of the tracking, concentrating collectors.

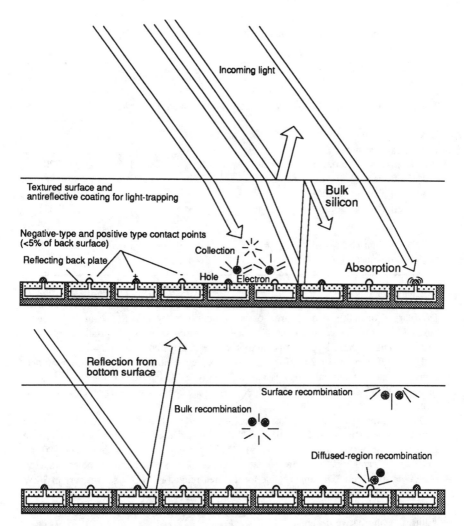

Figure 4.11 Point-contact crystalline silicon solar cells. Design features that maximize light-trapping and current generation make the point-contact cell unique among photovoltaic devices. Light entering the cell creates pairs of electrons and holes (absence of an electron) in the silicon. To generate current, electrons must reach negative-type contact regions (phosphorus-doped Si) and holes must find the positive-type contact regions (boron-doped Si). In contrast to conventional flat-plate photovoltaic cells, in which the junction are between positive and negative regions is equal to the cell surface area of a 3–4-in-diam silicon wafer 20–50 mils thick, the point-contact concentrator cell features 73,000 microscopic points of alternating positive and negative contacts that occupy less than 5 percent of the back surface area of a 1-cm^2 device only 75–100 μm (3–4 mils) thick. This feature greatly reduces electron-hole recombination, which does not produce current. The contact points, only 10 μm in diameter and space 30 μm apart, collect the highly dense current that results when electron-hole pairs are created by concentrated light. If electrons and holes recombine in the bulk silicon, at the diffused regions, or at the back surface, their current-producing potential is lost. The bottom surface of the point-contact device is passivated silicon dioxide to reflect light back through the cell and minimize recombination, while the top of the cell features an antireflective coating and textured silicon dioxide surface to increase light absorption. *Source:* Taylor Moore, "Opening the Door for Utility Photovoltaics," *EPRI Journal* (January/February 1987).

Table 4.11

Capital Cost Targets for the Year 2000 for Alternative PV Systems[1]

(in 1986$/kWp AC)

		Balance-of-system		
	PV-modules	Area-related	Power-related[1]	Total
Module characteristics				
Concentrator systems[2]				
25% efficient @ $100/m^2	681	851	188	1720
25% efficient @ $60/m^2	409	851	188	1448
30% efficient @ $100/m^2	568	709	188	1464
30% efficient @ $60/m^2	340	709	188	1237
a-Si systems[3]				
12% efficient @ $48/m^2 [4]	612	421–639	188	1221–1439
18% efficient @ $36/m^2	306	281–425	188	775–919

[1]In all cases the BOS efficiency is assumed to be 0.85, the DC-to-AC conversion efficiency is assumed to be 0.96, the power-related BOS costs of $150 per kW (the U.S. DOE target for 2000), and all direct costs are multiplied by 1.25 to account for indirect costs. Empirical studies at Sandia National Laboratory on single crystalline solar cell systems indicate that 25 percent is an appropriate indirect cost factor.

[2]U.S. DOE targets for 2000 for high-efficiency concentrator systems are 25–30 percent efficient commercial modules costing $60 to $100 per square meter, with area-related BOS costs of $125 per square meter. Here the concentrator efficiency is assumed to be 0.90.

[3]The a-Si module efficiency/cost targets are based on Carlson (see text FN 37) and Ogden and Williams (text FN 46). The U.S. DOE targets for 2000 for fixed flat-plate PV systems generally are efficiencies for 15–20 percent, module costs of $45–$80 per square meter, and area- and power-related BOS costs of $50 per square meter and $150 per kW, respectively. The upper value for the area-related BOS cost shown here in $/kW is based on this DOE target; the lower value is based on area-related BOS cost of $33 per square meter, which Ogden and Williams show is feasible by combining the best features of alternative designs.

[4]With present technology (6 percent efficient commercial cells) the production cost would be: (1) $70/m^2 ($56/m^2) for a production level of 10 MWp (100 MWp) per year and 5-year depreciation on the plant equipment, or (2) $57/m^2 ($44/m^2) for a production level of 10 MWp (100 MWp) per year and 10-year depreciation on the plant equipment; see Table 4.12.

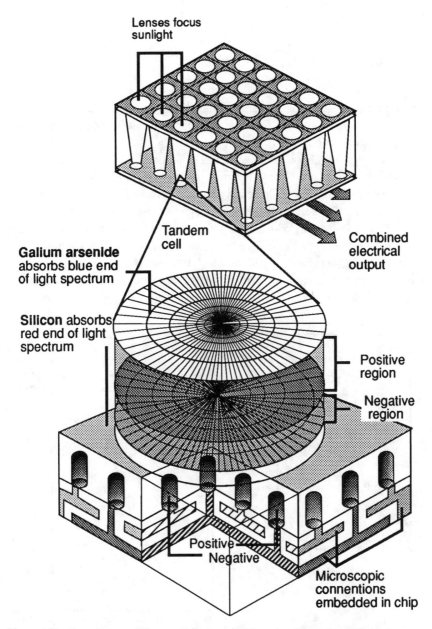

Lenses focus sunlight

Tandem cell

Galium arsenide absorbs blue end of light spectrum

Silicon absorbs red end of light spectrum

Combined electrical output

Positive region

Negative region

Positive

Negative

Microscopic connentions embedded in chip

Figure 4.12 Capturing energy from sunlight. In an efficiency breakthrough, cells in tandem convert 31 percent of sunlight's energy into electricity by drawing on different parts of the spectrum of sunlight to generate a current by dislodging electrons in two layers of material. The cells are mounted under an array of flat, plastic lenses that concentrate light up to 500 times. The upper part of the cell is made of layers of gallium arsenide sandwiched between weblike terminals to transmit current. It converts the blue end of the spectrum into electricity. The remaining reddish light goes through a layer of adhesive into a lower cell that is mostly crystalline silicon. Efficiency of the silicon cell is improved by a new method of intermixing areas of positive and negative charge, increasing the strength of the resulting electrical field. A maze of connections combines the output, which is later merged with current form the upper cell. *Source:* Malcolm W. Browne, "Advances Propel Solar Energy Into Market," *New York Times*, 13 September 1988.

Thin-Film Technologies

Cells made of thin films offer an alternative route to economical PV power that avoids the practical technical challenges posed by concentrator systems, though this approach does not hold forth the efficiency-improvement potential promised by concentrator systems.

The amorphous silicon (a-Si) solar cell is particularly interesting, although the technology is relatively new. Progress in improving a-Si solar cells has been rapid, with cell efficiencies increasing from 1 percent for the first laboratory cell in 1976 to 13.5 percent in 1988, although at present commercial a-Si cells have efficiencies of only 5–7 percent (Fig. 4.13). Production of a-Si modules has also been growing rapidly, from 0 percent of total worldwide PV production in 1980 to over 40 percent in 1987 (Table 4.10b, and Fig. 4.13), largely due to Japan's success in using a-Si solar cells in consumer electronic markets (solar calculators, solar watches, etc.).

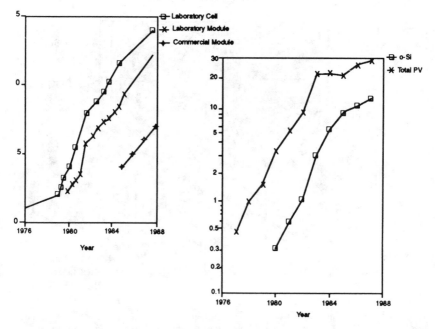

Figure 4.13 Progress in amorphous silicon solar cell technology. The trends in the efficiency of amorphous silicon (a-Si) small-area laboratory cells (typically 1 cm × 1 cm in size), larger area laboratory modules (≥ 100 square centimeters), and commercially available modules are shown vs. calendar year in the top graph. The graph on the right shows the total annual PV production volume and the annual production of amorphous silicon solar modules in megawatts of peak power manufactured per year. *Sources:* Y. Kuwano, SANYO, private communications, 1985; Z. Erol Smith, private communications, 1987; D. Carlson, Solarex, private communications, 1987; *Photovoltaic Insider's Report* (February 1987 and January 1988).

Present indications are that this rapid growth will continue and that we may be witnessing the initial stages of the development of a power generation market. Chronar Corporation of Princeton, New Jersey, is constructing a 10 MW per year a-Si solar cell factory. Solarex, of Newtown, Pennsylvania, will have a 1 MW per year, fully computer-integrated-manufacturing line operating in 1989 and is planning to build a 10 MW per year production facility in the early 1990s. Arco Solar, Inc., of Chatsworth, California, is building a manufacturing facility in Camarillo, California, capable of producing 5 MW per year and is designing a separate plant capable of 70 MW of yearly production.

The Economics of a-Si Cells at Present

Today most commercial amorphous silicon solar cells are produced in batch operations in small facilities with production capacities of the order of 1 Megawatt peak per year or less. In larger plants, considerable economies of scale could be realized. According to Dr. E. S. Sabisky, when he was manager of the Amorphous Silicon Research Project at the Solar Energy Research Institute, in Golden, Colorado: ". . . if today's thin-film amorphous silicon modules of 6–8 percent efficiency are combined with a 10 megawatt annual production plant, the module cost target of $1 per peak Watt can be reached . . ."[33] Sabisky's prognosis is reflected in the announcement in September 1988 that Chronar will build a 50 MW plant at a site 60 miles north of Los Angeles for $125 million. The PV modules in this plant are expected to have stabilized efficiencies of 5 percent and are expected to cost $1.25 per peak watt.[34] Also, Solarex has done a detailed design of a 10 MWp per year production facility capable of producing 6 percent efficient cells costing $1.16 per Wp (Table 4.12).

Whereas the ability to make PV modules for $1.16 per Wp represents an impressive cost reduction relative to present market prices, these modules would not be cost-effective in many electric power applications. The cost C of PV electricity without storage is given by:

$$C = (CCR + INS)*(1 + ID)*[Cmod*Ip + Cbos/nmod]/nsys$$

$$+ Cpc*Ip]/insol*8760) + Com/(nmod*nsys*insol*8760)$$

Table 4.12

Estimated Amorphous Silicon Solar Module Production Cost for a Factory Producing
10 MWp per Year of 6 percent Efficient Solar Modules[1]

	Dollars per Wp
Equipment depreciation[2]	0.41
Direct materials[3]	0.46
Direct labor and fringe benefits[4]	0.16
Indirect labor[5]	0.07
Indirect expenses	0.06
Total	1.16

[1]For a factory planned by Solarex.

[2]For a *five-year depreciation period* and a capital cost for equipment (computer integrated manufacturing) in a 20,000 square foot facility estimated to be $16,500,000.

[3]For 1 foot × 4 foot modules produced with an overall yield of 84 percent. The following is a breakdown of the materials cost:

	Cost	
Material	$/Wp	$/m²
Glass (chemically strengthened)	0.23	13.8
Silane	0.07	4.2
Encapsulant	0.04	2.6
Frame	0.03	1.8
Diborane, phosphine	0.03	1.8
Stannic chloride	0.02	1.2
Wire, other process gases	0.02	1.2
Aluminum	0.02	1.2
Total	0.46	27.6

[4]83 direct employees, 5-day work week, 2.5 shifts per day.

[5]17 indirect employees.

where CCR = capital charge rate (including taxes, if any)
    INS = insurance rate = 0.005 (from EPRI *Technical Assessment Guide*)
    ID = indirect cost factor = 0.25 (based on Sandia experience)
    Cmod = capital cost of modules ($/kW)
    Ip = maximum insolation = 1 kW/m^2
    Cbos = area-related balance-of-system capital cost ($/m^2)
    nmod = solr module efficiency
    nsys = system efficiency (excl. module) = 0.85 (DC); = 0.96*0.85 = 0.816 (AC)
    Cpc = capital cost for power conditioning = $150/kW (AC); = 0 (DC)
    insol = annual average insolation on tilted array (kW/m^2)
    Com = annual O&M cost = $0.45/m^2/year (based on ARCO Solar experience)

Taking into account balance-of-system (BOS) costs, indirect costs, internal losses, operation and maintenance expenses, and the low capacity factor of PV systems brings the total capital cost for this system to $3,240 per kW of installed capacity and the busbar cost in the sunny Southwest United States to $0.11 per kWh of electricity produced. (Assuming utility financing—6.1 percent real discount rate, a 30-year system life, no income or property taxes, an area-related balance of system cost of $50 per square meter—the U.S. DOE target for 2000—and insolation of 270 watts per square meter, appropriate for sunny areas in the Southwest United States.) For this system to be less costly than a 29 percent efficient (HHV basis) natural gas-fired peaking turbine costing $300 per kW and operated on the same schedule, the cost of gas would have to be greater than $7.8 per GJ. For comparison the average price of utility gas in the United States was $2.2 per GJ in 1986 and is projected by the U.S. DOE to be only $4.3 per GJ by 2000.

The Prospects for Cost Reduction

To understand the prospects for cost-cutting through technological improvements, it is necessary to understand some of the key characteristics of the technology.

In an a-Si cell, a thin film of an alloy of a-Si and hydrogen about 1 micron thick (1/16th the thickness of a human hair) is able to absorb most of the incident solar energy. The a-Si:H alloy involved is grown on a low-cost substrate by glow-discharge decomposition of silane (SiH_4) gas. The ability to effectively deposit an ultrathin semiconductor film on a low-cost substrate is one of the key advantages of a-Si thin-film PV technologies.[35] Because of the speed with which vapor deposition can be done, the ease with which electrical connections can be made, and very low energy and material requirements, amorphous modules can be mass produced much more quickly and cheaply than crystalline modules.

In addition to such purely technological factors, the dynamic character of the a-Si industrial infrastructure will help promote cost reductions in a-Si PV technology. The a-Si-based PV technology development will be nurtured by other strong existing and emerging a-Si-based industries. Ultrathin layers of a-Si are already being used to make heat-reflecting glass. (The fact that the technologies used to deposit a-Si films on substrate materials such as glass are quite similar to those used in the well-established industry that produces architectural coated-glass, 10–20 percent of total float glass production, implies that projections or large-scale production costs for a-Si can be made with greater confidence than for approaches using novel materials technologies.[36]) In addition, thick layers (tens of microns thick) of photoconductive a-Si are used in many office copiers and high-speed printers; liner diode arrays of a-Si are used in page readers, electronic whiteboards, and fax machines; and recently a-Si thin-film transistors have been introduced in active matrix, liquid-crystal displays for small-area TV. (Total sales of non-PV a-Si components totaled $0.5 billion in 1987, about $5 \times$ the total revenues from PV a-Si sales.) In addition, researchers are also investigating the possible uses of a-Si in integrated circuits, light-emitting diodes, and neural networks for advanced computers.[37]

Improving the efficiency of a-Si cells. One approach to improving the efficiency of a-Si cells is to use stacked junctions. The highest efficiency achieved to date for a-Si cells (13.5 percent) involved a stacked junction cell; for comparison the highest efficiency achieved with a single-junction a-Si cell is 12 percent (Fig. 4.13)

One problem that plagued the early development of amorphous silicon solar cells is that when exposed to light the cells experience an initial loss of efficiency known as the Staebler-Wronski effect, which appears to be associated with metastable defects (mainly dangling bonds) created by recombination or trapping of photogenerated carriers.[38] After about 1,000 hours of exposure to light the amount of degradation stabilized at efficiency levels that were about 1/2 their initial values for some of these initial cells (Fig. 4.14). Whereas the Staebler-Wronski effect is not yet fully understood theoretically, the problem has been largely solved in practice, by making cells thinner and with multiple

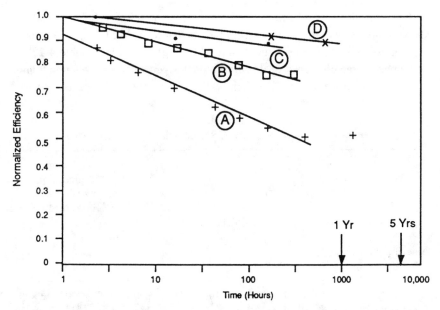

Figure 4.14 Conversion efficiency relative to initial efficiency vs. exposure time to 1 sun illumination for: (A) single junction p-i-n cells with a 0.6 micron thick i layer, (B) single junction p-i-n cell with a 0.25 micron thick i layer, (C) 1000 cm² stacked junction p-i-n modules, and (d) recent stacked junction modules. All efficiencies were in the 6–8 percent range. *Source:* David E. Carlson, "Low-Cost Power from Thin-Film Photovoltaics," *Electricity,* T. B. Johansson, B. Bodlund, and R. H. Williams, eds. (Lund, Sweden: Lund Univ. Press, 1989).

junctions.[39] Single-junction and multijunction modules can now be made that stabilize, after a few months exposure to sunlight, at about 80 percent and 90 percent of their initial efficiencies, respectively (Fig. 4.14).

To date, efficiencies achieved in the laboratory have been realized in commercial modules some five to six years later (Fig. 4.13). This time lag is expected to shorten in the future, as manufacturers move toward computer-integrated manufacturing of a-Si cells, resulting in a generally higher level of quality control in production than in the laboratory—a phenomenon that has occurred for a variety of products in the semiconductor industry.[40]

By the early to mid-1990s, efficiencies for submodules (1,000 cm²) are expected to be 10 percent (for single-layered cells) and 13 percent (for multilayer cells).[41] By the year 2000, commercial modules approaching the "practical limit" values of 12–14 percent for single layer solar cells and 18–20 percent for multilayer cells may well become available.[42] These practical limit values are still considerably short of the theoretical limits of 25 percent and 35 percent, for single-junction and multijunction cells, respectively.[43]

Reducing the cost of a-Si cells. Table 4.13 summarizes a Solarex analysis showing how costs might evolve from the current level of $1.16 per Wp for 6 percent efficient modules produced in a 10 MW per year plant (Table 4.12).

Increasing the efficiency of thin-film modules generally involves fine tuning the deposition process by adding slightly different amounts of dopants, or vary-

Table 4.13
Production Cost of Amorphous Silicon Solar Cells ($ per Wp)

	5-Year depreciation						10-Year depreciation w/reductions in materials' costs[1]		
Annual production Million sq. m.	0.167			1.67			1.67		
MWp	10	20	30	100	200	300	100	200	300
Efficiency (%)	6^2	12^2	18^3	6^2	12^2	18^3	6	12	18
Variable costs									
Direct labor	0.16	0.08	0.05	0.06	0.03	0.02	0.06	0.03	0.02
Materials	0.46	0.23	0.15	0.46	0.23	0.15	0.22	0.11	0.07
Fixed costs									
Indirect labor	0.07	0.035	0.023	0.01	0.005	0.003	0.01	0.005	0.003
Indirect expenses	0.06	0.03	0.02	0.01	0.005	0.003	0.01	0.005	0.003
Depreciation	0.41	0.205	0.14	0.40	0.20	0.133	0.20	0.10	0.065
Total cost	1.16	0.53	0.39	0.94	0.47	0.31	0.50	0.25	0.16

[1]Two possibilities for cost reduction are taken into account here: (1) reduced materials costs and (2) an extended equipment depreciation period. Carlson estimates that the collective effect of the materials cost reduction efforts discussed in the text could be to reduce the cost of materials from $0.46 per peak watt for 6 percent efficient cells manufactured at a rate of 10 MW per year to perhaps $0.11 per peak watt for 12 percent efficient cells produced at a rate of 100 MW per year (see text FN 37). Since the pace of innovation will probably slow as the technology matures, it is assumed here that the depreciation period is doubled from 5 to 10 years.

[2]These estimates were made by Carlson, general manage, Thin Film Division, Solarex, New Town, PA (see text FN 37), based on computer integrated manufacturing technology under development at Solarex. In this analysis detailed cost estimates were made for present-day production technology using 6 percent efficient cells, and these cost estimates were extrapolated to 12 percent efficient cells, assuming that the costs per unit area will not change as the efficiency is increased.

[3]These cost estimates are obtained by extrapolating Carlson's estimates to 18 percent efficient cells, with the assumption that the cost per unit area will not change as the efficiency is increased.

ing slightly the layer thickness, or adding additional layers, or fine tuning the alloy composition of the various layers. Because so little material is associated with the active layers of PV cells, because this material makes such a small contribution to the cost of the module (Table 4.12), and because these such modifications will probably entail at most minor changes in labor costs,[44] it is reasonable to expect that the unit cost of a-Si modules will vary inversely with efficiency. Thus a doubling or tripling of efficiency to 12 or 18 percent should lead to module cost of $0.58 or $0.39 per Wp, respectively, for a plant processing the same are of modules per unit time.

Further, if the output of the plant (in square meters per year) were increased by an order of magnitude, the unit production cost is expected to decline to $0.47 per Wp for 12 percent efficient modules or to $0.31 per Wp for 18 percent efficient cells, largely because of scale economies with respect to labor. If, at this point in the development process the depreciation period for the processing equipment were increased from 5 to 10 years (because of the maturing of the technology), the unit cost would decline further to $0.37 per Wp for 12 percent efficient modules or $0.25 per Wp for 18 percent efficient modules.

Finally, it should be feasible to also reduce materials costs. For the Solarex design glass accounts for half of the total materials cost of $27.6 per square meter (Table 4.12). The cost of glass could be reduced by $3.6 per square meter if chemical strengthening were not required. A further reduction in the cost of glass could be realized in large-scale facilities, where it would be possible to integrate a float-glass manufacturing plant with an a-Si plant.

Recovering silane (SiH_4) gas (the primary feedstock for amorphous silicon deposition) during processing, and reducing module framing costs could further reduce material costs. Researchers at Solarex estimate that the overall cost of materials could potentially be reduced to about $13.2 per square meter. With this materials cost the total cost of cells would be reduced further, to $0.25 per Wp @ 12 percent efficiency of $0.16 per Wp @ 18 percent efficiency.

Balance-of-system costs. Not nearly as much emphasis has been given to the balance of system (BOS) costs as to the PV modules themselves. The U.S. DOE targets for 2000 for fixed flat plate arrays are an area-related cost of $50 per square meter plus a power conditioning cost of $150 per kWp ($0.15 per Wp). The area-related costs dominate the BOS costs, amounting to $0.83 per Wp, $0.42 per Wp, and $0.28 per Wp, for 6 percent, 12 percent, and 18 percent efficient modules, respectively.

Area-related BOS costs include the support structure holding the PV modules, the array wiring and electrical equipment, land, site preparation, and other construction costs. Previous conceptual design studies and analysis of data from experimental PV arrays and demonstration projects indicate that area-related BOS costs of $50 per square meter could be readily achieved with present technology. Ogden and Williams[46] have shown that if low-cost support structures using prefabricated PV panels were employed, this cost could be reduced to perhaps $37 per square meter. With a low-current, high-voltage electrical design, which is especially well suited to amorphous silicon cells, wiring costs could be reduced to give a total area-related BOS cost of $33 per square meter.[47] If this could be achieved, the area-related BOS cost would be reduced to $0.55 per Wp, $0.28 per Wp, and $0.18 per Wp, for 6 percent, 12 percent, and 18 percent efficient modules, respectively.

Module lifetimes. Because the a-Si solar cell is a new technology, field tests of more than a few years have not yet been completed. However, present-day commercial modules pass a battery of accelerated environmental tests. These tests are designed to simulate many years of use in a short time by subjecting the solar modules to rapidly varying extremes of light, temperature, humidity, hail impacts, etc. A preliminary judgment (which must be verified by further field testing), based on the results of such tests and expected processing improvements, is that a 30-year lifetime is a reasonable expectation.

How sensitive are the economics of power generation to module lifetime?

For 12 percent cells costing $0.25 per peak watt and a balance system cost of $33 per square meter, the busbar cost of electricity with utility ownership would increase from $0.0347 to $0.0396 per kWh if the module lifetime were reduced from 30 to 15 years for a PV system in the Southwest United States. (For a production level of 1.67 million square meters per year, the materials cost reductions indicated previously, and a 10-year depreciation period for plant manufacturing equipment; see Table 4.13.) Thus the cost of electricity is not going to be sensitively dependent on module lifetimes.

Busbar cost vs. technological improvement. It is useful to summarize the above analysis relating to prospective technological improvements for a-Si technology by showing the impact on the busbar cost for electricity generation. The intersection of the vertical "technology option" lines with the sloping "equivalent installed capital cost" lines for PV electricity production in Figure 4.15 gives busbar costs under alternative technological conditions for both El Paso, Texas, and Chicago, Illinois (representing "good" and relatively poor insolation conditions, respectively). In general busbar costs will scale inversely with the average annual insolation on a PV array tilted at the latitude angle; for Chicago, in particular, costs are 1.68 times what they are in El Paso.

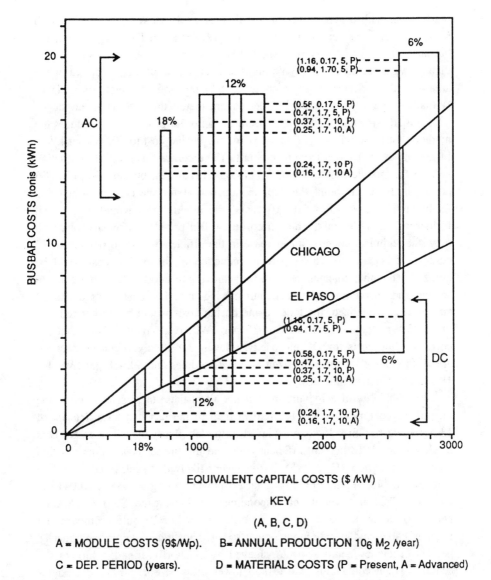

Figure 4.15 The busbar cost for different levels of technological development for a-Si solar cells. The cost of electricity is presented here as a function of the cost of the PV modules (which in turn is a function of the module efficiency, the volume of production at the factory, the materials cost, and the depreciation period for the module manufacturing facility—see Table 4.13), the module efficiency, and the local annual average insolation on an array tilted at the latitude angle (see footnote on page 68 in the text). The busbar cost is shown for both AC and DC electricity for El Paso, Texas (with an average annual insolation of 0.271 kW per square meter), and for Chicago, Illinois (with an average annual insolation of 0.160 kW per square meter). Two levels of module materials costs are presented: present ($27.6 per square meter—see Table 4.12) and advanced ($13.2 per square meter—see discussion in text).

Starting out with 6 percent efficient cells costing $1.16/Wp produced in a 10 MWp per year production facility (Table 4.12) for an El Paso application, the busbar cost shown here is $0.096 per kWh. (This is $0.0015 per kWh lower than the value of $0.111 per kWh discussed earlier. In all the present cases the area-related BOS cost is assumed to be $33 per square meter, the Odgen-Williams target,[48] rather than $50 per square meter, the U.S. DOE target for 2000.) Increasing the scale of manufacturing an order of magnitude reduces the module cost to $0.94/Wp (Table 4.13) and the busbar cost to $0.085 per kWh. Increasing the efficiency from 6 percent to 12 percent at this level of production reduces the module cost to $0.47/Wp (Table 4.13) and the busbar cost to $0.046 per kWh. If at this point the depreciation period for the cell manufacturing facility is increased form 5 to 10 years, the module cost would be reduced further to $0.37/Wp and the busbar cost to $0.041 per kWh. (Remarkably, with only one technical change, an increase in the efficiency from 6 percent to 12 percent, it appears that a 57 percent reduction in the busbar cost could be realized. The other changes required for achieving this cost reduction are due to scaling and accounting.) If the manufacturing materials cost goals discussed above are also realized, the module and busbar costs would be further reduced to $0.25/Wp (Table 4.13) and $0.035 per kWh, respectively. (Note that the corresponding costs for DC electricity, relevant for PV hydrogen production, are $0.027 per kWh for 12 percent efficient modules and $0.018 per kWh for 18 percent efficient modules.)

The probability of achieving most if not all of these targets well before the turn of the century is relatively high, in light of the fact that an efficiency of 13.5 percent has already been achieved in the laboratory. Much more R&D is needed to reach 18 percent efficient cells and the further cost reductions that would arise thereby (Fig. 4.15), but it is very likely that such R&D would be quite affordable, in light of the fact that PV power costing $0.035 to $0.041 per kWh in El Paso and even the corresponding costs in Chicago ($0.058 to $0.069 per kWh), achievable with 12 percent efficient modules, would promote rapid PV market demand growth in the power sector. Thus it is quite plausible that 18 percent efficiency could also be achieved by or shortly after the turn of the century, which could thus lead to still lower costs of $0.16/Wp for modules (Table 4.13) and $0.025 per kWh at the busbar.

Applications of a-Si Solar Cell Technology

Electricity markets being considered for PV technologies include both central-ized and decentralized applications. Central station configurations will be at-tractive where insolation conditions are favorable and land costs are low, so that the PV system is likely to be able to compete with alternative power sources at the busbar—e.g., in areas like the Southwest United States.

Decentralized configurations at the level of individual buildings, with arrays distributed on structures such as houses, high schools, hospitals, commercial buildings, etc., are also being considered seriously be manufacturers, especially for areas having relatively poor insolation. The attraction of this approach is that if the purpose of the PV system is to displace utility electricity at the customer's premises, the cost of PV power may be competitive with the price of purchased electricity for commercial and residential customers well before it is able to compete at the busbar. An interesting technological approach to decentralized PV production is to try to integrate the PV system into the building structure. For example, a-Si PV roofing (e.g., like the PV prototype roofing tiles mounted on glass substrates Sanyo has developed, Fig. 4.16) is expected to appear on the market in the early 1990s.[49] With this integration the PV system costs would be shared with ordinary building structure costs.

An important question relating to decentralized PV systems is whether there is enough space for the required collectors. One design option would be to produce as much electricity as the building occupants consume in a year. (With this option the building would export electricity to the utility during sunny periods and import electricity at night and during cloudy periods.) In light of the constraints that the required roof section must be south-facing and that it cannot be shaded by trees, other buildings, or other obstructions, it is seen that

Figure 4.16 Sanyo prototype of an amorphous silicon solar cell formed onto a clear glass roofing tile. These tiles are designed to be interchangeable with standard Japanese roofing tiles, so that they can be used on roofs of ordinary houses without any kind of support structure. These tiles measure 30.5 cm × 305 cm. *Source:* Sanyo, "Amorphous Silicon Solar Cells," July 1985 (brochure).

the decentralized option becomes less practical the larger the collector area required. For 12 percent modules the south-facing roof area (sloped at the latitude angle) required on residential houses to provide the 1980 U.S. average amount of electricity per household (8,850 kWh per year) would be some 38 square meters in El Paso, Texas, but 70 square meters in Portland, Oregon. As regions where insolation levels are not especially high are the ones being targeted for decentralized PV installations, collector space availability could be problematic in many areas. But this constraint could be relaxed if the PV system were more efficient (e.g., if modules were 18 percent instead of 12 percent efficient, the required collector area would be 1/3 less). The constraint could also be relaxed if electricity demand were not so great. It has been shown to be cost-effective to reduce aggregate electrical demand in the United States, 1980–2020, to 4,660 kWh per household, by purchasing ore energy-efficient options at the time of normal turnover of household electrical equipment.[50] If this could be achieved then the average collector area required per household in Portland would be reduced to 35 square meters with 12 percent efficient modules and to 24 square meters with 18 percent efficient modules.

Initially PV systems will be installed to displace electrical peaking or load-following power plants in areas where the electrical demand is greatest during sunny periods. (In many sunny regions the heaviest electrical loads often occur during the periods when the PV system is producing the most electricity.) As the amount of PV power on the system increases, eventually the level of output will be such that further increments in PV supply will have to be coupled to storage systems, or the equivalent. By the time the installed PV capacity is such that incremental PV capacity must be accompanied by the simultaneous installation of systems for providing electricity in periods when the sun does not shine, one alternative to storage that could be employed would be to operate high-efficiency, low-cost, natural gas-fired gas turbine units as the a-Si PV complement—e.g., intercooled steam-injected gas turbines (ISTIG) units, which in 100 MW sizes are expected to have efficiencies of 47 percent (HHV basis) and installed costs of $400 per kW.[51] The use of a highly efficient, low capital-cost backup technology like a natural gas-fired ISTIG system would probably be less costly than storage in many installations.

Impacts of Financing Rules on Busbar Costs

An important distinguishing characteristic of PV technology is that nearly all costs are capital-related. As a result, PV production costs are more sensitive to discount rates and capital-related taxes (corporate income taxes, property taxes) than are fossil fuel-based power systems. A utility discount rate (6.1 percent

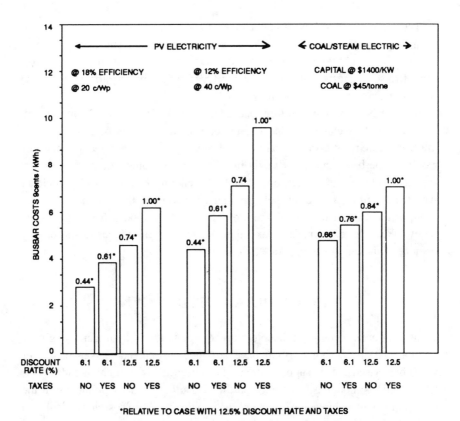

Figure 4.17 The effect of alternative financing rules on the levelized busbar cost of electricity for a-SAi PV systems (on the left) and a coal-fired steam-electric power plant (on the right). The "tax" cases involve a property tax that is 1.5 percent of the capital cost plus a combined federal/state corporate income tax rate of 38 percent (with straight line depreciation and no tax incentives). These are both neglected in the "no tax" cases. A 6.1 percent (real) discount rate corresponds to utility ownership. A 12.5 percent (real) discount rate might be used by independent power producers.

real) and zero corporate and income taxes were assumed for the above analysis. If instead a much higher market discount rate or corporate income and property taxes were included in the analysis, the relative ordering of PV and fossil fuel costs would have been different and less favorable to PV systems. As shown in Figure 4.17, for example, a PV system (without storage) with modules @ 12 percent efficiency costing $0.40/Wp would be able to produce electricity at lower busbar cost than a coal-fired steam-electric plant with the financial rules assumed here, but if corporate income and property taxes were included or if the discount rate were doubled the coal power plant would be the less costly. Such considerations highlight the importance of low discount rates and alternative taxation schemes.

The importance of low discount rates suggests that utilities might be more promising candidates for owning PV systems than independent power producers who would tend to use higher discount rates in evaluating power projects. It also suggests that the home mortgage might be an attractive way to finance decentralized residential systems.

It might be desirable to reform energy taxation laws in order to promote the adoption of PV technology. Specifically, consideration might be given to shifting from systems of taxation that penalize capital-intensive energy systems. For example, the base energy tax might instead be some combination of an oil tax (or tariff) plus a carbon tax, aimed at "internalizing externalities" associated with the use of oil and fossil fuels generally. If revenues are needed by federal, state, or local governments in excess of what can be provided from such externality taxes, the extra needed tax might be made proportional to the energy content of the energy carrier (a "BTU" tax).

PHOTOVOLTAIC HYDROGEN

It has long been recognized that electrolytic production of hydrogen using photovoltaic (PV) electricity would have strong environmental advantages over fossil fuel-based energy supply options. The absence of carbon monoxide, volatile organic compounds, oxides of sulfur, and other noxious pollutants in the production and combustion of hydrogen would help solve serious local and regional air pollution problems such as the deterioration of urban air quality and acid deposition on lakes and forests. Moreover, because no carbon dioxide is released in its production or combustion, a PV hydrogen system would not contribute to the global greenhouse warming.

The conversion to hydrogen provides not only a clean source of energy but also a convenient way to store solar energy for when the sun is not shining, and a much lower cost energy carrier than electricity for transporting solar energy to markets that are remote from the sunny areas where the best conditions for solar energy conversion are.

Whereas PV hydrogen production and utilization are technically feasible, economic assessments published in the early 1980s concluded that photovoltaic electricity would probably always be too expensive for PV hydrogen to be economically competitive with other synthetic fuels. A reconsideration of the PV hydrogen option is warranted for two reasons.

First, the prospect of very low PV electricity costs using a-Si solar cells suggests that electrolytic produced with PV electricity could become much less costly than was previously thought possible.

Second, concerns about the high environmental costs of continued dependence on carbon-based fossil fuels are providing a new impetus to the development of low polluting, nonfossil fluid fuels. Whereas the coming availability of PV electricity would help cope with these environmental problems, much more could be accomplished if PV hydrogen were also available. The direct global consumption of fluid fuels (liquids and gases) was 4.4 times as great as the consumption of electricity in 1985, and many of these fluid fuels markets, especially in transportation, will be difficult to serve with electricity because of the inadequacies of present and prospective electricity storage technologies.

DESIGN OF AN a-Si PHOTOVOLTAIC ELECTROLYTIC HYDROGEN SYSTEM

A recent study explored the implications of the ongoing revolution in a-Si solar cell technology for PV hydrogen.[52] The point of departure for this analysis is assumed PV module efficiencies of 12 to 18 percent and corresponding module costs of $0.40 to $0.20 per peak watt in the timeframe near the turn of the century. Other assumptions relating to this analysis are summarized in Table 4.14 and discussed extensively elsewhere.[53]

Figure 4.18 is a sketch of a PV hydrogen system based on amorphous silicon solar cells. DC electricity produced in a PV array would power an electrolyzer, which would split water into hydrogen and oxygen. Hydrogen would be compressed, if necessary, for onsite use, storage, or pipeline transmission.

Because at least half of the cost of PV hydrogen is due to the cost of DC electricity it would be less expensive to locate a large PV hydrogen energy system in a sunny location and transport hydrogen to distant users via high pressure pipelines. In our study, we assumed that the PV system is located in the southwestern United States.

The Cost of PV Electricity

The production cost of DC electricity from an amorphous silicon solar array located in El Paso, Texas, would be $0.01/kWh for 18 percent efficient modules costing $0.20 per peak watt or $0.035 per kWh for 12 percent efficient modules costing $0.40 per peak watt. (Note that the module costs assumed here are higher than those indicated for a-Si modules of the same efficiency in the PV electricity discussion above. In that analysis, based on Solarex work, it was argued that 12 percent (18 percent) efficient modules could be produced for a cost as low as $0.25 ($0.16) per peak watt, Table 4.13. The corresponding

Table 4.14
Solar PV Electrolytic Hydrogen System Parameters[1]

PV array:	Amorphous silicon solar cells
	Tilted, fixed, flat-plate array
	PV module efficiency—12–18%
	System efficiency (ex. module)—0.85
	PV module cost—$0.2–0.4/Wp
	Balance of systems cost—$33/m^2
	Annual operation and maintenance cost[2]
	—$0.45/m^2
	30-year PV system lifetime
	Indirect costs add 25% to direct capital costs
PV array/electrolyzer coupling:	Direct connection, 93% coupling efficiency[3]
Electrolyzer:	Atmospheric pressure, unipolar electrolyzer[4]
	Rated voltage—1.74 volts
	Rated current density—134 mA/cm^2
	Operating current density—268 mA/cm^2
	Efficiency at operating voltage—84%
	Installed capital cost of system—$170/kWDC in
	Annual O&M—2% of capital cost
	20-year electrolyzer lifetime
Economic assumptions:	All costs expressed in 1986 US$
	Discount rate—6.1%[5]
	Annual insurance cost—0.5% of capital cost[5]
	All income/property taxes are neglected

[1]For PV hydrogen system > 10 MW in size.

[2]Suggested by field data from large PV arrays. G. J. Shusnar, J. H. Caldwell, R. F. Reinoehl, and J. H. Wilson, "ARCO Solar Field Data for Flat Plate PV Arrays," 18th IEEE PV Specialists' Conference, Las Vegas, October 1985.

[3]C. Carpetis, *International Journal of Hydrogen Energy,* v. 7, p. 287, 1982; C. Carpetis, *IJHE,* v. 9, p. 969, 1984; R. W. Leigh, P. D. Metz, and K. Michalek, Brookhaven National Laboratory Report BNL-34081, December 1983; P. D. Metz and M. Piraino, BNL-51940, July 1985.

[4]Electrolyzer operating characteristics and costs are based on currently available unipolar technology. We have assumed that no rectifier is needed. R. L. Leroy and A. K. Stuart, "Advances Unipolar Electrolysis," and M. Hammerli, "When Will Electrolytic Hydrogen Become Competitive?" *IJHE,* v. 9, pp. 25–51, 1984.

[5]These values are used by the Electric Power Research Institute in evaluating utility scale power production facilities (EPRI, *Technical Assessment Guide, Vol. 1: Electricity Supply,* EPRI P-4463-SR, 1986).

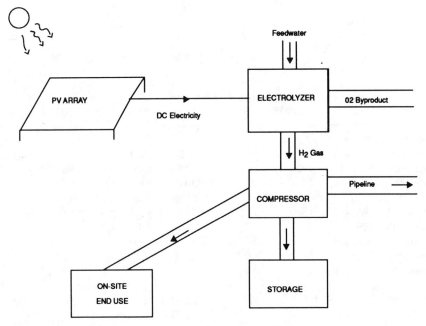

Figure 4.18 A solar photovoltaic electrolytic hydrogen system.

busbar costs for DC electricity are $0.027 per kWh for 12 percent efficient modules and $0.018 per kWh for 18 percent efficient modules, respectively, Figure 4.15.)

The Cost of PV Hydrogen

For DC electricity costing $0.020–0.035/kWh, PV hydrogen would cost $9.1–14/GJ to produce (Table 4.15). For a large-scale hydrogen energy system, the corresponding total cost of PV hydrogen at the end of a 1000-mile pipeline would be $10.8–$16/GJ (Table 4.16).

Comparison with Other Synthetic Fuels

Table 4.15 shows that the cost of PV hydrogen would probably be less than the cost of electrolytic hydrogen form other sources, including nuclear.

At the present nuclear capital cost of about $3,000 per kW, nuclear hydrogen would cost about $24 per GJ; if the nuclear industry target cost of $1,600 for "born-again" nuclear power could be reached, the cost of nuclear hydrogen would still be $14 per GJ, at the high end of the PV hydrogen cost estimates.

Table 4.15
Estimated Costs for Alternative Sources of Electrolytic Hydrogen

	PV[1]		Nuclear[2]		Hydropower[3] (global averages)		Wind[4]	
	nmod-12% $0.4/Wp	nmod-18% $0.2/Wp	Current	Target	2000L	2000H	Low	High
Electricity generation								
System size (MW)	10	10	1100	1100	—	—	(40 × 2.5)	
Capital cost ($/kW)	992	564	2970	1620	3260	4000	1340	1580
Plant life (yr)	30	30	30	30	50	50	30	30
Capacity factor	0.271	0.271	0.566	0.65	0.47	0.47	0.35	0.35
O&M (mills/kWh)	1.9	1.2	12.0	6.5	2.9	2.9	8.7	10.3
Fuel (mills/kWh)	—	—	7.5	7.5	—	—	—	—
Electricity production cost (mills/kWh)	34.7	19.8	66.5	36.3	55.4	70.2	43.0	50.8
Hydrogen production cost[5] ($/CJ)								
Electricity	11.47	6.55	22.91	12.51	19.01	24.18	14.83	17.48
Electrolyzer	2.52	2.52	1.47	1.27	1.76	1.76	2.36	2.36
Total	14.0	9.1	24.4	13.8	20.8	25.9	17.2	19.8

[1]For details see text FN 46.

[2]The capital costs indicated for nuclear power are estimates made by the Electric Power Research Institute (EPRI, *Technical Assessment Guide 1: Electricity Supply,* 1986). The higher value is EPRI's estimate of the cost of a plant that would be ordered in the U.S. at present. The lower value is EPRI's target for "improved conditions" in the United States—resulting from higher construction labor productivity, a shorter construction period, a streamlined licensing process, etc. The "current" capacity factor (56.6 percent) is the actual average for U.S. nuclear plants in the period 1983–1987; for "target" conditions it is assumed that this increases to 65 percent. The fuel cost of 0.75 cents per kilowatt hour and the "current" O&M cost are actual average values for nuclear plants in 1986 (Energy Information Administration, "Historical Plant Costs and Annual Production Expenses for Selected Electric Plants, 1986," DOE/EIA-0455(86), May 27, 1988). The "target" O&M cost is a value set by EPRI (EPRI 1986).

[3]The indicated hydro capital costs and capacity factors are global average estimates for the year 2000 (H. K. Schneider and W. Schulz, *Investment Requirements of the World Energy Industries 1980-2000,* World Energy Conference, 1987). The hydro O&M costs are EPRI estimates for the indicated capacity factor (EPRI 1986).

[4]For mass-produced 2.5 MW wind turbines configured to produce 100 MS (J. I. Lerner, "A Status Report on Wind Farm Energy Commercialization in the United States, with Emphasis on California," paper presented at the 4th International Solar Forum, Berlin, FRG, 6–9 October 1982). The O&M cost is assumed to be 2 percent of the initial capital cost per year.

[5]For non-PV systems, unit electrolyzer capital costs are assumed to be 25 percent higher because of the rectifier (assumed to be 96 percent efficient).

Table 4.16
Cost of Hydrogen Transmitted 1,600 km[1]

	nmod =	
	12%	18%
	$0.40/Wp	$0.20/Wp
Hydrogen production[1]	13.66	9.07
Compression to 6.9 MPa (1,000 psia)	1.48	1.21
Hydrogen storage (in depleted natural gas wells)	0.20	0.19
Pipeline (1,600 km)	0.35	0.35
Hydrogen cost at end of pipeline	15.99	10.82

[1]The hydrogen production cost is from Table 4.15. All other costs are from text FN 46.

Table 4.17 shows the cost of PV hydrogen compared to synthetic liquids and gases from coal and biomass. It is seen that PV hydrogen would be approximately competitive with synthetic liquids from coal or biomass (projected to cost $8–$16/GJ), but probably more expensive than synthetic gases from coal (projected to cost $4–10/GJ).

Economies of Scale

Because PV arrays and electrolyzers are modular technologies, it would be possible to achieve low production costs in very small facilities. There are essentially no economies of scale for electrolyzers larger than about 2 MW and for PV systems larger than 5–10 MW. Thus PV hydrogen systems could be highly modularized, with typical module capacity in the range 5–10 MW and characteristic capital costs of several million dollars. This contrasts with coal-based synfuels, where billion dollar plants would be needed to exploit economies of scale.

Water and Land Use

PV hydrogen could be produced even in very arid regions. In El Paso, Texas, for example, where the insolation is high but precipitation very light (with annual rainfall amounting to only 20 centimeters, or 8 inches), the feed-water required for electrolysis would be only 12 to 17 percent of the average precipitation falling on an area equivalent to the solar collector area. This is much less

Table 4.17

Estimated Production Costs for Synthetic Liquid and Gaseous Fuels

Fuel	Synfuel plant		Fuel production cost[2] ($/GJ)
	Plant size (1,000 GJ/day)	Installed cost ($10[1])	
Gasline derived from coal	173	5107	16.2
Methanol derived from coal	322	3860	7.9
	32.2	567	10.0
Ethanol derived from:			
Sugar cane (Brazil)	2.68	7.7	8.0
Corn (U.S.)	13	95.2	14.4
Synthetic gas derived from coal[3]			
High heating value gas	264	1820	5.7
	88	756	6.4
	26.4	341	7.9
Intermediate heating value gas	264	1370	5.1
PV hydrogen (southwestern U.S.)			
nmod = 18%, $0.2/Wp	0.183[4]	8.0	9.1
nmod = 12%, $0.2/Wp		9.6	10.7
nmod = 18%, $0.4/Wp		10.9	12.3
nmod = 12%, $0.4/Wp		12.6	14.0

[1]The cost estimates presented here were derived using a self-consistent set of assumptions to ensure that the cost comparisons for alternative technologies are meaningful (see text FN 33).

[2]The production cost includes plant capital, feedstock, and operation and maintenance costs, but not the costs of transmission or storage.

[3]For Lurgi Dry Ash process with Western U.S. coal.

[4]This corresponds to a 10.8 MWp PV array coupled to an 84 percent efficient unipolar electrolyzer, where the coupling efficiency is 93 percent. The peak PV hydrogen output is 8.4 MW, and the average output is 183 GJ/day for a system located in the southwestern United States, with average insolation for 271 watts per square meter. There should be no significant economies of scale for PV powered electrolyzers above about 2–10 MW.

than the amount of water required to produce fluid fuels from biomass (Table 4.18).

PV hydrogen production capacity could be concentrated in relatively small areas. Producing hydrogen equivalent to total U.S. oil use would require a collector field in the Southwest of some 64 thousand square kilometers (24 thousand square miles). This is equivalent to 0.5 percent of total U.S. land use or about 7 percent of the desert area in the United States. Figure 4.19 shows the areas required to produce hydrogen equivalent to all oil, all oil and gas, and all fossil fuel use in the United States in a single circular collector field located in the Southwest.

For comparison, the amount of land required to produce synthetic liquid fuels equivalent to current U.S. oil use from the estimated 86 billion tonnes of strip-minable coal reserves would average about 22 thousand square kilometers, and from biomass about 1,790 thousand square kilometers. Thus photovoltaic hydrogen production would require three times as much land use as production of coal-based synthetic fuels, but only about 1/30th as much land use as would be required for the production of synthetic fuels from biomass. Table 4.19 shows a comparison of global land use requirements for producing PV hydrogen in relation to land use requirements for making fluid fuels from biomass and coal.

Table 4.18

Water Requirements for PV-Hydrogen and Biomass Energy Systems

	Useful energy production rate (CJ/sq.m/year)	Water requirements (cm of rainfall/year)
Efficiency of PV modules (%)[1]		
10	0.35	2.3
15	0.53	3.4
Biomass productivity[2] (tonnes/hectare/year)		
10	0.012	30–70
20	0.023	60–140
30	0.035	90–210
40	0.046	120–280

[1]See text FN 46.

[2]Biomass production requires for photosynthesis and transpiration some 300 to 700 tonnes of water for each tonne of dry biomass produced. Assuming that fluid fuels are produced from biomass at an average efficiency of 65 percent (and that the heating value of dry biomass is 18 CJ per tonne), the water requirements become 25,000 to 60,000 liters per CJ of produced biofuel.

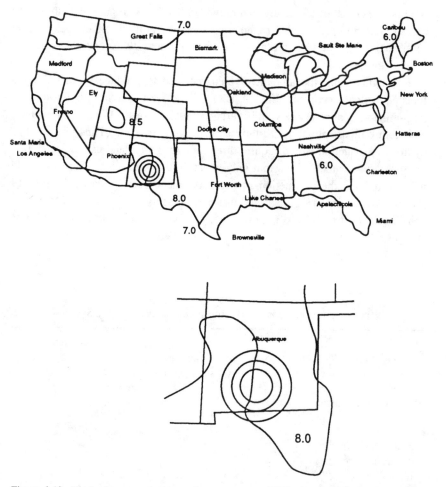

Figure 4.19 The land area required to produce an amount of PV hydrogen equivalent in energy to 1986 U.S. oil consumption (inner circle), oil plus natural gas consumption (middle circle), and oil plus natural gas plus coal consumption (outer circle).

PV HYDROGEN AS A TRANSPORTATION FUEL

If goals for amorphous silicon solar cells are achieved, PV hydrogen could become comparable in cost to other liquid synthetic fuels (Table 4.17). This suggests that the first large market for PV hydrogen might be as a transportation fuel. Moreover, automotive manufacturers in Germany and Japan have ongoing programs to develop hydrogen-powered cars, making it likely that hydrogen-based transport technology could be commercialized by the early twenty-first century.

Table 4.19

Land Use Requirements for PV Hydrogen, Biomass and Coal Synfuels

Fossil fuel displaced at the present U.S. average per capita consumption rate	Fossil fuel displaced/year (GJ/person) 287	Land required (hectares/person)		
		w/PV 112[1] 0.053	w/Biomass[2] 0.72	w/Coal synfuels[3] 0.018
US land area per capita for[4]:				
Forests and woodland		1.1		
Cropland		0.8		
Permanent pasture		1.0		
Average land area per capita[4]:				
World		2.62		
Africa		5.02		
Rwanda		0.38		
North America		5.18		
El Salvador		0.35		
Asia		0.92		
Bangladesh		0.13		
Europe		0.96		
Netherlands		0.23		
South America		6.29		
Equador		2.79		
Fossil fuel displaced for the World at the present consumption rate	Fossil fuel displaced/year (Exajoules) 283	Land required (million hectares)		
		w/PV 112[1] 53	w/Biomass[2] 670	w/Coal synfuels[3] 18
Total world land in:				
Forest and woodland[4]		4090		
Cropland[4]		1470		
Permanent pasture[4]		1350		
Deserts[5]		3140		

[1]For PV electricity produced in 15 percent efficient solar modules and converted to hydrogen at 84 percent efficiency on tilted collectors requiring a ground area twice as large. For average insolation on tilted collectors of 271 watts/square meter (250 watts/square meter on the ground).

[2]For biomass grown @ 40 tonnes of dry biomass (@ 18 CJ/tonne) per hectare per year and converted to fluid fuels at 65 percent efficiency, on average.

[3]For surface-mined coal.

[4]World Resources Institute, *World Resources 1987* (Washington, DC: Basic Books, 1987).

[5]M. P. Petrov, *Deserts of the World* (New York: John Wiley & Sons, 1976).

Hydrogen-Powered Cars: The Storage Challenge
and Energy-Efficient Cars

Because of hydrogen's low volumetric energy density, storing enough fuel on-board for a long traveling range is a major challenge. For automobiles with fuel economy of 30 miles per gallon of gasoline-equivalent (mpg), this suggests that hydrogen-fueled cars would be short-range vehicles and would probably use liquid hydrogen. However, liquid hydrogen fuel would be considerably more expensive than gaseous hydrogen, because of the high cost of liquefaction which could add $6–10/GJ to the fuel cost.[54]

An alternative approach is to increase the fuel economy of the vehicle, so that less fuel is needed to attain a reasonable traveling range. It is now technically feasible to improve automotive fuel economy to the range 80 to 100 mpg of gasoline-equivalent fuel.[55] With high fuel economies, limited range would not be a serious constraint on the use of compressed hydrogen gas or metal hydride storage.

The Economics of Cars Fueled with PV Hydrogen
and Other Fuels

Figure 4.20 shows the life-cycle cost per kilometer of owning and operating a car powered by gasoline (costing $1 per U.S. gallon), methanol from coal, synthetic natural gas from coal, electric batteries, and PV hydrogen (using metal hydride storage) for a range of delivered fuel prices and for three levels of fuel economy (corresponding approximately to 30, 50, and 90 mpg of gasoline-equivalent, respectively). This figure shows that fuel costs are a relatively small part of the total cost (less than 25 percent at 30 mpg and less than 10 percent at 90 mpg). Moreover, there is little difference among fuels in the total life-cycle cost of owning and operating a car. The consumer would pay about the same for a low-polluting, PV hydrogen-powered car, as for one fueled with synthetic fuels from coal or electricity from coal or nuclear. And, for highly efficient cars, a traveling range of 400 km could be achieved with all fuels except electricity, where battery weight and bulk would limit range to about 170 km, even with advanced batteries and efficiency improvements.

A POSSIBLE PATH FOR COMMERCIALIZATION
OF PV HYDROGEN

If performance and cost goals for a-Si solar cells are met, PV hydrogen produced in the southwestern United States could become cost competitive with

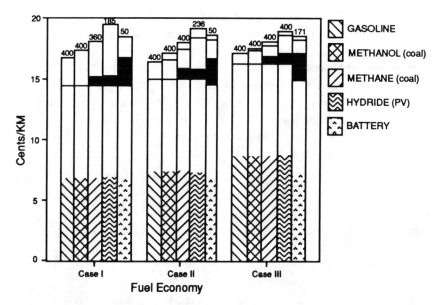

Figure 4.20 A comparison of levelized costs for owning and operating cars on various synthetic fuels for three levels of automotive fuel economy. The levelized cost in cents per kilometer is shown for automobiles fueled with gasoline from coal, methanol from coal, synthetic natural gas from coal, electricity stored in batteries, and PV hydrogen. Case I is roughly equivalent to a present-day subcompact car with a fuel economy of 7.8 1/100 km (30 mpg) of gasoline equivalent. Case II is roughly equivalent to a subcompact car with a more efficient engine (Diesel or stratified charge), with a fuel economy of 4.7 1/100 km (50 mpg). Case III, for which the gasoline-equivalent fuel economy is 2.6 1/100 km (90 mpg), is what could be achieved in a car with a more efficient engine, aerodynamic styling, and a continuously variable transmission. For each case, the levelized cost has four components: initial capital cost of the vehicle (which is shown in hatched patterns and includes the purchase price of the car, exclusive of extra storage system costs), miscellaneous expenses (shown in white above the initial capital cost of the vehicle; this includes tolls, registration fees, insurance, parking, repairs, and maintenance), the storage cost (shown in black and includes any extra cost for a special fuel storage system such as batteries, compressed gas cylinders, or hydride tanks), and the fuel cost (shown in white at the tops of the bars). The delivered costs of fuels are: $17.3/GJ for gasoline from coal, $9.9–$12.0 per GJ for methanol from coal, $8.9–$12.0/GJ for synthetic natural gas from coal, $0.06–$0.10/kwh for electricity, and $12.9–$18.0/GJ for PV hydrogen. The numbers at the tops of the bars indicate the traveling range (in km).

other transport fuels from coal or biomass around the year 2000. Whereas economics alone would not compel a switch from gasoline to PV hydrogen-powered transport, environmental considerations might provide an early impetus for developing PV hydrogen as a transport fuel.

As an example of how a local PV hydrogen transport system might develop, a PV hydrogen scenario has been developed for the city of Phoenix, Arizona.[56] Located in a sunny area, Phoenix is ideal for PV hydrogen production and has a severe and growing air pollution problem. In 1987 levels of ozone, carbon monoxide, and particulates in Phoenix exceeded federal health standards 33 days out of 365. The majority of this pollution is due to automotive emissions. Over the next 30 years the population is expected to increase from 2 to 5 million people, and without controls on automotive emissions, air pollution from cars could triple.

Much tougher automotive emissions standards are needed to prevent further deterioration of and to improve urban air quality. In the near term, implementing proposed new emissions standards could cut pollution in half by 2000. But the introduction of hydrogen-powered vehicles could also have a small, but significant, near-term impact.

Getting Started with Hydrogen Produced with Off-Peak Power from Conventional Power Plants to Get Started

Since PV hydrogen is not likely to be sufficiently low in cost to introduce before the turn of the century, one way to initiate a transition to a hydrogen economy in the 1990s would be to use off-peak power from conventional power plants to provide hydrogen for fleet vehicles. Suppose that half of all fleet cars (4 percent of all cars but accounting for 10 percent of all car miles traveled) were shifted to hydrogen derived from this off-peak power by the year 2000. After the year 2000 PV hydrogen would start to be introduced, so that by 2015 half of all cars in Phoenix would be operating on hydrogen. In this scenario automotive emissions would fall to half the present level by 2000 and would still be below present levels by 2015, despite a projected threefold increase in the number of vehicle-miles traveled.

Targeting Fleet Vehicles

Fleets would have the oft-mentioned advantage that they could be centrally fueled and maintained, which would minimize the initial investment in a fuel distribution system. The first hydrogen fleets might belong to utilities, which would probably have some experience with PV systems, or to city or state governments. Because PV hydrogen systems would have little economy of scale above sizes of perhaps 5–10 MW, the initial investments in PV hydrogen systems could be small. More capacity could be added in modest increments, as the demand increased.

Beyond Fleets

Once the technology was established for fleets, local utilities could begin to offer hydrogen fuel for private automobiles. In order to interest consumers, it would be important to have multifuel capable vehicles, which could use other fuels in areas where hydrogen was not yet available.

If local hydrogen transport systems were successful in reducing air pollution levels in the Southwest, cities in the Northeast and the Midwest might decide to convert to hydrogen as well. If just 10 percent of fleet vehicles in the United States converted to hydrogen, there would be enough demand to justify building a pipeline to bring hydrogen from the Southwest to the Northeast. Hydrogen-powered transport might then follow a similar pattern in northern cities, first as a fuel for fleets and then for private vehicles.

Once pipelines were built and hydrogen was established as a transportation fuel, it might begin to find other uses as well. For example, hydrogen could be used for residential space and water heating in the Northeast, at a cost comparable to using synthetic natural gas from coal or electricity, if emphasis is given to energy-efficient end-use technologies.[57]

CONCLUSION

This chapter examines the prospects for renewable energy via a focused analysis of bioenergy, PV electricity, and PV hydrogen. It has shown that the outlook in these areas is much brighter than was previously thought.

Even with low world oil prices, the outlook for bioenergy is bright if the focus of attention is shifted from fluid fuels to electricity. With technology that could be commercialized within five years, the gas turbine fired with gasified biomass could be a highly competitive decentralized option for electricity production suitable for both developing and industrialized countries. This possibility arises as a result of the enormous effort that has already been made to fire a new generation of highly efficient gas turbines with coal through coal gasification. Much of this technology is readily transferred to biomass, and in fact the biomass version of this technology could be commercialized more quickly than the coal version.

In the area of photovoltaics, ongoing rapid advances in thin-film amorphous silicon solar cell technology hold forth the promise of dramatic reductions in production costs of PV technology by the year 2000, owing to small amounts of materials required for amorphous silicon solar cells compared to conventional crystalline cells, and the favorable prospects for achieving the economies of automated mass production with this technology, which does not require crystal growing, cutting, and fabrication, which are painstaking processes.

The advances being made in amorphous silicon PV technology in turn make it worthwhile to reexamine the PV hydrogen option. Here it is found that PV hydrogen would probably be cheaper than other forms of electrolytic hydrogen (including electrolytic hydrogen produced with a new generation of less costly nuclear power plants) and roughly competitive with synthetic fluid fuels derived from coal in the timeframe near and shortly beyond the turn of the century. Whereas PV hydrogen would probably not be able to decisively beat synthetic fuels from coal on narrow economic criteria, the balance would tip in favor of PV hydrogen if consideration is given to greenhouse warming, acid rain, and urban air pollution problems.

In all cases it appears that prior emphasis on the efficient use of energy would greatly enhance the commercial prospects for these renewable technologies. In the case of biomass, energy-efficient conversion and end use technologies are needed to avoid the land use constraints that arise at high levels of bioenergy use, because of the low efficiency of photosynthesis. In the case of photovoltaics, emphasis on efficient end use of electricity can greatly improve the practicality of the decentralized PV electricity option, by reducing collector area requirements at the user's building site. And in the case of PV hydrogen, efficient end-use makes the automobile a practical target for hydrogen fuel, by relaxing the vehicle range constraint that arises from the low volumetric energy density of hydrogen. Thus efficient end use and renewable energy strategies are complementary not competitive ways for coping with the formidable problems of conventional energy strategies.

NOTES

1. J. Goldemberg, T. B. Johansson, A. K. N. Reddy, and R. H. Williams, *Energy for a Sustainable World,* 517 pp. (Delhi, India: Wiley-Eastern, 1988). This book is summarized as J. Goldemberg, T. B. Johansson, A. K. N. Reddy, and R. H. Williams, *Energy for a Sustainable World* (Washington, DC: World Resources Institute, 1987).

2. Organization for Economic Cooperation and Development, *Biomass for Energy: Economic and Policy Issues* (Paris: OECD, 1984); D. O. Hall and P. J. de Groot, "Biomass Energy: The Parallel Requirements for Fuel and Food from Plants," pp. 157–85, in *Resources and World Development,* Report of the Dahlem Workshop on Resources and World Development, D. J. McLaren and B. J. Skinner, eds. (Chichester: John Wiley & Sons, 1987); J. J. Becker, "Energetic Outlets of Agriculture in the EEC," pp. 350–53, in *Energy from Biomass,* W. Palz, J. Coombs, and D. O. Hall, eds. (London: Elsevier Applied Science Publishers, 1985). Umberto Colombo (chairman, ENEA, Rome), "IDEA: Innovative Dimension in Energy and Agriculture," draft manuscript, 1987.

3. C. E. Wyman and N. D. Hinman, "Ethanol: Fundamentals of Production from Renewable Feedstocks and Use as a Transportation Fuel," Solar Energy Research Institute, 1989.

4. R. H. Williams and E. D. Larson, "Expanding Roles for Gas Turbines in Power Generation," in *Electricity,* T. B. Johansson, B. Bodlund, and R. H. Williams, eds. (Lund, Sweden: Univ. of Lund Press, 1989).

5. D. A. Kolp and D. J. Moeller, "World's First Full STIG LM5000 Installed at Simpson Paper Company," ASME Paper 88-CT-198, presented at the Gas Turbine and Aeroengine Congress and Exposition, Amsterdam, The Netherlands, 5–9 June 1988.

6. M. W. Horner (Marine and Industrial Engine and Service Division, Cincinnati, of the General Electric Company), "Position Statement—Intercooled Steam-Injected Gas Turbine," testimony presented at the Committee Hearing for the 1988 Electricity Report of the California Energy Commission, held at the Southern California Edison Company, 21–22 November 1988.

7. Ibid.

8. "New No$_x$ and CO Limits Spark Utility Industry Interest in I-STIG," *Gas Turbine World,* vol. 18, no. 6 (December 1988).

9. Horner, "Position Statement."

10. J. C. Corman, "System Analysis of Simplified ICCC Plants," report prepared for the U.S. Dept. of Energy by G. E. Corporate R&D Center, Schenectady, NY, 1986.

11. Horner, "Position Statement."

12. Ibid.

13. E. D. Larson, J. M. Ogden, R. H. Williams, and M. C. Hylton, "Biomass-Fired Steam-Injected Gas-Turbine Cogeneration for the Cane Sugar Industry," *Proceedings of an International Conference on Research in Thermochemical Biomass Conversion,* Elsevier Applied Science, May 1988.

14. R. H. Williams, "Are Runaway Energy Capital Costs a Constraint on Development? A Demand Analysis of the Power Sector Capital Crisis in Developing Countries," paper presented at the International Seminar on the New Era in the World Economy, at the Fernand Braudel Institute of World Economy, Sao Paulo, Brazil, September 1988.

15. Goldemberg et al., *Energy.*

16. R. P. Dewiler and C. A. S. Hall, "Tropical Forests and the Global Carbon Cycle," *Science,* 239:42–47 (1988).

17. Larson et al., "Biomass."

18. Goldemberg et al., *Energy.*

19. P. Buringh, H. D. J. van Heemst, and G. J. Staring, "Computation of the Absolute Maximum Food Production of the World," Dept. of Tropical Soil Science, Agricultural Univ. of Wageningen, Wageningen, The Netherlands, 1977.

20. C. S. Sidebotham and R. H. Williams, "Technology of NO$_x$ Control for Stationary Gas Turbines," draft report, Center for Energy and Environmental Studies, Princeton University, Princeton, NJ, January 1989.

21. E. D. Larson, P. Svenningsson, and I. Bjerle, "Biomass Gasification for Gas Turbine Power Generation," in *Electricity,* T. B. Johansson, B. Bodlund, and R. H. Williams, eds. (Lund, Sweden: Univ. of Lund Press, 1989).

22. J. W. Ranney, L. L. Wright, and P. A. Layton, "Hardwood Energy Crops: The Technology of Intensive Culture," *Journal of Forestry,* vol. 85, no. 9, (September 1987).

23. Becker, "Energetic Outlets."

24. D. J. Dudek, "Offsetting New CO$_2$ Emissions," Environmental Defense Fund, New York, 1988.

25. Rannay et al., "Hardwood."

26. "Steady Efficiency Improvements for Three Major Cell Technologies Over Decade," *Photovoltaic Insider's Report,* vol. VII, no. 11 (1988); Taylor Moore, "Opening the Door for Utility Photovoltaics," *EPRI Journal* (January/February 1987).

27. "Late News Development," *Photovoltaic Insider's Report,* October 3, 1988.

28. Solar Energy Research Institute, "SERI Photovoltaic Advanced Research & Development: An Overview" (February 1984).

29. Z. Erol Smith, "Amorphous Silicon for Solar Cell Applications: Defect Generation, Annealing, and Equilibrium," Ph.D. thesis, Department of Electrical Engineering, Princeton Univ., 1987.

30. Photovoltaic Energy Technology Division (PETD), Office of Solar Energy Technology, U.S. Dept. of Energy, "Five Year Research Plant, 1987–1991; Photovoltaics: USA's Energy Opportunity," DOE/CH10093-7, May 1987.

31. Robert Pool, "Solar Cells Turn 30," Research News, *Science,* 241:900–1, August 19, 1988.

32. Ibid.

33. "$1 per Wp Module Cost Target Seen Obtainable by Early 1990s Without Efficiency Gains," *Photovoltaic Insider's Report,* p. 4 (May 1988).

34. "Chronar Negotiating to Install 60 MW, $150 Million PV System in Southern California," *Photovoltaic Insider's Report,* p. 1 (September 1988).

35. Smith, "Amorphous Silicon."

36. Ibid.

37. David E. Carlson, "Low-Cost Power from Thin-Film Photovoltaics," *Electricity,* Vattenfall (May 1989).

38. Ibid.

39. Ibid.

40. Private communications from Sigurd Wagner, Electrical Engineering Department, Princeton Univ., July 1988.

41. PETD; Four US manufacturers (Chronar, Solarex, Arco Solar, and ECD) are in a cost-shared program with the U.S. Dept. of Energy to produce modules of these efficiencies by 1990, *Photovoltaic Insider's Report* (April 1987).

42. Carlson, "Low-Cost Power,"; Priv. comm. Wagner; E. A. DeMeo and R. W. Taylor, "Solar Photovoltaic Power Systems: An Electric Utility Perspective," *Science,* vol. 224, April 20, 1984.

43. PETD.

44. Carlson, "Low-Cost Power."

45. Ibid.

46. J. M. Ogden and R. H. Williams, *Solar Hydrogen: Moving Beyond Fossil Fuels* (Washington, DC: World Resources Institute, 1989).

47. Ibid.

48. Ibid.

49. Carlson, "Low-Cost Power."

50. Goldemberg et al., *Energy.*

51. R. H. Williams and E. D. Larson, "Expanded Roles for Gas Turbines in Power

Generation," in *Electricity,* B. Bodlund, T. B. Johansson, and R. H. Williams, eds., (Stockholm: Vattenfall, 1989).

52. Ogden and Williams, *Solar Hydrogen.*
53. Ibid.
54. Ibid.
55. Ibid.
56. Ibid.
57. Ibid.

Chapter 5

Energy, People, and Industrialization

Amory B. Lovins

The round-earth theory poses ultimate limits to population growth and industrialization. Biotic and social carrying capacities, and some resource finitudes, constrain the scope for Los Angelizing the planet. However, even very large expansions in population and industrial activity need not be energy-constrained: if we apply what we know, energy can be among the weakest of the many reasons for concern about indefinite population and industrial growth. This chapter first explains why energy need not limit traditional industrial expansion (at least not until very far beyond most other limits), and then explores why goals other than indiscriminate growth are worthier.

About energy there is good news and bad news.

The good news is that if we simply pursue the narrowest of economic interests, the energy problem has already been solved by new technologies—primarily for more efficient end-use, secondarily for more efficient conversion and sustainable supply. In the United States, for example,

- Full practical use, in existing buildings and equipment, of the best electricity-saving technologies already on the market would save about 3/4 of all electricity now used, at an average cost certainly below 1¢/kWh and probably around 0.6¢/kWh[1]—much less than the cost of just running a coal or nuclear power station, even if building it cost nothing.
- Full practical use of the best demonstrated oil- and gas-saving technologies (many already on the market and the rest ready for production within about 4–5 years) would save about 3/4 of all oil now used, at an average

This work was commissioned for the Hoover Institution conference "Human Demography and Natural Resources." The author graciously agreed to its publication in this volume.

cost well below \$10/bbl and probably nearer about \$5–6/bbl[2]—less than the typical cost of just finding new domestic oil.

These savings are of purely technical character and would entail no loss—indeed, often a substantial improvement—in the quantity and quality of services provided.

Efficiency technologies have already begin to sweep the market despite the many obstacles placed in their way. There is now abundant evidence that their rapid rise to complete dominance of marginal investment would be a natural outcome of free-market competition among all ways to provide desired energy services.[3]

The bad news, however, is that most governments and many private-sector actors are less committed to market outcomes in energy policy than to corporate socialism—to bailing out their favorite technologies, many of which are now dying of an incurable attack of market forces. So long as this ideology continues to dominate public policy and the private investments which that policy influences, energy will continue to impose intractable economic, environmental, and security constraints on even the type and degree of global development that is vital for basic decency.

THE SECRET SUCCESS

In spite of persistent official obstructions summarized below, the genius of even a very imperfect market has been able to assert itself to a striking degree. Consider these facts:

- Since 1979, the United States has gotten more than seven times as much new energy from savings as from all net increases in energy supply.
- Of the new supply, more has come from renewables (now about ~ 11–12 percent of total primary supply) than from nonrenewables.
- During 1979–86 inclusive, energy savings expanded U.S. energy availability by seven times as much as nuclear power did, and during 1984–86, by nearly 13-fold.
- Because of the reductions in energy intensity achieved since 1973, the annual U.S. energy bill has recently been ~ \$430 billion instead of ~ \$580 billion—a saving of ~ \$150 billion per year (comparable to the federal budget deficit). However, if the United States were now as efficient as its competitors in Europe and Japan, it would be saving an additional ~ \$200 billion per year. And simply choosing the best energy buys

for the rest of this century could yield a cumulative net saving of several trillion of today's dollars—enough to pay off the entire national debt.

- During 1977–85, the United States steadily and routinely saved oil 4/5ths faster than it needed to do in order to keep up with both economic growth and declining domestic oil output. This 5-percent-per-year increase in national oil productivity cut total oil imports in half. It was achieved largely with such simple measures as caulk guns, duct tape, insulation, plugged steam leaks, and a five-mile-per-gallon gain in the efficiency of the car fleet.

- By 1986 the U.S. energy saving achieved since 1973–chiefly in oil and gas—was "producing" 2/5ths more energy each year than the domestic oil industry, which took a century to build. Yet oil has raising costs, falling output, and dwindling reserves, whereas efficiency has falling costs, rising output, and expanding reserves.

- EPRI estimates that U.S. electric intensity reductions during 1973–83 cut construction needs by some 141 GW[4] corresponding to a marginal capacity cost on the order of $200–500 billion. Yet further potential savings are enormously larger.

- Numerous utilities, by investing in more efficient use of electricity by their customers, are in fact saving large amounts of electricity at low and falling real cost; in mature programs, the utilities' expenditures, amortized over the discounted stream of resulting savings, are typically on the order of 0.1–0.5¢ per kWh saved. For example, if all Americans saved electricity at the same speed and cost at which the roughly 10 million people served by Southern California Edison Company actually did save electricity during 1983–85, then national forecast needs for long-run power supplies would decrease by ~40 GW per year (equivalent to an avoided capital cost, including its federal subsidy, of about $80 billion per year). The total cost for utilities to achieve those savings would average ~0.1–0.2¢/kWh—about 1 percent of the cost of new power stations.[5]

Similar striking progress is evident on the supply side:

- Life extension of conventional plants, retrofitting of combustion turbines to combined-cycle operation, packaged combined-cycle plants, and steam-injected gas turbines have virtually supplanted central steam plants as utilities' marginal supply investments of choice. With good design and favorable local conditions, small hydro plants, hydro upgrading, wind power, and geothermal power can be highly competitive on the margin with standard steam plants even if the latter are subsidized while the former are not.[6] Other options, such as fuel cells and photovoltaics, are rapidly coming over the horizon of competitiveness. Even without demand-side competition, the era of the big steam plant would be over.

- As proof of this, during 1981–84, U.S. orders and firm letters of intent, minus cancellations, totaled: −65 net GW for fossil-fueled and nuclear central plants, +25 GW for cogeneration (~20 percent of it renewable), and +>20 GW for small hydro, wind power, etc. Thus over 2/3rds of lost central-station capacity was made up by smaller, faster, cheaper options, which enabled investors to manage financial risks so as to minimize regret.[7] The other third was far more than made up by improved end-use efficiency. Since 1984, the conditions that produced this extraordinary shift of private capital have only intensified.
- A microcosmic example of the power of competition: California, roughly 10 percent of the U.S. economy, had in ~1984 a 37-GW peak electric load, supplied by 10 GW of hydroelectricity and geothermal power plus 27 GW of fossil-fueled and nuclear plants. In ~1982 the state's utilities started offering to buy privately generated power at a fair price with roughly equalized subsidies (and to buy private savings on much less favorable terms). Within a few years of this approximation to fair competition:
- the utilities had committed ~24 GW of long-term (10 years) electrical savings.
- private investors had firmly offered them >21 GW of new generating capacity, most of it renewable.
- >13 GW of that offered capacity was already built or being built.
- new offers for private generation were arriving at the rate of 9 GW, or 1/4th of total peak demand, per year.

Because of the resulting power glut, the California government suspended new contracts in April 1985. If the market response had been allowed to continue for another year or two, it would already have displaced every thermal power plant in California. Yet utilities in at least two dozen other states and provinces are still all hoping to sell their surpluses to California simultaneously. Some California utilities, unhappy with private generators' ability to outcompete their own costly central plants, are also trying to prevent or defer much of the already-agreed-upon new private generating capacity from coming on line— whereas they simultaneously complain that such capacity is "unreliable" because it's not always completed.

- During ~1988, at least a half-dozen diverse U.S. utilities ran auctions to see which private investors might wish, at their own expense and risk, to generate power for sale to the grid. Each of those utilities was offered, at very competitive prices, 5 to 10 times as much power as it wanted.[8] Presumably they would have been even more swamped with attractive bids had they offered a similar price for energy savings, as some are now starting to do.

THE ENERGY EFFICIENCY REVOLUTION

These remarkable developments reflect extremely rapid change on four related fronts:

- **Technology for extremely efficient end-use of energy.** Most of the best electricity-saving technologies on the U.S. market today were not available a year ago, and the same was true a year ago. (That's why Rocky Mountain Institute's (RMI) COMPETITEK service updates the status of the technologies quarterly.) Twice as much electricity can be saved now as could have been saved five years ago, and at only a third the real cost—a gain in aggregate cost-effectiveness by about a factor of 6 in five years, or nearly a factor of 30 in 10 years. This technological revolution shows no sign of abating. The resulting saving-potential, sketched in Figure 5.1 includes a ~50 percent saving at zero net cost.[9]
- **New ways to finance and deliver energy-saving technologies to the customers.** RMI and others have developed, and utilities are now bringing into successful use, many techniques for implementing the least-cost investment strategies now demanded by the increasingly competitive energy-service market (and, in more than 20 states, by law). Complementing the concessionary utility loans and rebates now available to most U.S. electric customers, these new methods include:

  competitive bidding for all ways to make or save electricity (now beginning in at least eight states).

  secondary-marketable covenants to stabilize or cap facilities' electric demand.

  making electrical savings fungible ("wheelable") within and between utilities' service territories (the first two such transactions were negotiated in 1988, whereby a utility will invest in saving electricity in another utility's territory and buy back, at a discounted price, the power thereby rendered surplus).

  making spot, futures, and options markets in "negawatts" (saved electricity).

Approximate End-Uses of U.S. Electricity ~ 1985

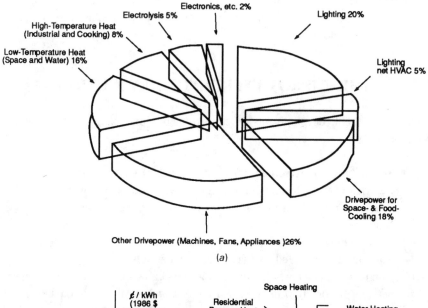

(a)

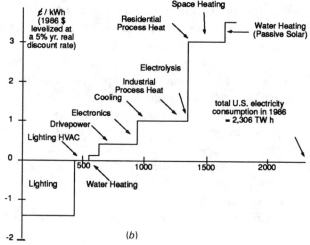

(b)

Figure 5.1 The approximate end-uses of U.S. electricity (a) and the corresponding potential for saving electricity by full practical retrofit of the best technologies now on the market at the Costs of Saved Energy shown (b). This is a preliminary estimate of the full practical potential for retrofit savings of U.S. electricity at average cost ~ .06 cents/kWh. For simplicity, all the measures applicable to each end-use have been bundled together as a package rather than shown in their individual cost sequence. The list of technologies considered is far from complete, and no load management is included. Significantly larger savings could be achieved at costs above those shown but still well below long-run marginal supply costs; the marginal package costs shown here compete with short-run marginal costs on most U.S. systems. Current uncertainty is about ± 10 percentage points on the total quantity of savings and a factor ~ 2× on its average cost.

sliding-scale hookup fees for new buildings—fees that are positive or negative depending on the efficiency of each building:
sale of electric efficiency by electric utilities,[10] in other utilities' territories (as about a dozen utilities are now profitably doing), and also by gas utilities.
These and similar innovations make saved electricity into a commodity subject to all the market mechanisms that pertain to other commodities—trading and fungibility in space and time, secondary markets, derivative instruments, arbitrage, etc. Similar evolution is starting to occur in savings of other forms of energy, including oil, and in other resources such as water.

- **Radical changes in utilities' mission and culture,** returning them to the historic roots of their business.[11] A minority of America utilities is reinventing its mission as (in Georgia Power's phrase) "the profitable production of customer satisfaction." This minority is rapidly growing as these firms become noted as more profitable, and more fun to work for, than their competitors. Utilities which begin to sell both electricity and electrical savings (the main intermediate goods for providing electrical services) as commodities are shifting their orientation from being vendors of a single commodity (kWh) to being a service industry—i.e., to delivering a different mix of efficiently provided commodities, including information and financing, in a way that ensures customer success. This means, among other things, learning to focus on the bottom line rather than the top line—learning that it is all right to sell less electricity and bring in less revenue, so long as costs fall even more. It used to be thought that such fundamental cultural change took a new chair and 10 years. Now some utilities are doing it in only a few years. It is difficult: it means redefining not only corporate mission but also career goals and personal identities. But it is easier than not doing it.

- **Small but important shifts in regulatory policy** to provide clear incentives which support and drive that cultural change. The most important such development is the unanimous July 1988 agreement by the Conservation Committee of the National Association of Regulatory Utility commissioners that utilities' profits should be decoupled from their sales (so that they are at least indifferent to whether they sell more or less electricity—which is currently true only in California), and that utilities should be rewarded to cost-minimizing behavior (e.g., by being allowed to keep extra profit part of what they save their customers).

This progress is most prominent in, but not confined to, electric utilities. Some major vendors of fuels, including one or two of the world's largest oil companies, are now becoming seriously interested in selling all forms of energy efficiency for fun and profit.

Underlying all these developments is the post-1973 revolution in energy-policy methodology. This wrenching change is now so nearly complete that it is hard to remember the primitive methods used almost universally only a decade ago. In 1976 a memo by Herman Daly summarized how energy needs were then generally determined:

> Recent growth rates of population and per capita energy use [or of population, per capita GNP, and energy use per unit of GNP] are projected up to some arbitrary, round-numbered date. Whatever technologies are required to produce the projected amount are automatically accepted, along with their social implications, and no thought is given to how long the system can last once the projected levels are attained. Trend is, in effect, elevated to destiny, and history either stops or starts afresh on the bi-millenial year, or the year 2050 or whatever.
>
> This approach is unworthy of any organism with a central nervous system, much less a cerebral cortex. For those of us who also have souls, it is almost incomprehensible in its inversion of ends and means.
>
> . . . [It says] that there is no such thing as enough[;] that growth in population and per capita energy use are either desirable or inevitable[;] that it is useless to worry about the future for more than 20 years, since all reasonably discounted costs and benefits become nil over that period[;] and that the increasing scale of technology is simply time's arrow of progress, and refusal to follow it represents a failure of nerve.

It is now widely accepted that the end-use/least cost approach introduced in 1976[12]—asking what we want the energy for, and how much energy, of what quality, at what scale, from what source, will do each task in the cheapest way—is the best way to understand likely market developments and to plan optimal investments. It is also widely accepted that future energy needs are not fate but choice. Only the handful of analysts who have carefully examined the new technologies and delivery methods, however, realize how extremely flexibly that choice can now be exercised. The potential savings and costs shown above will surprise many. But these findings are calculated by conventional methods from documented cost and performance data that have been measured for real, commercially available devices. There should be little dispute about empirical data.

High-energy futures, sometimes considered inherently plausible because their extrapolation from the past requires so little thought, are in fact internally inconsistent. Their massive and costly supply expansions would require high-energy prices. But those prices would in turn elicit much more efficient end-use. (High-energy futures also tend to be politically unattractive, implying greater dirigisme than most societies are likely to put up with. Nuclear power advocates who suggest that America follow the example of France and Taiwan forget that, as Irwin Stelzer points out, Americans have chosen to live in a country quite unlike France or Taiwan—one based on both democracy and free markets to a substantial and highly valued degree.) I am under no illusion that any kind of energy future will be easy to achieve. But recent history teaches us that the undoubted problems of energy efficiency are much more tractable than those that will be unavoidable if it is not achieved.

CONTINUING BLUNDERS

The achievements of energy efficiency are all the more startling in view of the powerful forces arrayed against it. For decades, efficiency has been greatly retarded by its opponents, and has often suffered grievously even at the hands of its friends. (President Carter's public equation of saving energy with privation, discomfort, and curtailment may have set back efficiency more than his other policies helped it.[13]) At the same time, wastefully used, depletable, environmentally damaging, and egregiously uncompetitive energy options have received government succor lavishly and continuously. The triumph of narrow-private-interest expedience over macroeconomic efficiency, especially in the United States, beggars description. For example,

- The lopsidedness of federal subsidies to the energy sector was already severe[14] when last fully assessed in FY1984 (Fig. 5.2).[15] The 1986 tax reform may have modestly reduced the total amount of subsidies, which was upward of $50 billion in FY1984 alone, but has certainly increased their distortions of market choice.[16]
- The Interior Department is continuing its strenuous efforts to sell or lease all public fuel resources into a glutted market at depressed prices. Interior also counts externalities (environmental and sociopolitical impacts, national security risks, and the value of wildlife, wilderness, biotic, scenic, and cultural resources) as zero.
- The Federal Energy Regulatory Commission is vigorously seeking to sti-

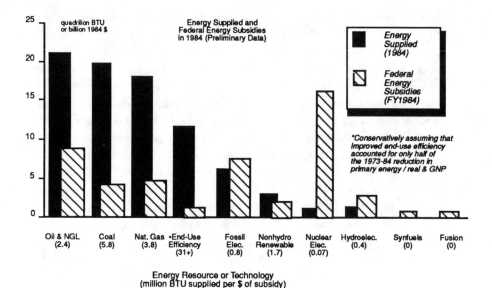

Figure 5.2 The approximate size and location of FY1984 federal energy subsidies, comprising 17 tax breaks, 21 agencies' budget line-item subventions, and lower marginal cost of capital from 9 agencies' loans and guarantees. Note the distortions shown by the "bang-to-buck ratio" in parentheses below each set of bars.

fle state initiatives to introduce genuine competition into the electrical-service market.

• Federal monitoring and enforcement of existing environmental, health, safety, and antitrust laws awkward for the energy industries has been largely gutted.[17] Building and appliance standards legislated to overcome well-known market failures have been opposed, weakened, or ignored.[18] After seven years of administration stonewalling, Congress gave up trying to operate the Conservation and Solar Bank, which it had established in 1980.

• U.S. Department of Energy has cut real spending for efficiency RD&D by 71 percent and continues to press for deeper cuts—in FY 1989, for example, a further 50 percent in RD&D and 96 percent in the sate and local programs that deliver efficiency information to citizens—even though such investments in the past have consistently yielded returns of hundreds or thousands of percent to the national economy.

• Remaining federal RD&D continues to be overwhelmingly (~ 96–99 percent) biased toward ~ 0–7 percent of marginal energy needs (central-electric supply, as contrasted with generation at appropriate scale, non-electric supply, and demand-side options).

Such interventions have serious, even absurd, consequences, for example:

- The energy wasted[19] in the United States today costs about twice as much as the federal budget deficit, or more than the entire $10,000-a-second military budget.
- The amount of crude oil wasted in 1986[20] by that year's rollback of U.S. light-vehicle efficiency standards[21] equaled 1985 U.S. imports from the Persian Gulf. It also equals the average annual oil output that Interior hopes to achieve over 30 years from beneath the Arctic National Wildlife Refuge. (ANWR) In effect, the administration has thereby undiscovered one potential ANWR's worth of oil—even as it seeks congressional consent to lease for exploration in the Refuge, at great environmental cost and very probably at a financial net loss to the lessees.
- The Electric Power Research Institute (EPRI) estimates that the ~ 56 GW of base-load savings to be achieved by the year 2000 by utilities' efficiency programs will be largely undone by some 35 GW of onpeak, and 41 GW of offpeak, new demand deliberately created by today's power marketing programs, probably none of which is economically rational.
- These and other interventions have probably played a more important role than price fluctuations in stalling, as of 1988, previously steady reductions of several percent per year in U.S. energy/GNP ratio.
- Shielding potentially hazardous industries from market and political accountability encourages sloppy operations which incur enormous future costs—as we are now discovering with the ~ $100-billion cleanup bill starting to be presented by the military nuclear sector. This nasty surprise seems likely to be dwarfed by a similar bill, similarly created, from the civilian nuclear sector.[22]
- Electricity in FY1984 (the last reliable data available) got upward of $35 billion in federal subsidies—2/3rds of all federal energy subsidies, going to only 14 percent of the delivered energy.[23] This distortion made electricity look a fifth cheaper than it really was, thereby artificially increasing demand, and, by effectively financing new power plants at approximately zero (or negative) interest rates, leveraged most or all of the roughly $30 billion of annual private investment in expanding electrical supply. (The impact on national capital allocation was large, because marginal central-electric systems are about a hundred times as capital-intensive as the traditional oil, gas, and coal systems on which today's American economy was built.) The total investments still being made for new U.S. electric supply—some $60 billion a year, half private and half public—equal the total investment in U.S. durables goods manufacturing industry. Thus

electric savings only fast enough to keep up with growth in service demand and plant retirements would leave nearly twice as much capital to keep those manufacturers competitive.

- Just the difference in energy intensity between the U.S. and Japanese economies now creates an automatic cost advantage on the order of 5 percent for the typical Japanese export. This gap is widening, especially with regard to electrical productivity: the Japanese GNP in 1986 was 36 percent less electricity-intensive than the U.S. GNP, and this gap is officially projected to become 45 percent by 2000. In particular major industries, such as cars, paper, and cement, electricity intensity per ton is falling in Japan—proof that such falling intensity can accompany, even increase, competitiveness—yet it is rising in the United States, following the official U.S. dogma that rising electric intensity is essential to economic health and must therefore be further subsidized.
- Large expenditures are being contemplated to mitigate or respond to such problems as acid rain, CO_2 emissions, and nuclear proliferation—all of which are an artifact of an economically inefficient energy policy, and could be abated not at extra cost but at a profit (as discussed below).

Twice in the past 15 years, the federal government has responded to an oil shock by spurring supply and ignoring demand. Both times, the supply initiatives have collapsed while the market quietly produced a gush of efficiency, sticking the supply industries with unsaleably costly surpluses. Today, the federal government continues its efforts to repeat this mistake for a third time. To be sure, it has learned the lesson that "balance" is required between supply- and demand-side investments, albeit in roughly the proportions of the classic recipe for elephant-and-rabbit stew—one elephant, one rabbit. This "balance" rests not on the neoclassical calculus of marginal costs and benefits, but rather on the Chinese-restaurant-menu theory of energy policy—pick one option from column A, one from column B, and so on, to please the major constituencies— and on the hand-waving claim that more supply is needed as "insurance" in case efficiency somehow fails to work. The result of trying to buy both, of course, would be to stint both (since they compete for the same resources), and hence could be to get neither. Worse, as in the recent past, we could get both— and hence further bankrupt the supply industries, which need increased demand to pay for costly new supplies.

In short, successive administrations have been acting out Abba Eban's remark that people and nations "behave wisely once they have exhausted all other alternatives." We're certainly working our way well down the list.

ENVIRONMENTAL BONUSES

It is at least conceivable that the confluence of environmental problems now stirring such deep public anxiety may help to rebuild energy policy on a foundation of economic rationality. This is far from certain—virtually every newsmagazine except *Business Week,* for example, has fallen for the fallacious argument that nuclear power can help to abate global warming[24]—but it offers a new opportunity to reframe the basic arguments.

Fuels that are not mined and burned have no environmental impacts. It is generally cheaper today to give away efficiency[25] than to dig up and burn the fuels to do the same task. Most environmental impacts associated with obtaining, converting, and using energy can thus be abated at negative net internal cost to society.

For example, rather than raising people's electric bills to put diapers on dirty coal plants to reduce acid gas emissions, one can use well-established delivery methods to help the same customers to get superefficient lights, motors, appliances, and building components. They will then need less electricity to obtain the same services. The utility can burn less coal and emit less sulfur (preferably using "environmental dispatch" to back out the dirtiest plants first). But the main effect will be that the utility saves a great deal of money, because efficiency is cheaper than coal.[26] The utility can then use part of its saved operating cost to clean up the remaining plants by any method of its choice, part to reduce its tariffs, and part to reward its investors for having hired such smart managers. On very conservative assumptions,[27] one analysis of this approach found that the Midwest region responsible for a third of all U.S. power-plant sulfur emissions could achieve a 55 percent sulfur reduction at a net-present-valued 1983–2000 cost of about minus $4–7 billion, rather than the plus $4–7 billion of conventional abatement without end-use efficiency improvements—a net saving of $11+ billion.

Naturally, the same approach simultaneously abates other impacts of power generation, coal-mining, etc. For example, an 18-watt compact fluorescent lamp, producing the same light as a 75-watt incandescent lamp for ~13 times as long, will over its lifetime save about one-ten-millionth as much electricity as a huge (1,000-megawatt) power station generates in a year. A single such lamp will thus

- avoid the emission from a typical U.S. coal plant of a ton of CO_2, which adds to global warming,[28] and
- ~8 kg of SO_2, which contributes to acid rain, plus NO_x, heavy metals, and other pollutants; or

- avoid the production by a typical nuclear plant of half a curie of strontium-90 and cesium-137 (two major components of high-level waste) and
- ~25 milligrams of plutonium—about equivalent in explosive power to 385 kg of TNT, or in radiotoxicity, if uniformly distributed into human lungs, to at least ~2,000 cancer-causing doses.

Yet, far from costing extra, the lamp will save

- the cost of a dozen ordinary lamps and their installation labor (typically totaling ~$20), plus
- the cost of generating 570 kWh of electricity (typically ~$20–30 worth of fuel), and, during its lifetime, will defer
- approximately $200–300 worth of generating capacity, reserve capacity, grid, and fuel-cycle equipment.

Because the lamp's typical retail price is only ~$15–18, and its real resource cost is about a half or a third of that, its use generates for society at least tens of dollars of net wealth, not counting its avoided environmental costs.

Similar economic considerations apply to the more complex issues of abating nuclear proliferation,[29] improving domestic energy security against accidental or deliberate disruption,[30] and reducing dependence on Middle East oil.[31] Achieving these benefits by improved end-use efficiency lets one make money on the deal. This is, in a variant on Marv Goldberger's memorable phrase, "spherically sensible": energy efficiency makes sense no matter which way you look at it. It should be done to save money, even if we're not concerned about such issues as global warming.

In most cases, the environmental benefits of energy savings can be achieved most quickly and profitably by saving electricity, because this energy form uses several units of fuel at the power plant per unit delivered, the generation and delivery system are extremely expensive, and electricity, for both these reasons, is by far the costliest form of energy.[32] This high environmental and economic leverage puts a premium in saving electricity, even though virtually all official and private effort has so far focused instead on saving directly used oil and gas. The leverage is highest in countries such as the Soviet Union, where low-grade coal is inefficiently mined and burned, then ~30–40 percent of the power is lost in long-distance transmission to inefficient end-uses. From this perspective, among the most attractive ways to head off global warming will be saving electricity in the USSR, China, and India. An RMI project to this end is underway.

INTERNATIONAL APPLICABILITY

The astonishing and little-noted progress in electric efficiency has been fastest in the United States because of its immensely diverse utility system. Among some 3,500 enterprises in 50-odd major and hundreds of minor regulatory jurisdictions (along with substantial unregulated operations), a great many experiments have already been tried somewhere. This has occurred with little help, and despite overt and covert opposition, from the federal government; most of the initiative has come from the utilities themselves, from other private-sector actors, and from state and local governments.

Unfortunately, most other countries have a much more monolithic structure of the electric and energy industries[33]—often nationalized, usually centrally planned, generally devoid of market or political accountability, and hence with no incentive and little inclination to innovate. This discouraging picture is starting to change rather rapidly, however, as political (and, especially in developing countries, financial) constraints hamper traditional supply expansion and as public concern rises about acid rain, global warming, and nuclear safety. In country after country—even those previously most immune to innovation, such as the UK and USSR—new incentives are starting to bring the entrepreneurs out of the woodwork.

Naturally, there are important differences between end-use structures, behavioral patterns, and capital stocks in different countries. Nonetheless, it is becoming apparent in the roughly 20 countries in which I am active in energy policy, and in others where my colleagues work, that the technical (and, usually, the institutional) opportunities for major savings are strikingly similar even in countries with quite different levels of overall energy efficiency. For example, Jorgen Norgard at the Technical University of Denmark has recently found a potential to save about 3/4ths of the electricity now used in Danish buildings, at an average cost of ~0.6¢/kWh[34]—coincidentally identical to my best estimate for all sectors and end-uses in the United States. (Several other European analysts are converging on similar results.) To be sure, Europeans generally light their offices less intensively and turn the lights off more than Americans do, but that does not affect the percentage savings available in the lighting energy that is used—a function only of the lighting technology itself, which is quite similar in both countries.

Contrary to the common but fallacious view that developing countries can save little energy because they use so little (at least in commercial forms), the same is true there, too. Replacing an incandescent with a compact-fluorescent lamp will save ~70–85 percent of the energy per unit of delivered light regardless of whether the original lamp is in Belgium or Bihar. Superwindows[35] cut cooling loads by the same (or a greater[36]) percentage in Bangkok as in Bakersfield.

Efficiency opportunities may well turn out to be smaller and costlier in Europe and Japan than in North America, but on current evidence, the differences will probably be unimportant, and they may well be offset, or more, by even bigger and cheaper opportunities for savings in the socialist[37] and developing countries. (Table 5.1 summarizes one aggregated measure of how very far many such countries have to go, and why.)

There is considerable room for argument about how much energy can be saved, both in theory and in practice. Most debates in this sphere turn out to arise from differences in the modernity and thoroughness of characterization of the technologies assumed, or in the degree of disaggregation of the end-uses analyzed (since excessive aggregation omits many opportunities for savings that are individually small but collectively large). In round numbers, however, a 4- to 10-fold (or greater) aggregate efficiency gain, compared with 1973 levels, seems to represent the practical and cost-effective potential. The lower figure is broadly consistent with a careful, technically conservative, clearly presented analysis by Goldemberg et al.,[38] based on case studies for Brazil, India, Sweden, and the United States. The upper figure is consistent with an earlier analysis for the German Federal Environmental Agency,[39] based on 1980 end-use patterns, efficiency levels, technologies, and costs in the Federal Republic of Germany, cross-checked against a variety of case studies from other countries and regions.

The latter study assumed, arguendo, a ~2080 world with 8 billion people, uniformly industrialized to the level of the Federal Republic of Germany in 1973, when it was the most heavily industrialized country on earth, and one of the most energy efficient. This assumed level of industrialization corresponds to global economic activity nearly five times that of 1975, and a 10-fold increase in the developing countries. (Of course, this may well be impossible or undesirable for reasons other than energy.) Nonetheless, if such a world used energy in a way that would have saved money under 1980 FRG conditions, then its total primary energy use would have been approximately 3 1/2 TW, or less than half of the actual 1973 level, or about a third of the actual 1988 level. Moreover, except for one instance of modest interregional trade in biofuel, each of the world's major regions (classified on the IIASA scheme) would be independently able to meet all or virtually all of its resulting needs for energy in each form using only renewable sources, which in 1980 were already available and cost-effective in the long-run margin. In short, no energy problem exists (or arises)—even on economic—growth assumptions that most would consider implausibly high. And complete implementation over some decades would require only a rate of efficiency improvement (and, for some countries like the U.S.,

Table 5.1
Some Comparative Energy Intensities

Market-oriented	
Sweden	8.6
France	8.6
Japan	9.7
Spain	11.8
Federal Republic of Germany	11.8
Italy	12.9
United Kingdom	17.2
United States	19.3
Centrally planned (at least in the industrial sector)	
Yugoslavia	21.5
Poland	26.9
German Democratic Republic	29.0
Czechoslovakia	30.1
Soviet Union	32.3
Romania	37.6
People's Republic of China	40.9
Hungary	49.5

*Primary megajoules per 1983$ of 1983 Gross National Product.

Source: Worldwatch Institute, *State of the World 1987* (Washington, DC), p. 183. Common GNPs adjusted from 1980 dollar levels derived by Paul Moses, *Dollar GNPs of the USSR and Eastern Europe* (Johns Hopkins University Press, 1983).

This table shows one set of estimates of the dramatic range of aggregate energy intensities of various economies. The exact values shown are of course sensitive to the exchange rates assumed (which are based on an authoritative comparison of purchasing power) and cannot substitute for careful comparisons of the technical intensity of each sector and product, but are still qualitatively indicative of a major difference between market and non-market economies. Some possible reasons for the striking disparities: (1) Poor price formation: e.g., most Soviet prices are at 1928 levels, with no effective regulatory substitute. (2) Some countries, e.g., Hungary, use cost-plus industrial accounting which creates a perverse incentive to maximize inputs per unit output. (3) Obsolete, often 1930s-vintage, technologies, especially in basic materials industries such as steelmaking; poor controls and maintenance. (4) Greater emphasis on basic materials industries than on manufacturing. In the U.S. in 1978, per dollar of value added, the former were $\sim 14\times$ as energy-intensive and $\sim 5\times$ as electricity-intensive as the latter. (5) A small services sector. In the U.S., this sector typically uses only a fourth as much electricity per worker as does the industrial sector.

renewable-supply deployment) somewhat below that actually achieved since 1973.

The energy supply system required in such low-energy futures differs strikingly from that of conventional projections, and so do the corresponding costs and impacts. Even the low IIASA scenarios, for example, imply world energy use in 2030 some 2.5 times that of 1983. That projection is ~ 2–$3\times$ lower than was in vogue in the late 1970s, but still requires thousands of reactors (with a new one commissioned every $\sim$ four–six days), a 3–$6\times$ increase in the rate of coal-mining, fossil-fuel supplies increased at a rate equivalent to about an Alaska (~ 2 million bbl/d) every one or two months, and hence largely depleted global conventional hydrocarbon resources. The resulting CO_2 concentration in 2030 is ~ 450 parts per million by volume (ppmv), rising by 50 ppmv every decade or so.

In contrast, the "efficiency scenario" assuming the same economic and population growth, but using energy in a way that saves money (under 1980 conditions, which are probably less favorable than today's) uses 4–$5\times$ less energy, costs much less, stretches oil and gas for centuries, dispenses with reliance on both the Middle East and the atom, and by 2030 has attained a CO_2 level barely above today's and rising by 5 ppmv every three decades or so, making this part (~ 40 percent) of future global warming virtually vanish. Many other problems would also disappear, such as those associated with the million bombs' worth of plutonium proposed to be annually extracted and put into global commerce under the IIASA scenarios.

In view of the well-known institutional barriers to using energy efficiently in developing countries, some will ask whether this technical potential has any practical force. I believe the real issue is just the opposite: how can such countries develop without a high degree of efficiency? Consider these small examples:

- A colleague formerly in charge of Haitian energy policy estimates that giving away quadrupled-efficiency lightbulbs throughout Haiti could increase the average household's disposable income by as much as a fifth— because so much of the cash economy goes to electricity, chiefly for lighting. (Southern California Edison Company has in fact given away more than half a million such lamps to its low-income residential customers and their neighborhood shops, because that is cheaper than operating the utility's existing power stations.)
- Ashok Gadgil at the Tata Energy Research Institute has shown by a Bombay case study that lighting is responsible for $\sim 37+$ percent (~ 9 GW) of India's evening peak load, which overstresses the grid and is often respon-

sible for rotating blackouts. These in turn greatly hamper economic output and competitiveness, both directly by shutting down production and indirectly by forcing factories to install very costly backup diesel generators. Again, giving away efficient lamps could largely solve the problem. (Such giveaways in an Alaskan village recently reduced the peak lighting load by a factor exceeding seven.)

- The People's Republic of China recently decided it was time people had refrigerators, and built more than 100 refrigerator factories. The fraction of Beijing households owning a refrigerator rose from a few percent to more than 60 percent during 1981–86. Unfortunately, however, through mere inattention, an inefficient refrigerator design had been chosen— thereby committing China to billions of dollars' worth of electric capacity to serve those refrigerators.

These examples are especially striking when one recalls that at least a fourth of the world's total development capital goes to electrification; that a large, even dominant, fraction of many developing countries' debt service is energy-related; and that inadequate electric supplies now severely constrain the development of many countries that lack the capital to build (or the skills to operate reliably) more plants and grid.

In energy, as in water, minerals, and many other resources, it appears that developing countries can achieve their economic goals only by building comprehensive resource efficiency into their infrastructure from scratch. This is easier than the developed nations' task of having to retrofit trillions of dollars of obsolete stocks, and in principle could therefore give developing countries a comparative advantage. In practice, most developing countries so far lack the technical and commercial sophistication to ensure that they are buying the best options—especially in the face of developed countries' often strenuous efforts to sell them equipment so inefficient that it is obsolete in their home markets (a dangerous and immoral export akin to that of deregistered pesticides, but not yet subject to any international constraints). The continued fixation of major international lenders on central generating plants, and the greater opportunity for decision-makers to receive large "commissions" on such projects, also make it as difficult as in the industrialized countries for the political process to accommodate efficiency gains that would discommode the vendors of uncompetitive energy supply technologies. But if developing countries hope to break the cycle of poverty in a capital-constrained world, they have extremely strong incentives to overcome these daunting barriers.

Another hidden advantage of energy efficiency in a technologically dynamic world is that it buys time. Time can be used, among other things, to develop and deploy better technologies for both supply and demand. The former type of progress, of which we have lately seen dramatic examples (such as the 40 percent cost reduction in the technology used to bring in Royal Dutch/Shell's Kittiwake oilfield in the North Sea),[40] stretches supply curves, expands reserves, and slows depletion. This yields more time in which to deploy efficiency, which has similar effects. Both kinds of progress reduce real resource costs, freeing capital for more productive investment elsewhere, whereas demand-side efficiency gains reduce sensitivity to supply costs. Buying time and using it to advantage for developing and deploying better technologies, taken together, thus makes many problems recede very far into the future, or go away altogether.

WHOSE DEVELOPMENT PATH?

The deeper question is whether energy need, may, or should constrain development cannot be addressed in isolation from what kind of development is contemplated, by and for whom, chosen how and by whom. These questions in turn rest on still deeper questions of social purpose.

Consider, for example, the data in Table 5.2 on the past five centuries of Danish patterns of primary energy use for heating and cooking. If, looking at the last three lines, one made a facile identification of energy use with well-being, one would then have to conclude that Danes have only recently regained the standard of living they enjoyed in the Middle Ages. What actually happened

Table 5.2
Average Per-Capita Primary Energy Used in Denmark
for Heating and Cooking

Year	kW
~ 1500	0.9–1.9
1800	0.9
1900	0.4
1950	0.9
1975	2.3

Source: "Energy in Denmark 1990–2005: A Case Study," Report #7, Survey by the International Federation of Institute for Advanced Study, c/o Sven Bjornholm, Niels Bohr Institutet, Koebenhavn, September 1986, converted from the original. Gcal/y.

was that in 1500 and 1800, Danes burned a lot of wood and peat in very inefficient open fires, similar to the situation in many developing countries today: by 1800, more Danes were burning wood in fairly efficient wood and ceramic stoves; by 1900 they burned mainly coal in very efficient stoves, and in 1950 mainly oil (incurring refinery losses) in fairly inefficient furnaces. By 1975 they had added the Carnot and grid losses of expanded electrification. This example shows that simply equating energy use with social benefits telescopes together several distinct relationships that are best kept separate:

- How much primary fuel is fed into the energy system does not determine how much useful energy is supplied—that depends on the system's conversion efficiency.
- How much useful energy is supplied does not determine how much service is performed—that depends on end-use efficiency; and how much service is provided does not determine whether what was done with the energy was worth doing.

This last question is a very important one, although it is normally considered outside the scope of energy policy. If my own work, for example, contributed to a development pattern in which extremely energy-efficient factories made napalm and throw-away aluminum beer cans, I would be disappointed at the implied failure to address an important parallel agenda of social purposes. Although this is, of course, a choice that only those concerned can properly make, the following observations suggest that traditional answers have lost much of their ostensible force.

- The conditions underlying economic growth models have changed profoundly: The economic growth that served the industrial countries well . . . took place in an era when they bought raw materials at competitively depressed prices and sold manufactures at monopoly rents. Now . . . they must instead (increasingly) buy raw materials at monopoly rents and sell manufactures at competitively depressed prices. They cannot get out of that hole—buying dear and selling cheap—by expanding their international trade; quite the contrary. And so the whole economic paradigm of growth and free trade is no longer useful to those who have profited most from it.[41]
- The same growth-and-trade paradigm has also made little progress in dealing with regional disparities: Even the industrial countries have chronically poor places like Newfoundland and Calabria. According to the classical model, such places must have a competitive advantage in something

on a world scale; or their people must be happy to move to Toronto or Milano; or Torontans and Milanesi must be willing to redistribute a substantial portion of their income to Newfoundlanders and Calabresi forever. Recent political experience gives us no grounds for supposing that any of these three conditions can be satisfied.[42]

To the contrary, the most promising way to deal with such disparities, even on the national scale of development strategy, appears more and more to be on the lines of the four principles applied to rural communities by Rocky Mountain Institute's Economic Renewal Project.

- Plug unnecessary leaks of money out of the economy by using existing resources more efficiently; this creates wealth at least as effectively as pouring more money in (often more so, because the savings are tax-free and may have bigger multipliers).
- Invest in yourself: help existing businesses to diversify, modernize, and expand (especially to fill the new business niches created by efforts to use local resources more efficiently) before you try to recruit new businesses.
- Help local business startups to succeed, through well-known techniques such as small business incubators.
- If you do recruit outside enterprises, do so in a smart way that will fulfill local goals and will yield net benefits to the community, not just gross benefits.
- Mimicry of traditional development paths via normal industrialization ignores both industrialized countries' mistakes and developing countries' new opportunities. It is by no means clear that industrial countries' development path must, even if it can, be repeated by other countries striving for similar material wealth. Hong Kong and Singapore have parlayed skilled, well-educated, hard-working people into a global economic force without any significant heavy industry; they simply can earn enough to buy materials and manufactures from abroad, much as many American communities or states (e.g., Vermont) or even sizeable "industrialized" countries (e.g., Denmark) do. To be sure, heavy industries no longer competitive or attractive in the "advanced" countries are moving offshore to other countries desperate for any kind of investment; but it is not at all obvious that such low-value-added enterprises are advantageous to them either.
- The technologies that can create wealth today are very different, and generally far less materials- and more information-intensive, than they were when the OECD countries built their infrastructure. No sensible country

today, building an urban sanitary system from scratch, would build Western-style sewers and treatment plants; if it used flush toilets at all (rather than advanced composters), it would probably do better with ones five or more times as water-efficient,[43] feeding into relatively localized biological wastewater-treatment systems.[44] No sensible country would imitate Los Angeles' car dependence or its freeway system, together with their costs, fuel-intensity, and smog; instead, it would encourage people to live near where they want to be, work nearer home, telecommute more, and use sophisticated public transport.[45] No sensible country would try to extend electric grids into rural areas when, even competing with cheap U.S. grid power, the breakeven distance to the grid, beyond which it is cheaper to use photovoltaics and superefficient appliances, is already typically less than 400 meters and falling fast. Such examples are almost endless. In short, much of the money- and resource-intensive infrastructure that we think of as central to development, simply because we ourselves live amidst it, is in fact obsolete—unable to compete with newer, smarter ways to do the same thing better.

- By a happy coincidence, at a time when many countries are seeking to develop on the strength of few resources other than people and sunlight, the combination of very efficient energy use with advances in many kinds of solar technologies is bringing modern energy services within economic reach.[46] This is a pattern of "ecodevelopment" that integrates energy, water, waste, food, and other services at a village scale, providing a sound alternative to migrating to urban slums.
- The very assumption that development requires large increments of certain basic-materials industries' capacity (the most energy-intensive kind)[47]—whether in one's own country or elsewhere—is itself up for review. U.S. steel consumption per dollar of GNP is now below its 1960 level and falling; we still use steel, but much less of it,[48] and the same is true for virtually all basic material. Does a country that builds with local materials[49] need many cement plants? Does one that jumps straight to advanced materials need much steel? Does one that "goes electronic" early need much paper? Does one that makes an ab initio commitment to product longevity, recycling, reuse, remanufacture, scrap recovery, near-net-shape processing, limited packaging, etc. need so much of any kind of material to maintain an ample stock (not flow) of material artifacts? What are the industrial underpinnings required for systematic "ecodevelopment" on a national or regional scale? Nobody knows, but certainly the answer will be very different than what the Untied States requires today.
- It is not even obvious that improved transport is necessarily good for rural

areas. In northeastern Nepal in 1980, I was struck by how much healthier, happier, and more friendly people were far from the road than near it. As one walked 10 days from a remote area back toward "civilization," an intact and sustainable culture with a relatively good life—although, to be sure, one in which some very simple technical and medical improvements could enormously improve people's lot[50]—gave way to relentless Third World squalor. The Nepali government's idea of "progress" nonetheless was and is to build roads all over the place. And this is not only a developing country issue. In his classic West Highland Survey, the late Sir Frank Fraser Darling described a Scottish loch separating two villages, one with a road and the other with a dirt track. In the former village, soil and fisheries were being depleted; people ate little of their own produce, substituting canned porridge and all sorts of packaged goods; productivity, morale, health, and culture were in decline. In the latter village, however, fisheries were sustained, the land was in good heart, the people's diet and health were excellent—and at first they too wanted a road, but only until they observed that roads merely tied their economy into the commercial web of south and east without so reshaping their habitat as to enable them to pay for expanded trade's transaction costs and middlemen out of increased exports. On further reflection, they chose to keep their dirt track, and with it, their ability to trade only when they wanted to, not because they had to.

- The steady rise of the ethic of "voluntary simplicity" in the richest countries suggests that the heretical question—"How much is enough?"[51]—will be asked with ever greater force as "economic growth and technical achievement, the greatest triumphs of our epoch of history, [show] . . . themselves to be inadequate sources for collective contentment and hope."[52] The frequently observed correlation between outward wealth and inner poverty[53] bespeaks what may prove an unexpected flexibility in rich countries' demand patterns as social values undergo rapid evolution. As global communications undercut solipsism and cultural arrogance, it is becoming easier to appreciate the wisdom of other cultures and the lesson in Gandhi's reply, when asked what he thought of American civilization: "I think it would be a very good idea." A renascence of religious values, too, is making money (not least Pope John Paul II, former President Ronald Reagan, President M. S. Gorbachev, and Chairman Mao) question an economy that treats means as ends and places goods above people—one in which, as Lewis Mumford caustically observes,[54] "All but one of [the seven deadly] . . . sins, sloth, was transformed into a positive virtue. Greed, avarice, envy, gluttony, luxury, and pride were the driving forces of the new economy. . . . Goals and ends capable of working an inner transformation were obsolete: mechanical expansion itself had become the supreme goal."

In short, our response to the morbid social conditions, the alienation and rootlessness, the lack of balance and rhythm, which trouble so many thoughtful observers in the West will go far toward determining our own development pattern in the decades ahead, and the patterns followed by our emulators. Should we choose a path that measures success not by the rate of growth in consuming goods and services, but rather by the achievement of human satisfaction, joy, and inward growth with a minimum of consumption—the crux of E.F. Schumacher's classic essay on Buddhist economics—then the effect on the energy and the industrial activity needed to live a good life would probably far outweigh the structural and efficiency variations considered in most technical analyses. In short, we know next to nothing about the industrial structure of right livelihood, and it is long past time we started finding out.

- As biological paradigms belatedly start to augment or supplant those based on physics and engineering, it is becoming more obvious that singleminded pursuit of efficiency generally sacrifices resilience—an attribute far more vital for survival. Most forms of "modern" development transfer risk to those who would be better of without it: traditional forms of "insurance," conservative decisional processes, diversity, buffer stocks, and safety margins are eroded in the name of more efficient production. The increasing fragility of overcentralized, overengineered, overspecialized economies[55] is leading many of us to look at more subtly sophisticated cultures with new respect. Two lessons stand out here. First, among the most critical issues of social, economic, and technical design (as Schumacher rightly emphasized) is appropriate scale.[56] Second, biological wisdom—the design experience reflected in whatever has survived several billion years of trial and error—is usually more valuable than the intuition of commercial expedience. Those prone to presume that a bird in the hand is worth two in the bush should remember, as Aldo Leopold reminds us, that birds come in pairs and nest in bushes.
- In particular, the failure of what Marie Antoinette might have called the "Let them eat croissants" distributional theory of economic growth, contrasted with the expanding success of such societies as Costa Rica, compels a fresh look at the importance of developing people, not economies. In unpublished research to which I attach considerable importance, Royal Dutch/Shell's strategic planning in London, and London human rights

barrister Paul Sieghart, have found three indicators that are virtually perfect predictors of economic success (conventionally measured) across the entire range of developing countries:

- The health and education of the people 10 years earlier.
- Absence of subsidies to basic commodities.
- Adherence to basic human rights.

This suggests that the basic-human-needs approach (as opposed to the trickle-down capital-intensive industrial approach) really works—and that in some sense social efficiency is advanced by functioning markets not only in goods but also in ideas.

CONCLUSION

Energy need not constrain global development—but it may well do so, much more widely than it is doing at present, if some of our major institutions don't start learning faster and practicing the economic rationality they preach. Moreover, there exist many other, more ineluctable, constraints on traditional industrialization.[57] These can be greatly mitigated by reforms that can and doubtless will occur—resource efficiency, waste minimization, phasing our of biocides, chlorine-free chemistry, and so on—but on present knowledge it appears that environmental and social constraints will cap classical industrial activity if nothing else does first. (This has indeed already occurred in many heavily industrialized regions.) These reflections should therefore be construed, not as a Micawberish exclamation that everything will turn out all right (especially under the cretinous energy policies still dominant in Washington), but as a plea for rethinking the fundamentals of industrialization, of the development process, and of economic growth itself.

I am originally a physicist, not an economist, and despite my neoclassical perspective, have some sympathy with the view than economists are those people who lie awake nights worrying about whether what works in practice can possibly work in theory. But the biggest evolution in my thinking over the 15 years since the first modern oil shock has been an increased respect for how well even very imperfect markets can work. Efficiency and renewables have swept the U.S. energy market despite a formidable array of officially erected obstacles meant to achieve the opposite result. How much better would we have done—can we yet do—with an evenhanded policy, should we ever be fortunate enough to get a truly conservative administration that takes markets seriously? My main residual concern here, beyond helping the market to work better (via better information, fair access to capital, real competition, etc.), is that amid the dramatic global shift now underway toward market mechanisms, we not forget that markets are meant to be efficient, not fair; that while they can be superb short-term allocators of scare resources,[58] there are many other important things that they do badly or were never designed to do; and that if markets do something good for whales or grandchildren, it is purely accidental.

My conclusions here—my very presence at this Hoover Institution conference—will already have suggested to many readers a charming historical irony. In the days of Limits to Growth—a prescient work still maligned by those who haven't read it or who missed its central message of the importance of adaptation—there were those whom my colleagues and I called "cornucopians" (such as John Maddon and Wilfrid Beckerman, among the forerunners of Julian Simon). The cornucopians said not to worry about the problems of population, resources, and environment; these would be solved, they said, by the intelligent application of advance technology. Some of us, however, pointed out that technology, though no doubt very powerful (as my practice of it had taught me), was not omnipotent, had costs, and often had side-effects—what Garrett Hardi called "consequences we didn't think of, the existence of which we will deny as long as possible." For this caveat, we were derided as "technological pessimists"—not in James Branch Cabell's sense ("The optimist proclaims we live in the best of all possible worlds; the pessimist fears this is true"), but as ignoramuses denying the reality of technological progress.

Today, however, it is we former "technological pessimists" who are pointing out that new technologies—albeit of a more mundane, vernacular, and "transparent" kind than those anticipated by the cornucopians, such as insulation rather than fusion rectors and microelectronic motor controls rather than solar power satellites—have indeed proven far more powerful than anyone, including us, thought possible. These relatively small, accessible, and cheap technologies even seem powerful enough to solve the energy problems, the water problem, many strategic-minerals problems, and probably a good many other thorny problems such as agriculture and national security to boot.[59] For saying this, we are berated by the former cornucopians, now turned "technological pessimists," who successively assert that our proposed technological innovations don't exist, or won't work, or aren't cost-effective, or won't sell, or won't remain popular in the long run.[60]

Thus the role reversal is complete. But it reminds us born-again technological optimists not to overlook—as our partners in this debate long did—the limits of technical fixes, the restricted relevance of markets to achieving justice, the ever-shifting tapestry of social values, the importance of surprises, and the inherent frailty of the human design.

NOTES

1. This potential is exhaustively documented by the technical reports of Rocky Mountain Institute's COMPETITEK quarterly update service, currently provided to more than 60 subscribers (chiefly electric utilities and governments) in 14 countries. The application of those technical and economic data to a practical case is illustrated by RMI's June 1988 analysis Negawatts for Arkansas (Publication #U88-30, Vol. I, 211 pp.). No interfuel substitution (e.g., of gas for electricity) is assumed here, although it is often worthwhile.

2. A. B. Lovins, "Drill Rigs and Battleships Are the Answer! (But What Was the Question?)," in F. Fesharaki & R. Reed, eds. (Boulder: Westview, 1989) *The Petroleum Market in the 1990s.* Preprints available as RMI Publication #88-6, 37 pp. Modest gas-for-oil substitution is assumed here, but only where the gas has also been saved (rather than representing an increase in demand), and no interfuel or intermodal substitution is assumed in the transport sector.

3. Throughout this chapter, as in all my analyses, I adopt the motives, methods, and criteria of orthodox neoclassical economics and conclude that saving energy will generally be desirable because it is Pareto-optimal. One could, but I don't, reach the same conclusion by many other routes, such as ethical concern about people (and other beings) in other times and places, or a desire to achieve social goals with an elegant frugality of effort. For present purposes, my approach is that of a pure free-marketeer shopping for "technical fixes." In effect, I assume a goal of fueling indiscriminate industrialization at minimum private internal cost, with no changes in where or how we live or how we run our society. Readers who prefer other goals, or who feel that prevalent values or institutions are in any way imperfect, are welcome to assume instead some mixture of technical and social change; this would only make a low-energy future easier to achieve.

4. One GW, or 1,000 megawatts, or 1 million kilowatts, is the nominal capacity of a single giant power station.

5. Specifically: when its peak load was 14 GW, SCE was reducing its long-term forecast peak by nearly 1.2 GW/y—~45 percent through its own programs, costing 0.3¢/kWh for efficiency and $30-odd/kW for load management, and ~55 percent through state programs, such as the Title 24 building code, which cost the utility nothing. Absent that state action, SCE could have achieved similar results at costs ranging from zero (for sliding-scale hookup fees replacing building codes) to ~0.6¢/kWh (for seller rebates replacing appliance standards). The average of these costs to the utility would have been ~0.1–0.2¢/kWh. The corresponding cost to society, including participating customers' contributions, would have been severalfold larger, but still less than 1¢/kWh.

6. During 1979–85, more new U.S. capacity was ordered from small hydro plants and wind power than from coal and nuclear plants, not counting their cancellations, which collectively exceeded 100 GW. At the time, all these options enjoyed significant subsidies, though those to the renewables were probably smaller per unit of energy supplied (see FN 15).

7. Because the dispersed investments are small, modular, and relatively cheap, and have very short lead times, fast paybacks, and high velocity of cashflow. They thus

avoid playing You Bet Your Company that demand forecasts a decade ahead will be accurate enough to ensure amortization of a multibillion-dollar central station.

8. Most, though not all, of the proposals could be relied upon to produce actual, reliable capacity if accepted; many utilities have also found that private cogeneration is typically more reliable than their own central plants.

9. The first step in the supply curve—the ~92 percent potential saving in lighting energy, displacing ~120 GW of U.S. generating capacity—has a negative cost (which balances the positive cost of subsequent steps up to ~50% total savings). That is because the efficient new lighting equipment often lasts longer, or less of it is needed, than the inefficient equipment it replaces—to the extent that the new equipment more than pays for itself by avoided customer maintenance cost, making its electrical savings better than free (by ~$30 billion a year). See A. B. Lovins and R. Sardinsky, *The State of the Art: Lighting,* RMI/COMPETITEK (March 1988), 348 pp.

10. In the form of any combination of financing, information, design services, project management, equipment, installation, operation, and monitoring. A utility that sells such elements can, but need not, bill the results according to the energy services delivered.

11. Thomas Edison sold light, not kWh; New York Edison Company wished to do the opposite; Edison was overruled in 1892, and the industry has been making the same mistake ever since.

12. A. B. Lovins, "Energy Strategy: The Road Not Taken?" *Foreign Affairs* 55(1):65–96 (October 1976); the concept was later clarified, and the term "least-cost" introduced, in a series of pioneering quantitative analyses by my colleague Roger Sant. Interestingly, although the "soft path" diagram in that *Foreign Affairs* article was meant to be illustrative, not a forecast, it accurately represents actual renewable supply in 1988 (a fourth of the way through the half-century shown), and shows total energy demand far above actual.

13. Similarly, his solar tax credits rewarded effort rather than success—they rewarded people for spending money, not for saving or supplying energy, and most of the rent was captured by the vendors. The credits therefore proliferated charlatans, preserved the uncompetitive at the expense of the honest and clever, and removed incentives to cut costs. Waiting for the credits to be implemented destroyed roughly half the solar industry; their removal eliminated most of the other half by drying up distribution channels for many viable products. Unfortunately, Congress scrapped the credits rather than fixing them—even though it retained, and even increased, most of the larger subsidies given throughout to competing energy forms, leaving the playing field even less level than before.

14. For example, electricity was 11 times as heavily subsidized per unit of energy supplied as were direct fuels; nuclear power was ~80 times as heavily subsidized as were efficiency improvements and nonhydroeletric renewable sources; and the subsidies per unit of energy supplied were at least 200 times as great for power as for efficiency.

15. H. R. Heede, "A Preliminary Analysis of Federal Energy Subsidies in FY1984," Rocky Mountain Institute (RMI) Publication #CS85-7, 1985, 29 pp., summarized in H. R. Heede and A. B. Lovins, "Hiding the True Cost of Energy Sources," *Wall Street Journal,* p. 28, 17 September 1985, RMI Publication #CS85-22. Heede's far more detailed final report is to be published by RMI in early 1989.

16. Chiefly by removing most subsidies for efficiency and renewables. But other

policy actions are expanding the damage. In 1988, for example, nuclear power was offered a new ~ $9 billion subsidy in the form of a write-off of enrichment debts. U.S. Department of Energy ignored warnings—among others, by me when I served on the Department's senior advisory board in 1980–81—that those debts would prove unpayable.

17. Among the most recent examples to come to light are the dismantling of most enforcement of coal-stripping restoration rules, the pervasive lack of monitoring of Arctic oil operations (especially with regard to pollution, e.g., by drilling muds), and numerous nuclear problems, such as the late 1988 removal of promised funding for Nevada's independent assessment of nuclear waste disposal operations. The major national environmental groups have thoroughly documented dozens of such issues.

18. This is still going on, e.g., in U.S. Department of Energy's proposed rules on appliance standards. The proposed BEPS national energy building code was made voluntary rather than mandatory, and even the voluntary residential standards were never issued.

19. "Wasted" in the sense that it is used instead of being displaced by cheaper efficiency options now commercially available and practically applicable and deliverable for doing the same task.

20. The equivalent waste in each subsequent year is probably even larger.

21. Together, in unknown degree, with the simultaneous 70 percent cutback in the print run of the government's Gas Mileage Guide, so that 2/3rds of new car buyers couldn't get a copy.

22. The pervasive self-deception involved in promoting the latter sector is discussed in A. B. Lovins, "The Origins of the Nuclear Power Fiasco," *Energy Policy Studies* 3:7–34 (1986), RMI Publication #E86-29, 16 pp.

23. Heede, "Preliminary Analysis."

24. This is fallacious because of the opportunity cost of buying any option costlier than efficiency. Because nuclear power (for example) costs much more on the margin than efficiency does, it can displace proportionately less coal-fired electricity per dollar invested. Buying nuclear power instead of efficiency thus makes global warming worse. It is not very practical anyhow: W. N. Keepin and G. Kats, *Energy Policy* 16(6):538–61 (December 1988) and *Science* 241:1027 (1988); A. B. Lovins, *Science,* 6 January 1989.

25. And cheaper still to deliver efficiency by the many proven methods that share the cost between the energy vendor and the customer: electric utilities' rebates, for example, typically pay ~ 15 percent of the cost, whereas the customer puts up the remaining 85 percent in the expectation of avoiding the retail tariff.

26. For example, Negawatts for Arkansas (see FN 1) found in that state a full technical potential to save ~ $5–7 billion (1986 net present value) against an avoidable short-run marginal cost of only 2¢/kWh.

27. Including electric savings a third as big (26 percent) and several times as costly as RMI estimates are now available. The study is H. Geller et al., "Acid Rain and Electricity Conservation," American Council for an Energy-Efficient Economy, Washington DC, 1987.

28. The oxygen, of course, is already in the air; the carbon released weighs 2/7ths as much as the CO_2.

29. A. B. Lovins, L. H. Lovins and L. Ross, "Nuclear Power and Nuclear Bombs," *Foreign Affairs* 58(5):1137–77 (Summer 1980); A.B. Lovins and L.H. Lovins, *Energy/*

War: Breaking the Nuclear Link (New York: Harper & Row, 1980) 175 pp. (out of print in English but available in several other languages); P. O'Heffernan, L. H. Lovins, and A. B. Lovins, *The First Nuclear World War* (New York: W.W. Norton, 1983), 444 pp., RMI Publication #S83-14.

30. A. B. Lovins and L. H. Lovins, *Brittle Power: Energy Strategy for National Security* (originally done for the U.S. Defense Civil Preparedness Agency) (Andover, MA: Brick House, 1982), 486 pp., ~1200 refs., summarized in "The Fragility of Domestic Energy," *Atlantic* 252(5):118–126 (November 1983), RMI Publication #S83-8, 8 pp. See also more broadly RMI's Energy Security Reader, 2nd ed. (an anthology including many papers cited here), Publication #S88-45 (October 1988) 94 pp.

31. Lovins, "Drill Rigs"; A. B. Lovins and L. H. Lovins, "The Avoidable Oil Crisis," *Atlantic* 260(6):22–30 (December 1987), RMI Publication #S87-25, 6 pp., and letters, id. 261(4):10–11 (April 1988) and 261(6):10–12 (June 1988), RMI Publication # S88-15, 3 pp.; and "Oil-Risk Insurance: Choosing the Best Buy," *GAO Journal* (U.S. General Accounting Office, Washington DC) 2:52–60 (Summer 1988), RMI Publication #S88-26, 9 pp.

32. Each cent per kilowatt-hour is equivalent in heat content to oil at $17 per barrel, so typical U.S. retail electricity costs about seven times as much per unit of heat contained as does current world market oil.

33. At least in function if not in outward appearance: Switzerland, for example, has some 1,200 utilities, mostly very small distribution companies, but capital allocation to the Swiss electric industry is chiefly made by a few people in a small handful of large generating companies.

34. N. I. Meyer, personal communication, 23 November 1988. Norgard's calculation does not yet include space heating or commercial lighting. Including them should make his result similar or more favorable, since space heating, though a relatively costly saving, is a small term, whereas commercial lighting savings are a large term with a strongly negative net cost.

35. An important new class of technologies; they insulate 2–4 times as well as triple glazing, cost about the same, passively keep buildings cooler in summer and warmer in winter, pay back in ~2–3 years, and are equivalent just in U.S. oil-and-gas saving potential to one Alaska or one North Sea.

36. Because the cooling equipment is probably less efficient and less well maintained to start with, and the Thai climate and average building size are more favorable for such shell measures.

37. A Soviet energy economist who has recently launched a for-profit cooperative selling energy-efficiency services in Moscow reports that energy prices are about a third of actual cost, but that efficiency is also roughly three times worse than in the West, so the economics of saving energy work out about the same.

38. J. Goldemberg, T. B. Johansson, A. K. N. Reddy, and R. H. Williams, *Energy for a Sustainable World,* (Washington, DC: World Resources Institute, 1987).

39. A. B. Lovins, L. H. Lovins, F. Krause, and W. Bach, *Least-Cost Energy: Solving the CO_2 Problem* (Andover, MA: Brick House, 1981), 224 pp., currently out of print in English (an RMI reprint is planned) but available as *Wirtschaftlichster Energieeinsatz: Lösung des CO_2 -Problems,* C. F. Muller Verlag, Karlsruhe, 1983, 281 pp.; summarized in *Climatic Change* 4:217–220 (1982), RMI Publication #E82-2, 8 pp. Recalculating the results with today's efficiency technologies would yield slightly larger

savings at much lower costs—lower by a factor probably greater than the concomitant decline in real energy prices.

40. When it was planned to bring in the field at costs implying a retail crude-oil price of ~$20/bbl, Shell planners, seeing the 1986 crash coming, said the project wouldn't be pursued unless the price could be cut to $12/bbl. The engineers at first said this would be impossible. It took them a year to do. Apparently they had previously been told only to bring in new fields as quickly as possible, with cost no object. This time, they were asked to bring in a field as cheaply as possible, even if it took a little longer—so they invented a completely different design approach. In how many other supply technologies have we gotten the wrong answer by assigning the wrong task?

41. A. B. Lovins, *Soft Energy Paths: Toward a Durable Peace* (New York: Harper & Row, 1977), p. 167.

42. Ibid.

43. See RMI's Catalog of Water-Efficient Technologies for the Urban/Residential Sector, Publication #W87-30, 1988, 167pp.

44. Such as those now being commercialized by Dr. John Todd et al., at Four Elements Corporation (Falmount, MA), which use a sophisticated greenhouse-enclosed "swamp" to turn raw sewage into ultrapure polished drinking water, crops, and flowers, with no hazard, no odor, and a third the capital cost of a chemical-based plant.

45. Perhaps such as the brilliant bus system innovations developed by Jaime Lerner in Brazil.

46. Surprisingly, this is also true even in the most industrialized, densely populated, cold, and cloudy countries. In terms of renewable energy, as my analyses have found since 1972, Japan probably has the most—and the most clearly ample—supply options of any major OECD country.

47. See Figure 5.3's exegesis. But this too is a function of technology. As Ernie Robertson (then at the Biomass Institute in Winnipeg) once remarked, there are three ways to make limestone into a structural material: (1) Cut it into blocks. That is not very interesting. (2) Bake it at thousands of degrees into Portland cement. That is inelegant. (3) Feed chips of it to a chicken. Twelve hours later it emerges as eggshell, several times stronger than Portland cement. Evidently the chicken knows something we don't about ambient-temperature technology.

48. This is also true per capita: during 1975–84 alone, per-capita consumption of steel fell by 11 1/2 percent, paralleling a trend in many other countries, both industrialized (UK −32 percent, Sweden −43 percent, etc.) and developing (Brazil −40 percent, Argentina −46 percent, Philippines −50 percent, etc.). This is partly because of increased net imports of steel-intensive products such as cars, but also in substantial part because of, e.g., lighter weight cars.

49. The many advantages of adobe, caliche, rammed earth, etc. are now being rediscovered in even the most advanced countries, e.g., through the work of Pliny Fisk in Austin and Hassan Fathy in Egypt.

50. Such as those that Helena Norberg-Hodge, for example, is introducing in Ladakh.

51. Or, more formally, "Is the net marginal utility of increased GNP positive, and if so, to whom and for how long?"

52. Robert Heilbroner.

53. This is hardly a new theme. Ecclesiastes 5:9–12 remarks: "Moreover the profit of the earth is for all: the king himself is served by the field. He that loveth silver shall not be satisfied with silver; nor he that loveth abundance with increase: this is also vanity. When goods increase, they are increased that eat them: and what good is there to the owners thereof, saving the beholding of them with their eyes? The sleep of a laboring man is sweet, whether he eat little or much; but the abundance of the rich will not suffer him to sleep."

54. In *The Transformations of Man* (New York: Harper, 1956).

55. See *Brittle Power*, esp. Chapter 13, on the design principles of resilience.

56. Ibid., at Appendix 1, which analyzes roughly 50 effects of scale on the economies of energy systems.

57. For an early but still largely applicable survey, see A. B. Lovins, "Long-Term Constraints on Human Activity," *Environmental Conservation* (Geneva)3(1):3–14 (Spring 1976).

58. So long as we bear clearly in mind that market costs and prices are neither revealed truth nor per se a meaningful test of desirable behavior, because they depend largely on tacit accounting and philosophical conventions—such as whether depletable resources are valued at extraction cost or at long-run replacement cost.

59. These are the main areas of Rocky Mountain Institute's detailed research in support of its mission, which is to foster the efficient and sustainable use of resources as a path to global security. Naturally, achieving security ("freedom from fear of privation or attack"), while it has an important technological component, also requires other kinds of advances to achieve a sufficient mix of conflict prevention, conflict resolution, and effective but nonprovocative defense. See H. Harvey, M. Shuman, and D. Arbess, *Alternative Security: Beyond the Controlled Arms Race,* an RMI book published in 1989.

60. The last of these resolutions—the only one left now that the others have proven groundless—is essentially a theological argument that cannot be settled on technical merits. It dominates much of today's energy policy debate, in the superficially plausible form, "We must buy more power plants in case people don't go on buying efficiency as consistently as they have so far." Of course, buying the plants creates strong economic incentives (at least for top-line thinkers) to sell more energy, not less.

Chapter 6

Memorandum on Global Warming and Energy Policies

Hans Blix

Responses to the feared global warming require adjustment of energy policies. As we know, extensive damage has been caused to the environment by the release of sulfur dioxide (SO_2) and nitrogen oxides (NO_x) in the combustion of fossil fuels. With modern techniques—and at a cost—it is feasible to prevent most of these emissions, but it is not economically and practically feasible to eliminate the huge volumes of carbon dioxide (CO_2) that result with the combustion and that together with other so-called greenhouse gases may cause global warming.

This problem is now fortunately attracting the attention of policymakers. The voice of the InterAction Council as a highly respected group, with no other interest than to serve society, might have an important influence, and I welcome the action of the Council to seek outside advice before formulating its view. My conclusions—for what they are worth—are that nuclear power is not a panacea against CO_2 emissions; an expanded use of nuclear power is one element that is necessary to meet the threat facing the world's climate. Other elements, such as reforestation, reduction of CFC emissions, policies to stimulate a much more efficient use of energy and to develop renewable energies, though indispensable, will be insufficient when we must realistically count on an increasing demand for energy, particularly electricity, in most parts of the world, and certainly in the developing countries many of which have no other option than to burn increasing amounts of fossil fuels to meet their development needs.

It is, of course, ironic and sad that at this very moment, when nuclear power as a CO_2-free source is needed even more than before, it is also more controversial than before in many countries. The Chernobyl accident has contributed much to this, but so has the basic public ignorance and the media sensationalism. There is a wide gap between the public perception of nuclear dangers and the real dimension of those dangers. Most people believe, for instance, that the question of disposal of nuclear waste is unsolved; few exports, however, see any insuperable scientific or technical obstacles to this problem.

The formation of public opinion has also occurred in a situation that has been disadvantageous to nuclear power. The public would like to be without nuclear power stations, just as it would prefer to do without large fossil-fueled power plants and big hydro dams, and in the absence of acute and pressing needs for more electricity to balance the aversion of these installations, it is a thankless task to advocate the use of nuclear power. It is not surprising therefore that antinuclear items often dominate. There is a risk, however, that when new electricity capacity is urgently needed, it may be very hard to mobilize sufficient support for the nuclear option. Given this situation, professional organizations, like trade unions, associations of engineers or doctors, and academies of science, have a role to play to influence opinion. The same, I think, is true of such groups of respected statesmen as the InterAction Council.

There is so far an element of unreality about the international community's approach to the threat of global warming. The World Commission on Environment and Development (the "Brundtland Commission"), deeply divided on the nuclear issue, could not recommend anything but conservation and research and development of renewable energies, and it relied on energy development scenarios that were far more optimistic than those that have been made by competent and established institutions, like the World Energy Conference. The Toronto Conference on the Changing Atmosphere (1988) only mentioned a "revisiting of nuclear power" and the intergovernmental UN forum, which has been opened to discuss responses to global warming, is set up by the World Meteorological Organisation and the United Nations Environment Program, while the expertise that needs to be convoked should come chiefly from the field of energy policies.

There are signs that some environmental groups are changing their attitudes, realizing that an adamant opposition to nuclear power, if successful, will only lead to an increased use of fossil fuels. It would be understandable if such groups made stiff demands as regards nuclear safety and waste disposal, but a continued total rejection of nuclear power on their part seems really to go against their own interests and those of the world.

There is probably a consensus in the world on the desirability of more efficient use of energy and on the development of renewable sources of energy. This is welcome, but when the current plans of government around the world are studied, it is found that they point to an increase of some 40 percent in the use of coal by the year 2000. I write in the hope that the InterAction Council might be of help in providing a responsible and realistic position on the issue of global warming.

MEMORANDUM

The issue of global warming is of direct interest to the International Atomic Energy Agency because it can be foreseen that substantive action to reduce the emission of an important component of the greenhouse gases, namely carbon dioxide (CO_2), will require specific policies in the field of energy, notably policies stimulating conservation of fossil fuels and an expanded use of energy sources that do not emit CO_2, including nuclear power. Chief responsibility for taking the lead must fall on the industrialized countries, which in any case are the greatest emitters of CO_2 and which have more energy policy options open to them than do most developing countries.

Background

There is very wide agreement that the growing concentrations of some gases, such as chlorofluorocarbons (CFCs), methane, and carbon dioxide will act as a filter in the world's atmosphere and trap heat, with global temperatures rising as a result.

Action that Can Be Envisaged

Research and discussions around the world can be expected to gradually give us a better understanding of the problem and of actions that can be taken. Hence a first line of policy should be to support and promote further research. However, delaying all response until full understanding has been attained may lead to the loss of valuable time for action. Moreover, enough appears to be known for some important conclusions to be drawn already at this stage as to policies that will need to be pursued. These should focus on measures that would bring significant results and would be economically viable.

The most important gases that lead to the warming effect are chlorofluorocarbons, methane, and carbon dioxide. The CFCs are also held responsible for ozone depletion and there exists thus double reason for action to reduce them. In 1987 an agreement was reached by 53 nations to reduce CFC production by 50 percent over the next decade. An acceleration of this action was given wide support at a conference in London in March 1989. Methane results inter alia, from cattle rearing, rice paddy cultures, and fossil fuel production and use. It has a strong greenhouse effect and the emissions are large and likely to increase with a growing world population. No practical suggestions appear to have been made as to how the methane emissions could be influenced.

Carbon dioxide, which seems to be responsible for about 50 percent of the greenhouse effect, results from the burning of all fossil fuels, most from coal, least from natural gas. As there is no economically acceptable way of preventing the emission of CO_2 in connection with the combustion of fossil fuels, the conclusion has been drawn that global burning of these fuels should be reduced from the present levels. Since vegetation absorbs and binds CO_2, the conclusion is also drawn that large-scale reforestation is desirable, and large-scale deforestation is undesirable.

One objective of research should be to establish a level of global emissions of greenhouse gases, in particular, CO_2, which could be tolerated. It is likely to take some time to achieve this. In the meantime, it will be necessary for governments to take decisions in the face of some uncertainty. The World Commission on Environment and Development, divided on the issue of nuclear power, recommended (1987) two lines of action, namely drastic energy saving and development and greater use of renewable sources of energy such as solar power. These lines, which are advanced by most environmentalist groups, were also proposed by the Toronto Conference on the Changing Atmosphere (1988), together with the added recommendation for switching from high to low CO_2 yielding fuels, e.g., from coal to natural gas. The conference also pointed to nuclear power as an option, provided that problems related to safety, waste disposal, and proliferation could be solved. It suggested that, as an initial goal, the 1988 level of CO_2 emissions should be reduced by 20 percent by the year 2005.

Thus the measures suggested so far to reduce CO_2 emissions are:

1. Energy saving.
2. Development and use of renewable sources of energy, like hydro, biomass, wind power, solar power.
3. Switching from high to low CO_2 emitting fuels—as from coal to natural gas.
4. Using nuclear power.
5. Reforestation and an end to deforestation.

It is worth noting that four of the five responses relate to energy policies. The fifth response—reforestation and an end to deforestation—can be argued on several grounds. It can help avoid a further deterioration, but it will take considerable time to help reduce the CO_2 concentration in the atmosphere. This chapter focuses on the responses that are related to energy policies, which is the subject on which IAEA can claim some special knowledge. There is no organization in the UN system that is established to cover the general issue of energy.

Energy Saving

The saving of fossil fuels is mostly mentioned first among responses. As a general proposition, it is uncontroversial. It comprises both methods that have been tested in practice and more exhortative elements like appeals to "new lifestyles." We know for a fact that from 1973 to 1985 OECD countries increased their GDP by 33 percent, whereas the consumption of primary energy stagnated. By contrast, however, the total world GDP increased by 42 percent during this same period and primary energy increased by 28 percent. The primary energy savings in OECD countries, stimulated by the oil price increases, were paralleled and facilitated by an increased use of electricity—much of it generated by nuclear power—which is more efficient in end use. Both in the OECD countries and the world as a whole, electricity consumption grew faster than primary energy demand, and also faster than GDP.

The discussion of energy savings often does not distinguish between two different concepts, viz., the more efficient use of energy in various processes to obtain a given result, and a lesser dependence on energy services. It is clearly desirable for a refrigerator to be run on less electricity, and it is desirable to obtain more mileage from a liter of petrol—if this can be achieved at a reasonable cost. Whether fewer refrigerators and fewer cars are desirable is not easy to answer. Undeniably, a great savings potential exists in a greater use of electrified trams, buses, and trains. The transport sector, which now accounts for more than 20 percent of the global CO_2 emissions, could be an obvious target for energy savings, but acceptability of drastic measures affecting it in the industrialized countries is likely to be limited to such that improve efficiency and will probably not include such that reduce services that individuals have come to regard as belonging to their standard of living.

There no doubt still exists a considerable potential for improved energy efficiency in the industrialized countries, although the easiest, most obvious, and most cost-efficient methods presumably have ben used. Whether such efficiency gains can be effectively triggered by any means other than economic stimulation (taxes or rewards) is questionable. It must, of course, also be considered what the effects of new taxes would be for any given industry and how it can be avoided that international competition be affected by an uneven adoption of tax incentives.

On a global scale, the most serious problem is that the developing countries will need considerably more energy to support their legitimate development aspirations. Most forecasts envisage an increase in global primary energy use to more than three times the present level between now and 2020. The background is simple. The annual per capita consumption of commercial energy varies from about 8.8 toe (tons of oil equivalent) in Canada to less than 0.07 toe in Bangladesh. The average per capita consumption in industrialized countries is 4.9 toe, and in developing countries 0.6 toe, that is 1/8th. Raising the standards of living of billions of people in developing countries will beyond doubt require more reliance on commercial energy. This assumption is also borne out by the actual plans of some of these countries. China, which is already now the world's largest coal consumer, plans to double its coal use between 1986 and 2000. India plans to more than triple its coal use during the same period. These two countries alone would use more coal than all the OECD countries combined in 2000. The trend is similar for other developing countries, and it is important to remember that most of them have no real alternative at present to relying on fossil fuels to meet their expanding energy needs. There is no doubt some scope for improved energy efficiency also in the developing world, but energy savings are likely to be small in comparison with the increasing energy demands in these countries.

All in all, it is improbable that energy savings alone would bring about a reduction in present global levels of CO_2 emissions, even if it is one measure that must be vigorously pursued.

Development and Use of New and Renewable Sources of Energy

Hydropower is a significant renewable source of electricity and there remain large unexploited hydro resources in many developing countries; however, there are in many cases technical and political and also environmental barriers to their utilization. In industrialized countries, most hydro resources have been exploited, and there is generally opposition—mainly on environmental grounds—to development of the remainder. Other renewable sources, like solar power, wind power, etc., at present give a total of less than 0.5 percent of the world's energy. Considerable effort is being devoted to the harnessing of wind power, and progress is being made on photovoltaics; however, it is deemed to be a long time before solar power can become a really significant source of electricity. Although the limited resources so far achieved in the development of economically viable renewable sources of energy can hardly be attributed to insufficient resources, a policy commitment to the promotion to the long-term emergence of renewable sources of energy is nonetheless desirable. This is especially true of solar energy.

Much is at present written about hydrogen and it may prove one day to be a convenient secondary form of energy that could supplement electricity. It must be noted, however, that considerable amounts of high temperature heat or electricity would be needed to produce hydrogen. Both could be attained through nuclear power.

Fusion is the subject of much and costly research, some if it international and taking place under IAEA auspices. It is not expected that electricity production through fusion will be economically feasible for a number of decades.

Switch from High to Low CO_2 Yielding Fuels

In producing a given quantity of energy, the relative CO_2 formation is roughly as follows:

from coal: 1
from oil: 0.77
from gas: 0.57

The above list shows that the emissions from burning gas are only about 1/2 of the emissions from burning coal. Thus a shift from coal to gas as a fuel is desirable, as long as it can be assumed that no significant leakage (of the order of 2 percent) of methane can take place. The greatest rewards in reduced CO_2 emissions from fossil fuel use would result from reductions in the use of coal.

Nuclear Power

Nuclear power generates about 16 percent of the world's electricity, which represents about 5 percent of the total primary energy production in the world. In Western Europe, more than 30 percent of the electricity generated in 1987 was produced by nuclear power plants, and in a few countries nuclear power produced more than half of the electricity (70 percent in France; 66 percent in Belgium). Nuclear power, with more than 5,000 reactor/years of civilian power plants operation, is proven both technically and economically.

Nuclear power does not emit any CO_2. Opponents to nuclear power concede this fact, but argue that nuclear power is such a small contributor to the world's energy balance that it is insignificant as a potential means of reducing CO_2. This view is hardly correct. If the 16 percent of the world's electricity now generated by nuclear power were to have been generated using coal, it would have resulted in about 1,600 million tons of CO_2 emissions annually. This is not an insignificant volume. It is 8 percent of the 20,000 million tons of CO_2 now emitted annually from the turning of fossil fuels. The latter amount, it will be recalled, the Toronto Conference recommended be reduced by 20 percent.

If it were decided to use fully the present world capacity to build nuclear plants—conservatively estimated at 40 GW(e)/year—to put some 40 nuclear plants per year in operation from 1996 to 2005, this would give a total world capacity of 800 GW(e) in 2005. A corresponding coal fired capacity would have yielded between 4,000 and 4,500 million tons of CO_2 annually. It should be noted that bringing 40 nuclear power plants per year into operation is by no means technically unrealistic. In each of the years 1984 and 1985, 33 new nuclear power plants with a total capacity of 31 GW(e) were actually taken into operation. Contrary to contentions made by antinuclear authors, the uranium resources do not prevent an expansion of nuclear power of this or even considerably greater order.

The possible avoidance of emission of 4,000 to 4,500 million tons of CO_2 per year through the use of nuclear power would still have to be seen in the perspective of the forecasts for increased energy use up to 2005. Expanded nuclear power could not meet more than a part of this increased demand. Other measures, including conservation, would also have to be used to limit CO_2 emissions. Expanded nuclear power is not a panacea against CO_2 emissions, but whatever the level of use of fossil fuels will be, the nuclear generated energy offers an alleviation of the global CO_2 burden that the world can hardly afford to do without.

The Objections to Nuclear Power

The above calculations about the use of nuclear power to help counteract greenhouse gases and global warming are futile if nuclear power is rejected by public opinion. Nuclear power has become a controversial issue in many countries. The debate centers on the issues of safety, waste, and nonproliferation. These are commented on below.

Nuclear and Radiation Safety

Public anxiety about nuclear power mainly stems from a fear of releases of radioactive materials and the consequences thereof for the health of people, for genetic effects, and for the environment. Regrettably, the information gap is wide between specialists on the exposures from nuclear power and the public. A proper perspective may be gained by comparing the radiation exposures from nuclear power production with those from other radiation sources in the living environment. The latest report by the United Nations Scientific Committee on the Effects of Atomic Radiation (UNSCEAR) provides a reliable factual basis for gaining such a perspective.

According to UNSCEAR, the routine generation of nuclear electricity releases only negligible amounts of radioactive materials to the environment. The average dose any individual in the world receives each year from all of the activities in the peaceful nuclear fuel cycle is less than 0.1 percent of the inevitable exposures he or she receives from natural radiation sources, such as cosmic rays and radon emitting building materials.

Electricity production—like most other human activities—cannot be totally free of risk. Chernobyl was unquestionably the most severe radiological accident humanity has experienced, resulting in the dispersal of radioactive materials throughout the northern hemisphere.

The deaths caused by the accident still stand at 31—nuclear operators and firefighters—and a few hundred persons employed at the plant received very high doses. Those living in the communities around Chernobyl received radiation doses exceeding the regulatory limits for the same order as the regulatory annual limits for planned occupational exposures. Contrary to some erroneous reports—including some coming from media in the USSR—no accurate health effects from the accident have been found in the populations in the Ukraine and Byelorussia. Elsewhere in Europe, countermeasures taken in many countries immediately after the accident effectively reduced the levels of exposure to the public. UNSCEAR data show that outside the Soviet Union, the Chernobyl accident has given a dose that is a fraction of that which the population receives every year from the natural background radiation.

One result of the Chernobyl accident is the increased awareness and commitment of the nuclear community to international cooperation in the field of safety. Through the efforts of utilities and governments, of the IAEA and others, an international nuclear safety regime is emerging, which includes a wide range of arrangements for improving operational safety and emergency preparedness and response to accidents. Nuclear power plants are safer today than before, and they will be safer tomorrow than today. Safety is never a static concept. Advanced reactors with standardized and simpler designs are becoming available, and in the late 1990s, new types of reactors with more "passive" safety features, and often smaller sizes can be expected to be available for ordering.

Nuclear Waste

The view is often expressed that the "nuclear waste issue is unsolved." This contrasts sharply with the views of the scientists and the experts active in the field. They have examined concepts and techniques to isolate the nuclear waste safely over very long timespans—and they are confident about the viability of available concepts and techniques. No final disposal of highly radioactive waste from spent reactor fuel has yet taken place, but it is not because of the lack of ability, but rather because the concepts include first a period of some decades during which the waste is kept at ground level to allow heat and radioactivity to decay by natural processes.

It deserves to be mentioned, too, that whereas it is true that radioactive wastes may be dangerous for thousands of years, it is also true that part of the waste resulting from the burning of coal, namely the toxic heavy metals such as arsenic, cadmium, lead, and mercury, remains dangerous forever, since the toxicity of these stable elements does not decrease over time as does the toxicity of radioactive materials.

The quantities of these metals are not small, and they are not isolated from the environment. In fact, the quantities of toxic heavy metals emerging as waste from the production of a given quantity of electricity by the combustion of coal is more than 10 times as large as the total quantity of spent fuel arising from the production of the same amount of electricity by a nuclear power plant. (1 GW/(e) of nuclear power capacity operating at 75 percent capacity factor produces about 25 ton/a spent fuel, containing uranium, plutonium, and fission products.) The total amount of spent fuel produced by nuclear power generation in 1987 was about 6,000 tons. If coal had been used instead to produce the same amount of electricity, at least 90,000 tons of toxic heavy metals would have been set free—in addition to huge quantities of CO_2, SO_2, and NO_x. A major difference in the two energy systems is that the nuclear wastes, but not the wastes of coal, are fully isolated from the environment. Another important feature is that the costs for the management and disposal of nuclear wastes—as well as for the decommissioning of the nuclear power plant—are by law in many countries included in the price of the nuclear generated electricity.

A look at the reductions in emissions of SO_2 and NO_x that have been achieved in some countries using nuclear power is revealing. In France, for example, during the period from 1980 to 1986, SO_2 and NO_x emissions in the electric power sector were reduced by 71 percent and 60 percent, respectively, making a major contribution to reductions of 56 percent and 9 percent, respectively, in total SO_2 and NO_x emissions in France. These reductions, achieved in spite of 40 percent growth in electricity generation, were made possible largely by a fourfold increase in nuclear electricity generation (from 24 percent to 70 percent of total electricity generation). Similarly in Belgium, SO_2 emissions from power plants decreased by 66 percent from 1980 to 1986, whereas the share of nuclear power in electricity generation increased from 25 percent to 67 percent.

Nonproliferation

The risk of the spread of nuclear weapons to further countries is certainly real, and significant efforts are needed and being made to reduce it. However, that risk would not be reduced significantly by a moratorium on further nuclear power. Rather, it should be noted that transfer of nuclear technology, hardware, and fuel for the peaceful production of electricity through nuclear power has been and remains a principle method to obtain legally binding—and verified—commitments to an exclusively peaceful use. The spread of civilian nuclear power has allowed—and prompted—the establishment of the world's first on-site inspection system—the IAEA's safeguards system. The proliferation risks that are commonly pointed to are not in the main the result of the transfer of peaceful nuclear technology, but of the countries in question. Perhaps rather, civilian nuclear power should be given some credit in the security field, namely, for having contributed to reducing the pressure on the world's limited oil resources—pressures that are not without danger to international security.

Index

Agt, Andries van, 3
Alaskan pipeline, 6
Amazon, 70
American Gas Association, 40
Amorphous Silicon Research Project, 84
Amouzegar, Jamshid, 16
Antoinette, Marie, 141
Arctic National Wildlife Refuge, 127
Arco Solar, Inc., Chatsworth, California, 84
ASEAN countries, 6

Babaquara, 42
Bangkok, 35, 132
Bangladesh, 38
Bechtel Corporation, 60
Beckerman, Wilfrid, 143
Belgium, 132, 157, 160
Bihar, 132
Biomass, 11, 12, 21, 36, 37, 46, 52–57, 59, 60, 62, 65, 66, 71–74, 76, 97, 103–105, 109, 111
Bista, Kirti Nidhi, 3
Blix, Hans, 151
Brazil, 41, 42, 45, 70, 132
British coal, 36, 40
Brundtland Commission, 8, 46, 152
Buenos Aires, 35
Bush, President George, 48
Business Week, 129
Byelorussia, 159

Cabell, James Branch, 143
Caccia, Charles, 16
Calabria, 138
California Energy Commission, 59
Canada, 5, 34, 156
Carbon dioxide, 1, 5–9, 11, 12, 14, 16, 21, 36–41, 43, 45–47, 54, 66, 72, 73, 98, 128, 129, 151, 153–158

Carle, Remy, 16
Carter, President, 125
Centrally Planned Economies (CPE), 11, 16, 22, 28, 29, 31–33, 48
Chernobyl, 33, 152, 159
Chicago (Illinois), 93
China, 3, 11, 16, 24, 29, 32, 35, 39, 41, 53, 131, 135, 156
Chinese-restaurant-menu theory, 128
Chronar Corporation of Princeton (New Jersey), 84, 85
Chlorofluorocarbons (CFCs), 5, 6, 14, 36, 151, 153
Conservation Committee of the National Association of Regulatory Utility Commissioners, 123
Costa Rica, 142
Council for Mutual Economic Assistance, 6, 13

Daly, Herman, 124
Darling, Sir Frank Fraser, 140
Davison, Ann, 19
De la Madrid Hurtado, Miguel, 3
Denmark, 138

Eban, Aba, 128
East Anglia, 38
Eastern Europe, 12
Egypt, 38
El Paso (Texas), 93, 96, 101, 104
Electric Power Research Institute (EPRI), 60, 80, 127
Europe, 11, 34, 35, 71, 116, 132, 159
European Economic Commuity (EEC), 6, 10, 19, 40, 44, 45, 71, 75

Federal Energy Regulatory Commission, 125
Fischer, Jens, 18

Fock, Jenö, 3
Fossil fuels, 1, 2, 6–12, 14, 21, 33, 36,
    39, 41–44, 46, 47, 51–54, 66, 74,
    76, 97–99, 120, 151–154, 157,
    158
France, 125, 157, 160
Fraser, Malcolm, 3
Fukuda, Takeo, 3
Furgler, Kurt, 3
Fusion, 154

Gadgil, Ashok, 135
Gandhi, 140
Geller, H. S., 46
General Electric Company, 60
Germany, 47, 106, 132
German Federal Environmental Agency,
    132
Global warming, 1, 5, 6, 8, 14, 38, 43,
    47, 55, 129–131, 134, 146, 153,
    158
Goldberger, Marv, 130
Goldemberg, Jose, 18, 20, 45, 46, 132
Golitsyn, Georgiji S., 18
Gorbachev, Secretary-General, 141
Greenhouse effect, 1, 5, 9, 11, 13, 21,
    36, 37, 41, 42
Greenhouse gases, 2, 8, 14, 16, 37, 40,
    151, 153, 154, 158
Gulf Stream, 38

Haefele, Wolf, 18
Haiti, 134
Hamburg, 38
Hardi, Garrett, 143
Hong Kong, 138
Hoover Institution, 143
Huang, Hua, 4
Hydrocarbons, 11, 36, 134
Hydroelectricity/power, 3, 21, 25, 33,
    41, 42, 52, 70, 119, 120, 152, 156
Hydrogen, 12, 98–112, 157
Hydrogen-powered cars, 106, 108, 110

Ice Age, 38
Iceland, 38
India, 11, 41, 42, 131, 156
InterAction Council, 1, 2, 15, 151–153,
    169–174
International Atomic Energy Agency
    (IAEA), 153, 155, 157, 159, 161

International Energy Agency (IEA), 2, 6,
    7, 44
International Financial Institutions, 13

Japan, 2, 34, 59, 84, 106, 118, 128, 132
Japan Cool Water Program, 60

Kane, Abd-El Rahman, 18
Kararo dam, 42
Keepin and Kats, 43, 45
Kittiwake Oilfield, 136

Lagos, 35
Least Developed Countries (LDCs), 39,
    43
Lennep, Emile van, 4, 18
Leopold, Aldo, 141
Lisulo, Daniel, 3
Lithuania, 33
London, 142, 154
Los Angeles, 85
Lovins, Amory B., 117

Maathai, Wangari, 18
Mabro, Robert, 18, 19
MacNeill, Jim, 18
Maddon, John, 143
Makarim, Nabiel, 18
Mao, Chairman, 141
Mexico City, 35
Middle East, 3, 11, 51, 134
Miyazaki, Isamu, 4
Morse, Bradford, 3
Mumford, Lewis, 141

Najman, Dragoljub, 18
Narmada dams, 42
Natural gas, 11, 16, 19, 25, 29, 39, 40,
    57, 59, 66, 96, 154
Nepal, 140
Netherlands, 2, 14
New Delhi, 35
Newfoundland, 138
Non-Aligned Countries, 6
Nongovernmental organizations (NGOs),
    14
Norgard, Jorgen, 131
North America, 11, 34, 35, 132
Nuclear energy/power, 2, 8, 11, 16, 21,
    25, 28–30, 32, 33, 42, 43, 46,
    50–52, 57, 103, 112, 117, 118,
    125, 129, 151–154, 157–161

Obasanjo, Olusegun, 3
OECD, 2, 6, 7, 9, 12, 13, 15, 16, 22,
    24, 25, 28, 29, 31, 32, 44, 139,
    155, 156
Organization of African Unity (OAU), 6
Organization of American States (OAS),
    6
d'Orville, Hans, ii, 18
Oxford Institute for Energy Studies
    (OIES), 19, 21, 25

Paris, 2
Pastrana Borrero, Misael 3
Paul, Pope John, 140
Persian Gulf, 127
Phoenix (Arizona), 110
Photovoltaics, 1, 12, 52, 76, 98, 105,
    120
Phytoplankton, 37
Pintasilgo, Maria de Lourdes, 3, 18
Popov, Viktor I., 4
Portland (Oregon), 96
Power, Georgia, 123

Reagan, President, 141
Reafforestation, 14, 46
Reddy, Amulya, 18
Ribicic, Mitja, 3
Rio de Janeiro, 35
Rocky Mountain Institute, 121, 138

Sabisky, Dr. E. S., 84, 85
Sandia National Laboratory, 80, 82
Sanyo, 95
São Paulo, 35
Schimberni, Mario, 4
Schmidt, Helmut, 3
Schumacher, E. F., 141
Seoul, 35
Shin, Hyon Hwak, 3
Sichuan province, 36
Sieghart, Paul, 142
Silva Herzog, Jesus, 4
Simon, Julian, 143
Singapore, 138
Solar Energy Research Institute (Golden,
    Colorado), 84
Solarex (Newtown, Pennsylvania), 84,
    85, 90, 101
Southern California region, 10, 59
Southwest United States, 87, 92, 95, 99,
    105, 109

Speth, Gus, 18
Spire Corporation, 80
Staebler-Wronski effect, 88, 89
Stanford University, 80
Stanislaw, Joseph A., 18
Steam-injected gas turbines (SIGT), 57,
    58, 60, 62, 66–68, 70, 74
Stelzer, Irwin, 125
Stockholm Declaration, 9
Sweden, 10, 35, 47
Synthetic fuels, 103, 105, 108, 112

Taiwan, 125
Tata Energy Research Institute (Bombay),
    135
Texaco, 60
Third World, 6, 21, 22, 25, 20–32, 35,
    38, 39, 46
Toronto, 138
Toronto Conference on Global Climate
    Change, 6, 38, 152, 154, 158
Toyota AVX, 36
Trudeau, Pierre Elliott, 1, 3, 5, 16

Ukraine, 159
Ulloa, Manuel, 3
Ullsten, Ola, 3, 18
Union of Soviet Socialist Republics
    (USSR), 2, 3, 32, 35, 130, 131,
    159
United Kingdom (UK), 35, 38, 42, 47,
    131
United Nations (UN), 7, 9, 13
UN Environment Program (UNEP), 152
UN Scientific Committee on the Effects
    of Atomic Radiation (UNSCEAR),
    159
United States of America (USA), 2,
    34–36, 44, 45, 47, 54, 55, 57, 59,
    60, 71, 73–76, 80, 82, 87, 90, 96,
    105, 111, 117–121, 125, 127, 128,
    131, 132, 134, 140
US Congress, 76, 126
US Conservation Reserve Program, 76
US Environmental Protection Agency, 40

Varian Corporation, 80
Vasquez Restrepo, Alberto, 18
Vermont, 138

Wales, 36
Western Europe, 2, 46, 53, 59, 62, 65, 157
Williams, Robert, 18
Woodwell, George, 18
World Bank, 33, 42

World Energy Conference (WEC), 20, 30, 31, 33, 41, 43, 45, 152
World Meteorological Organisation, 152

Xingu River Basin project, 42

Zaire, 41

Contributors

Hans Blix — Director-General, International Atomic Energy Agency

Ann Davison — Researcher, Oxford Institute for Energy Studies

Amory B. Lovins — Director of Research, Rocky Mountain Institute, Snow-mass, Colorado

Robert E. Mabro — Director, Oxford Institute of Energy Studies

Pierre Elliott Trudeau — former Prime Minister of Canada

Robert H. Williams — Centre for Energy and Environment Studies, Princeton University

InterAction Council

The InterAction Council was established in 1983 as an independent international organization to mobilize the experience, energy, and international contacts of a group of statesmen who have held the highest office in their own countries. In a collective effort, Council members suggest practical ideas and creative solutions to the political and economic problems confronting humanity.

The Council is unique in bringing together on a regular basis and in an informal setting some 30 former heads of government serving in their individual capacities from developed and developing countries, from East and West, encompassing all political viewpoints. In its activities, the Council aims at fostering international cooperation and action in three principal areas:

Peace and security
Revitalization of the world economy
The interrelated problems of development, population, and environment.

From among these broad areas, the Council focuses on selected issues and develops joint proposals for action. Council members communicate these proposals then directly to government leaders, heads of international organizations, and other influential individuals throughout the world.

Since 1983, the Council has held eight sessions:

Vienna, Austria	November 1983
Brioni, Yugoslavia	May 1984
Paris, France	April 1985
Tokyo/Hakone, Japan	April 1986
Kuala Lumpur, Malaysia	April 1987
Moscow, Union of Soviet Socialist Republics	May 1988
Washington, D.C./Westfields, Va., United States	May 1989
Seoul, Republic of Korea	May 1990

In March 1987, the Council organized a consultative meeting with spiritual leaders in Rome, Italy, on the interrelated questions of peace-development-environment-population. In April 1990, the Council held a high-level meeting on global interdependence and national sovereignty chaired by Maria de

Lourdes Pintasilgo. At each session, the Council has adopted a brief final statement setting out specific proposals.

In its activities the InterAction Council has been supported and reinforced by the InterAction Policy Board composed of another 30 personalities from government, politics, business, trade unions, and the academic community.

The Policy Board met four times: Barcelona/Madrid, Spain, in January 1985; Washington, D.C., United States, in February 1986; Rome, Italy, in March 1987; and Harare, Zimbabwe, in March 1988.

In the elaboration of its substantive proposals, the Council draws on the advice of experts, organized in small ad hoc working groups on specific issues, which are always chaired by a Council member.

The following ad hoc expert groups have been convened by the InterAction Council:

- Monetary, financial, and debt issues
  chaired by Helmut Schmidt (May 1984)
- Increased assistance to least developed countries
  chaired by Ola Ullsten (December 1984)
- Military expenditures by developing countries
  chaired by Olusegun Obasanjo (March 1955)
- Nuclear armaments and arms control issues
  chaired by Jacques Chaban-Delmas (May 1985)
- Interrelationship between population, environment, and development
  chaired by Takeo Fukuda (December 1985)
- Unemployment
  chaired by Jacques Chaban-Delmas (December 1985)
- Arms control
  chaired by Olusegun Obasanjo (February 1987)
- International debt questions
  chaired by Kurt Furgler (September 1987)
- Global deforestation trends
  chaired by Ola Ullsten (January 1988)
- Ecology and energy options
  chaired by Pierre Elliott Trudeau (April 1989)
- Ecology and the global economy
  chaired by Miguel de la Madrid Hurtado (February 1990)

The InterAction initiative has received financial support from both governmental and private sources.

INTERACTION COUNCIL MEMBERS

Helmut Schmidt
Chancellor of the Federal Republic of Germany
1974–1982 *Chairman*

Takeo Fukuda
Prime Minister of Japan
1976–1978
Honorary Chairman

Maria de Lourdes Pintasilgo
Prime Minister of Portugal
1979–1980
Deputy Chairperson

Andries van Agt
Prime Minister of the Netherlands
1977–1982

Raul Alfonsin
President of Argentina
1983–1988

Kamal Hassan Ali
Prime Minister of Egypt
1984–1985

Giulio Andreotti
Prime Minister of Italy
1969–1970, 1971–1973, 1976–1979, 1989–

Kirti Nidhi Bista
Prime Minister of Nepal
1969–1970, 1971–1973 and 1977–1979

Lord Callaghan of Cardiff
Prime Minister of the United Kingdom
1976–1979

Jacques Chaban-Delmas
Prime Minister of France
1969–1972

Kriangsak Chomanan
Prime Minister of Thailand
1977–1980

Miguel de la Madrid Hurtado
President of Mexico
1982–1988

Lopo F. do Nascimento
Prime Minister of Angola
1975–1978

Jenö Fock
Chairman of the Council of Ministers of Hungary
1967–1975

Gerald R. Ford
President of the United States of America
1974–1977

Malcolm Fraser
Prime Minister of Australia
1975–1983

Kurt Furgler
President of the Swiss Confederation
1977, 1981, 1985

Edward Gierek
First Secretary, Polish United Workers' Party and Member, Council of State of
    Poland
1976–1980

Valéry Giscard d'Estaing
President of France
1974–1981

Selim Hoss
Prime Minister of Lebanon
1976–1980, 1989–1990

Daniel Lisulo
Prime Minister of Zambia
1978–1981

Olusegun Obasanjo
Head of the Federal Military Government of Nigeria
1976–1979

Ahmed Osman
Prime Minister of Morocco
1972–1979

Misael Pastrana Borrero
President of Colombia
1970–1974

Mitja Ribicic
President, Federal Executive Council of the Socialist Republic of Yugoslavia
1969–1971

Shin Hyon-Hwak
Prime Minister of the Republic of Korea
1979–1980

Adolfo Suárez
President of the Government of Spain
1976–1981

Pierre Elliott Trudeau
Prime Minister of Canada
1969–1979 and 1980–1984

Manuel Ulloa
Prime Minister of Peru
1980–1983

Ola Ullsten
Prime Minister of Sweden
1978–1979

Bradford Morse
UNDP Administrator
1976–1986
Honorary Member